PHILIPPE BLOCH RALPH HABABOU

DINOSAURES & CAMÉLÉONS

Neuf paradoxes pour réussir dans un monde imprévisible

JClattès

DES MÊMES AUTEURS

Chez le même éditeur

Service compris

A Robin

Il y a malheureusement plus d'hommes qui bâtissent des murs que d'hommes qui construisent des ponts.

Proverbe chinois

SOMMAIRE

Avant-propos

Lorsque nous avons publié *Service compris* en 1986, la France souffrait d'un déficit chronique de gentillesse, de professionnalisme et d'humilité. La question était alors : comment rendre les clients heureux tout en créant des entreprises gagnantes. Depuis, poussées par un formidable élan de modernité, nombre d'entre elles ont redressé la barre. Au point, pour certaines, de redevenir championnes du profit et de la qualité de service. Mais aujourd'hui, cela ne suffit plus. Dans un monde imprévisible et qui s'affole chaque jour davantage, notre capacité d'adaptation et d'évolution devient l'élément qui fera la différence. Car la question est désormais : où allons-nous ? Suffit-il de prendre des risques pour gagner le pari de l'Europe ? Notre avenir s'invente désormais dans les entreprises. Autrefois lieu de passage obligé, elles assurent aujourd'hui le rôle d'organisation éducative, de laboratoire d'idées et de terrain d'apprentissage. C'est donc naturellement dans ce formidable réservoir que nous sommes allés puiser nos exemples. Ce livre n'est pas un livre d'experts. Nous l'avons voulu franc, simple et accessible. Pour qu'à chaque échelon de l'entreprise, toutes générations confondues, chacun apprenne à penser « autrement ».

Il s'agit moins de penser davantage que de penser autrement.

Jean-Marie Domenach

Introduction

— Société Dumoulin, bonjour.

— Hello, can I speak to your marketing manager, please ?

— Hé, Josiane, c'est un Anglais qui appelle, tu peux le prendre ?

— Hello..., is that Dumoulin Company ?

— Yes, euh... ne quittez pas, euhhh... please...

— Josiââânnnne ! Dépêche-toi, tu sais bien que je ne comprends rien à l'anglais, c'est peut-être urgent. Avec tout ce qui se passe dans le monde, on ne sait jamais, c'est sûrement important... !

— Fais-le patienter. Je ne peux pas être partout !

Simple incident de parcours, ou anecdote révélatrice des années 90 ? Répété chaque jour à travers l'Europe et le reste du monde, ce dialogue entre une standardiste et un interlocuteur étranger reflète une réalité économique de plus en plus concrète. La fin du xxe siècle a fabriqué un monde nouveau. Un monde infiniment plus excitant que celui dans lequel les Européens ont pris de trop confortables habitudes depuis trente ans. Un monde sans îles. Un monde où personne ne peut plus réussir seul. Où il n'est plus question de se priver de l'apport de ceux qui ne pensent pas, ne vivent pas, ne parlent pas « comme nous ».

Le village mondial qui se prépare sera de plus en plus petit. De plus en plus complexe. Il va forcer nos entreprises et leurs dirigeants à devenir plus intelligents encore. A trouver de nouveaux repères pour interpréter le monde.

Plus rien n'est prévisible. Nous ne connaissons pas nos concurrents de demain. Les nouvelles technologies modifient sans cesse nos façons de fabriquer, de concevoir et de distribuer les produits. Les goûts des consommateurs évoluent de plus en plus vite. Résultat ? Plus que jamais, il nous faut comprendre qu'il n'y a pas d'abonnement au succès. Il faut rester perpétuellement à l'écoute des pulsations du monde. L'exemple pourrait fort bien venir des petites et moyennes entreprises européennes, et d'une façon nouvelle qu'elles ont de fonctionner. Incapables de rivaliser à armes égales avec les titans qui sont en train de prendre corps, les plus performantes d'entre elles adoptent aujourd'hui une stratégie de « division et de conquête », mais aussi de sous-traitance. Prenant sans cesse le pouls de leurs clients et de leurs marchés, elles s'efforcent de repérer des « niches » de marché, réorganisent leur fonctionnement et leur organigramme, et créent de véritables unités « commandos » entièrement autonomes chargés d'inventer avant les autres.

Le succès égoïste et l'argent facile ne sont plus la mesure de tout. Aucun tabou ne résiste indéfiniment à l'épreuve des faits. L'important n'est plus de triompher, quels que soient les moyens et les modalités. Les nouveaux managers ne connaissent pas la crise. Ils utilisent l'argent et ils ignorent la politique. Sans états d'âme ni tabous. Directeur des rédactions du groupe Expansion, Jean Boissonnat résume en ces termes leurs signes distinctifs : « Les nouveaux managers ne s'illustrent pas seulement par leur précocité, mais tout autant par leur rapidité, par l'agilité avec laquelle ils vendent ou ils achètent. [...] Débarrassés de tout complexe à l'égard de l'argent ou de son antidote, la politique, ils ont compris que, à la fin du XXe siècle, il faut marier la finance et l'industrie pour réussir. » Tout. Tout de suite. Où je veux. Le défi a le mérite d'être clair. La tâche s'annonce particulièrement rude. Elle est pourtant à la hauteur du formidable challenge que nous imposent tout

---

« A part l'amour et la cuisine, rien ne se fait comme il y a dix ans. » (Pierre Daninos)

à la fois le client européen — qui est en train de naître et d'affirmer sa personnalité —, l'accélération de l'Histoire et son imprévisibilité. Pour y faire face, il va falloir faire le plein d'idées neuves et d'enthousiasme. Imaginer l'avenir et oser le vivre avant les autres. Profiter du changement plutôt que le subir.

L'Europe s'est inventé une date magique et, à travers elle, le rêve d'une puissance retrouvée. Le génie de Jacques Delors n'a pas été d'établir les 300 priorités permettant le véritable avènement du grand marché unique européen. Mais de lui fixer un terme. En inventant l'échéance de 1992, il a réalisé l'un des plus beaux « coups » marketing de l'histoire moderne. Cette date a donné à 320 millions de citoyens européens l'occasion « d'attendre quelque chose ». Pas seulement leur week-end, leurs vacances ou leur retraite. Un objectif et un rêve communs. Une chance que ne semblent plus partager les Américains, mais qu'ont toujours en commun les Japonais, désireux d'installer durablement leur pays à la place de première puissance industrielle, commerciale et financière mondiale.

Depuis l'annonce de ces mesures, toutes les énergies européennes se sont remises en marche. Avec un talent et des méthodes radicalement différentes d'un pays à l'autre. Partout en Europe, l'écart n'a cessé de se creuser entre ceux qui ont compris que le monde bouge, avec ou contre eux, et... les autres. Entre ceux qui se sont préparés à la difficile révolution de l'ouverture des frontières, et ceux qui ont préféré se blottir dans le confort douillet de leurs certitudes. A première vue, le dinosaure orange — un *Tyrannosaurus Rex* — qui agrémente le bureau à l'élégance contemporaine d'Edzard Reuter, tout-puissant patron de Daimler-Benz, pourrait passer pour une faute de goût. Mais elle prend toute sa signification lorsqu'on lit l'inscription qui l'accompagne : « L'histoire est pleine de géants qui n'ont pas su s'adapter. » Au plan mondial, le quotidien *Libération* a qualifié les années 90 d'années chagrin.

« Frontières, certitudes et méfiance : trois mots qui mènent au dépôt de bilan. » (Hervé Sérieyx, Euréquip)

Chagrin peut-être. Paradoxales certainement. On pourrait aussi dire années caméléon. A l'instar de ce petit reptile, qui sait, pour assurer sa survie, changer de couleur aussi rapidement que son environnement le lui impose. Quel que soit le nom qu'on leur donne, les années qui s'ouvrent vont forcer chacun d'entre nous à se réinventer sans cesse, tout en préservant ce qui fait la force de sa culture et de sa personnalité.

Pour les entreprises françaises, les années 90 seront tout d'abord les *années service*. Celles du client-roi où, pour mieux servir les hommes, le manager devra renforcer son pouvoir en le partageant. Mais d'autres paris se dessinent à l'horizon. D'abord celui que doivent réussir les entreprises européennes de toutes tailles et de toutes natures ; reconnaître l'intérêt de leur diversité, respecter, aimer et marier leurs différences. Apprendre à travailler ensemble pour conquérir le marché mondial.

Mais elles seront aussi les *années métissage*. S'appuyer sur le passé pour inventer l'avenir, réhabiliter la culture, retrouver des racines. Symbole de ces années métissage, la campagne de publicité « United colors of Benetton ». Un concept multiracial et généreux, à l'image d'un monde qui change. Souvenez-vous du choc émotionnel devant cette jeune femme noire allaitant un bébé blanc. C'était à l'automne 1989. Ou bien, plus près de nous, cette main blanche liée à une menotte noire. Combien de temps reste-t-il à Benetton pour gagner vraiment son combat mondialiste ? Au-delà de l'extraordinaire réussite d'une entreprise italienne, ce slogan publicitaire qui affiche son ambition à Tokyo aussi bien qu'à Londres, New York ou Madrid, incarne le pari que doivent réussir aujourd'hui les entreprises européennes. Ne plus limiter leur marché domestique à leur pays d'origine. Bannir le mot « exportation » de leur vocabulaire, puisque le concept ne signifie plus rien dans une économie devenue vraiment globale. Ne plus penser pays, mais... langue, région, centre d'expertise, centre de pouvoir. Apprendre à s'affirmer « européenne »

« L'Europe nous est tombée dessus comme la maturité sur les jeunes gens : soudain, elle est là. » (François Nourissier)

plutôt que « belge », « italienne » ou « espagnole ». Réunir enfin leur talent, leur culture et leur Histoire pour affronter simultanément toutes les exigences. Celles de leurs clients bien sûr, mais aussi de leurs collaborateurs, des syndicats, de leurs actionnaires, de leurs partenaires, de leur environnement, de leur famille, etc.

Les années 90 seront enfin les *années vitesse.* « La seule chose qui soit prévisible aujourd'hui, c'est que plus rien n'est prévisible », affirme Charles Handy dans son remarquable ouvrage *The Age of Unreason.* En cinq ans, la France et l'Europe sont passées par tout et son contraire, via le contraire de tout. « Le nord s'éloigne du sud, l'est se rapproche de l'ouest, l'extrême-orient devient le centre, le moyen-orient ne sait plus où il est. En six mois, le monde a changé d'un siècle », écrit *L'Expansion.* Les hommes, les idées, l'argent, les modes, les entreprises, les succès et les échecs traversent en effet désormais l'Europe et le monde à la vitesse du TGV, victimes d'une accélération et d'une imprévisibilité sans précédent de l'histoire.

En ce début de décennie, tout est possible. Les chefs d'entreprise sont pris en tenaille entre la nécessité de préparer l'avenir et la pression du quotidien. Gérer en scrutant l'horizon, tout en amortissant les secousses de l'immédiat. L'aventure d'un capitalisme toujours opposé à son contre-modèle, le communisme, semble effectivement prendre fin. Une véritable réflexion s'instaure concernant le fonctionnement du capitalisme. Une réflexion d'autant plus nécessaire que la déconfiture du socialisme n'entraîne pas automatiquement la consécration de son antithèse. Elle est impérative si l'on veut endiguer la montée des nationalismes et le retour de l'extrémisme religieux. Maintenant qu'il n'a plus d'adversaire idéologique, le capitalisme a plus que jamais besoin d'un contrepoids moral et l'Europe pourrait bien en être le berceau.

Dans un monde qui s'affole chaque jour davantage, des hommes, des femmes et des entreprises ont commencé à penser, à gérer autrement. Ils sont redevenus fiers de leurs passeports. Nous sommes allés les rencontrer pour vous. En les regardant vivre, nous avons mieux compris ce qui était en train de se passer et ce qui allait concrètement changer pour chacun d'entre nous. C'est leur histoire que vous allez découvrir au travers du voyage que vous propose ce livre. Le futur a déjà commencé. Années service, années métissage, années vitesse. Bienvenue dans un monde imprévisible.

I

LES ANNÉES SERVICE

Le service est un voyage,
et non pas une destination.

Ron Zemke

1

C'est l'écoute du marché qui doit commander la structure de l'entreprise.

Marc Assa, Sommer-Allibert

Paradoxe n° 1

Mieux servir ses clients en les faisant travailler

Ce sera leur donner les meilleurs produits du marché en repensant l'entreprise pour l'adapter à son époque. Les inclure dans chaque étape de la vie de l'entreprise. Tout le monde met la main à la pâte, mais attention : rien n'est jamais acquis définitivement.

« Disney ne semble plus connaître aucune limite », titrait en juillet 1990 le magazine américain *California,* qui ajoutait aussitôt : « La seule chose qui lui reste à faire, c'est de trouver un Français capable de sourire ! » Illustré par la caricature d'un vendeur hautain, portant le béret basque et en train de fumer une cigarette — un sacrilège pour quiconque porte un badge avec le logo de Mickey —, cet article illustre clairement, malgré les énormes efforts déjà accomplis, le travail qui reste à faire en France pour améliorer nos prestations autant que notre image.

Comme autrefois la non-qualité, le discours ambiant sur la qualité s'est à ce point banalisé qu'il a fini par lasser ses propres ambassadeurs. Avoir d'excellents produits demeure indispensable. Mais pas suffisant pour gagner la guerre économique planétaire. Seul un service irréprochable, dépassant largement les attentes des clients, rend cette victoire possible. Les entreprises gagnantes des années 90 seront celles qui sauront créer un environnement dans lequel des collaborateurs investis d'un réel « pouvoir de décision et de satisfaction » prendront plaisir à anticiper, à satisfaire et à dépasser les attentes de leurs clients.

Mais, face à l'apprentissage d'un comportement nouveau, chacun d'entre nous passe par quatre étapes principales : I. l'incompétence inconsciente (« je ne me rends pas compte que je ne sais pas ») ; II. l'incompétence consciente (« je me rends compte que je ne sais pas ») ; III. la compétence consciente (« j'ai besoin d'y penser ou d'y réfléchir pour y parvenir ») pour atteindre enfin ; IV. la compétence inconsciente (« je n'ai pas besoin d'y penser ou d'y réfléchir pour le faire automatiquement, sans même m'en rendre compte »).

Le béret basque et la cigarette nous paraissent prendre un relief plus pertinent encore quand on analyse à travers cette anecdote les changements qui ont affecté la France et l'Europe depuis la parution de *Service compris* en 1986, et des différentes traductions étrangères qui lui ont emboîté le pas. Ceux qui nous ont fait l'amitié de lire notre livre ne se sont pas étonnés que nous en situions l'action à l'ère de l'incompétence inconsciente française en matière de qualité de service. « Votre livre enfonce des portes ouvertes », nous ont dit d'innombrables interlocuteurs dès sa publication... « Mais il fallait absolument que cela soit fait ! », ajoutaient-ils gentiment, comme pour nous rassurer. Outre le fait d'avoir mis noir sur blanc ce que chacun pensait tout bas, *Service compris* a sans doute eu la chance d'arriver au bon moment. Celui où la France et les Français, lassés de subir la mauvaise humeur et le manque désespérant de professionnalisme de leurs fournisseurs, étaient en train de passer à l'ère de l'incompétence consciente. *Service compris* a sans doute contribué à donner de l'écho à leur ras-le-bol, tout en essayant de leur proposer des modèles et des solutions (voir encadré).

If you're not part of the solution, you're part of the problem...

Dans le même temps, différents pays européens ont eux aussi « changé d'ère ». La France, l'Europe du Sud (Espagne, Italie et Portugal), l'Angleterre et la Belgique sont passées de la phase I à la phase II, tandis que l'Allemagne et l'Europe du Nord (Suède, Pays-Bas, Danemark, etc.) confortaient leur avance en négociant avant les autres leur entrée dans l'ère de la compétence consciente. Certains pays ont, depuis, rejoint ces leaders dans la phase III.

Aucun cependant n'est encore entré de plain-pied dans l'ère de la compétence inconsciente. La Suisse, fidèle à son habitude, fait même exception en la matière, puisqu'elle semble rebrousser chemin, en passant bizarrement de la phase III à la phase II. A en croire la lecture de la presse helvétique, qui multiplie les articles dénonçant les serveurs goujats, les vendeurs insolents et les fonctionnaires aigris, ce petit pays qui se croyait à l'abri de sa neutralité, de son professionnalisme et de sa précision, semble en effet revenu à la case départ. Si dans chacun des pays cités des entreprises pionnières ont déjà forcé les portes de la phase IV, elles sont encore peu nombreuses, mais les seules à pouvoir observer leurs concurrents avec une relative sérénité. Partout en Europe, le NIT (Not In Time) demeure plus fréquent que le JIT (Just In Time), et nombreuses sont les entreprises qui sont obligées de prévoir des stratégies de rattrapage, dites de JIC (Just In Case), pour compenser d'éventuels dérapages. Au moment où nous écrivons ces lignes, on peut légitimement affirmer que la dernière étape sera la plus difficile à franchir. Pour comprendre comment y parvenir, le mieux est sans doute d'aller rencontrer des pionniers de la phase IV.

Concevoir les meilleurs produits du marché

Connaissez-vous cette vieille boutade qui veut que le sigle FIAT signifie « Fix It Again Tony » ? (traduc-

---

« Un service rendu sans joie n'enrichit ni celui qui le rend ni celui qui le reçoit. Mais tous les biens et les plaisirs matériels se dissolvent dans le néant face à un service rendu dans un esprit de joie. » (Mahatma Gandhi)

tion : répare-la encore une fois, Tony). C'est sans doute la raison qui a poussé Gianni Agnelli, « l'Avocatto » pour les Italiens, à désigner la qualité comme l'un des trois enjeux du groupe — avec l'internationalisation et l'écologie. « Le niveau d'exigence ne cesse de s'élever, et réclame la mise en œuvre d'une stratégie de qualité totale », explique-t-il. On murmure même qu'en échange de la participation active des syndicats à ce nouveau défi de la qualité la possibilité d'une représentation des salariés au conseil d'administration ne serait plus « inimaginable ». Un mouvement irrémédiable est bel et bien enclenché en Europe. Une bonne nouvelle, quand on mesure l'ampleur du chemin qui reste à parcourir. Il ne sert à rien en effet d'améliorer chaque jour la qualité du service offert par une entreprise, si celle-ci n'est pas capable de concevoir et fabriquer des produits irréprochables.

CE QUI A CHANGÉ DEPUIS *SERVICE COMPRIS*

COCORICO !

La plupart des lecteurs de *Service compris* que nous avons rencontrés au cours de nos conférences faisaient allusion en souriant au parallèle établi entre le quotidien de Bob Stewart, cadre supérieur américain, et Alain Belin, son homologue officiant de l'autre côté de l'Atlantique. Jaloux, Alain ? Non. Ambitieux, cultivé mais perplexe devant l'évolution de la France. Revenons en arrière et reprenons étape par étape la journée de nos héros. On constate qu'en cinq ans les choses ont vraiment changé. Alain Belin peut se frotter les mains. Désormais il supporte la comparaison avec Bob sans rougir.

6 h 30. Bob regardait son premier journal télévisé en « zappant » sur plusieurs chaînes tandis qu'il lisait son quotidien livré à domicile tout en sirotant un jus de fruits ? La télévision du matin, toutes chaînes confondues, rassemble désormais en France plusieurs millions de téléspectateurs assidus. Alain peut perfectionner son anglais grâce au journal de Dan Rather diffusé sur Canal Plus, ou l'allemand et l'italien grâce à l'Eurojournal de FR3.

La télévision par câble ne rencontre pas encore le même succès qu'outre-Atlantique, mais Paul Quilès nous a promis que la France serait bientôt l'un des pays les plus « câblés ». Il ne reste plus qu'à mettre en valeur les programmes proposés pour que les Français aient envie de s'y abonner. La plupart des quotidiens nationaux se sont organisés pour livrer tôt le matin au domicile de leurs abonnés. Plus besoin de faire soi-même son jus d'orange pressée. Presque tous les jus de fruits frais pressés sont disponibles quotidiennement dans les supermarchés. Beaucoup proposent aussi des salad-bars aussi appétissants que pratiques, ainsi que des « TV-dinners », ces plateaux repas que les célibataires dévorent en zappant.

7 h 30. Bob branchait son téléphone pour faire transférer ses appels. Alain peut lui aussi, en son absence, faire appel désormais à des services de secrétariat téléphonique qui répondront à sa place et prendront ses messages, remplaçant avantageusement la sécheresse des répondeurs téléphoniques.

9 h 30. Bob partait présenter sa prochaine campagne de pub. Claire, nette, précise. Aujourd'hui, Alain n'a rien à lui envier. La micro-informatique est devenue un marché stratégique pour tous les constructeurs. Tout cadre qui se respecte est désormais un virtuose du maniement d'Excel, de Mac Write et autres Windows. Avoir un écran sur son bureau est devenu le moyen le plus sûr de grimper dans la hiérarchie. On a enfin compris « qu'au téléphone, le sourire cela s'entend », et d'innombrables sociétés de conseil en marketing téléphonique forment des bataillons entiers de standardistes à l'utilisation du téléphone.

Un simple appel téléphonique, ou un fax, suffit le plus souvent à obtenir une documentation de la part d'un fournisseur. Les services après-vente des constructeurs de photocopieurs proposent des contrats de maintenance dans lesquels ils s'engagent à réparer votre machine sous quatre heures.

10 h. Inutile pour Alain de faire la queue à sa banque. Les banques françaises disposent du meilleur réseau européen de distributeurs de billets et d'automates permettant à leurs clients de faire eux-mêmes toutes leurs opérations courantes, et leur minitel leur offre lui aussi un confort d'utilisation nouveau et appréciable.

12 h 30. Déjeuner rapide pendant lequel Bob devait réserver par téléphone des places de théâtre. Un jeu d'enfant. Alain, quant à lui, peut désormais faire appel aux multiples systèmes de réservation de spectacles parisiens (Minitel, kiosque à moitié prix, etc.) évitant d'interminables files d'attente.

On peut maintenant trouver en France des restaurants où le service, l'accueil et la gentillesse ne sont plus facturés en supplément. Tous les prix sont affichés « Service Compris », et les pourboires ne servent plus qu'à remercier un serveur particulièrement attentif et aimable. Il y en a de plus en plus... La carte Pastel et les autres cartes téléphoniques à puce, utilisables dans des cabines trop peu nombreuses, mais qui fonctionnent enfin, la facturation détaillée, le signal et le renvoi d'appel ont révolutionné l'utilisation du téléphone et fait de la technologie française l'une des plus modernes d'Europe, sous l'impulsion de France Télécom. Mais ce n'est pas tout, car Alain peut désormais accéder en France à la plupart des services qui rendaient la vie si facile à son homologue américain Bob Stewart.

Le quartier parisien de La Défense est devenu l'un des plus

grands centres d'affaires européens, et ne cesse d'ajouter de nouvelles cordes à son « arche ». Le service des renseignements téléphoniques sur Minitel (le « 11 ») a eu raison de l'interminable litanie du « 12 » (adieu les « Merci de bien vouloir énoncer dans l'ordre le nom de votre correspondant, la localité, etc. »). Le Minitel est présent dans la plupart des entreprises, et dans une grande partie des foyers français.

Les supermarchés parisiens ont tendance à allonger leurs horaires d'ouverture de fin de journée. Rue de Buci dans le 6ᵉ arrondissement de Paris, le supermarché Hamon fermée à 19 h 45 au lieu de 19 h 15. Une demi-heure de gagnée. Pas si mal... en cinq ans !

Le service France Direct, mis en place par France Télécom et accessible à tout possesseur de la carte Pastel depuis les Etats-Unis, le Royaume-Uni, le Japon et les Pays-Bas, permet de facturer directement sa communication à son domicile ou son bureau par l'intermédiaire d'une opératrice. Des numéros verts (appel gratuit) apparaissent chaque jour sur de nouveaux produits. Des supermarchés à domicile comme Allô Marché livrent le jour même à Paris les produits commandés par téléphone ou sur Minitel. Dans certains hypermarchés, les caissières sont formées au « Service Plus », et emballent en souriant les articles que vous avez achetés en vous souhaitant une bonne journée...

Plus de problèmes non plus pour se faire livrer, chez soi ou au bureau. Des pizzas aux plats cuisinés chinois, japonais, tunisiens et libanais aux poulets rôtis, en passant par les salades, les sandwiches, les plateaux-repas ou les petits déjeuners copieux, les croissants chauds, les glaces, etc., tout est désormais disponible sur simple coup de fil !

Les chaînes de télévision telles que La Cinq, M 6, Canal Plus le week-end, émettent 24 heures sur 24, tandis que TF 1 et Antenne 2 prolongent leurs émissions tard dans la nuit, reléguant au musée de l'audiovisuel la « neige » qui recouvrait encore les écrans au début des années 80 en fin de soirée. Des centaines de stations radio FM diffusent de la musique à toute heure du jour et de la nuit.

Bien sûr, de nouveaux services continuent de se créer chaque jour aux Etats-Unis, dont les Européens ne soupçonnent même pas encore l'existence. Mais la différence avec les années 80, c'est que l'Europe réinvente désormais chaque jour son style de vie. Et pourrait bien, un jour, servir de modèle à Bob Stewart...

Ah ! On oubliait. Pour l'anecdote. Les magasins de chaussures Weston acceptent enfin la carte bleue. Une décision peut-être prise de New York, où l'entreprise a ouvert une boutique sur la 57ᵉ Rue. Il suffit parfois de voyager...

Ni sourire. Ni courbette

« Je trouve la Renault 25 fantastique », avoue Alexander Bartschari, directeur de la communication de l'Union des Industries de la Machine-Outil Allemande au magazine *Challenges*. « A tous points de vue : vitesse, confort, gadgets, rien ne manque. En plus, elle coûte 20 000 marks de moins que la Mercedes équivalente. Pourtant, les Allemands persistent à acheter des Mercedes. Parce que s'ils tombent en panne au bout du monde, ils sont sûrs de trouver un réparateur à côté. »... Et d'ajouter : « Les Français s'avèrent d'une extrême ponctualité lorsqu'il s'agit de signer un contrat. Ils sont plus aléatoires au moment de la livraison. Un Allemand, lui, se couperait la main plutôt que d'être en retard. » Le ton est donné. Les Français ont encore la fâcheuse réputation de « faire des coups commerciaux ». « Les Allemands ne sont pas géniaux du tout », rétorque Bernard Caïazzo, fondateur de Phone Marketing. « La différence, c'est qu'il y a chez eux non seulement des idées, mais des idées qu'on applique, avec l'efficacité d'un bulldozer. Nous, nous avons des idées qui fleurissent toutes les cinq minutes, mais personne n'applique rien ! » Jugement conforté par le couturier François Girbaud. « A l'étranger, un industriel vous dit : c'est intéressant, on peut faire comme ceci, ou comme cela. Huit jours après, il vous rappelle et vous montre ce qu'il a fait. Alors qu'en France vous donnez une idée sur un papier à un industriel, il l'emporte, et elle reste sur son bureau. » Jugements sévères, que résume à sa façon Georges Jollès, P-DG de Bidermann : « Ce qu'on entend par le mot service est trop souvent encore une notion simpliste ; sourire ou courbette... Mais ce n'est pas cela que les étrangers entendent par le mot " service " ! Pour eux, c'est l'application rigoureuse du contrat tel qu'il a été convenu entre les parties ! Le mal français, c'est l'attitude insuffisamment rigoureuse au

---

« Je n'aime pas le mot réussite. A chaque instant, tout peut être remis en cause. C'est pour cela qu'il faut rester debout, prêt à se battre. » (Jean-Claude Decaux)

plan de la gestion, de l'étude de marché. Au plan de l'ensemble de la chaîne qui part de la conception du produit et passe par l'ordre commercial, par sa confirmation, par la production, par la livraison et par le service après-vente. » Etre un bon vendeur suppose de garder son client pendant des années, et de le fidéliser. Malheureusement, les hommes qui ont une culture de conquête n'ont pas toujours une culture de fidélisation. Donc une culture de service.

Repenser l'entreprise pour l'adapter à son époque

L'entreprise européenne gagnante des années 90 doit sans cesse se renouveler, en analysant l'environnement dans lequel elle évolue. Car elle n'est jamais sûre d'avoir la durée pour elle. Nous entrons dans l'âge de l'information et du savoir. Ces changements très rapides vont modifier en profondeur le type d'entreprises dans lesquelles nous allons travailler. Contrairement à une idée largement répandue, le nombre des emplois ne devrait pas être réduit, mais les compétences utilisées différemment. La société industrielle nous a légué un type d'organisation taylorienne : main-d'œuvre nombreuse et peu qualifiée, supervisée par une « maîtrise » et un « encadrement » (des mots qui en disent long...) pléthoriques et hiérarchisés qui donnent à l'entreprise une illusion de puissance, mais freine sa flexibilité. L'explosion des activités de service accélère aujourd'hui la remise en cause de ce type d'organisation, au profit de structures totalement différentes. Dans les années 90, le succès ne se mesure plus à la taille des effectifs, mais bien à la capacité de répondre au plus vite aux attentes des clients. Une organisation nouvelle est en train d'apparaître, qui devrait nous accompagner tout au long de la décennie. Elle regroupera des hommes moins nombreux, mieux éduqués, mieux à même de réfléchir et de créer, aidés par des machines plus intelligentes,

« Vendre du produit, c'est se condamner à vendre au poids. Et vendre au poids, c'est se condamner à abandonner le profit. » (Georges Jollès, Bidermann)

capables d'apporter une valeur ajoutée à chacune de leurs actions. Les entreprises européennes sont en train de comprendre qu'elles ont tout intérêt à employer un noyau dur de gens talentueux, qualifiés et motivés, et à recourir aux meilleures ressources externes à mesure qu'apparaissent ou qu'évoluent leurs besoins. Moins hiérarchisées, elles feront davantage appel aux neurones qu'aux muscles. Un bouleversement profond dans la façon de gérer et de motiver leurs équipes. Et par là même de mieux servir ses clients.

Welcome to the shamrock company !

Ces évolutions ont conduit le consultant anglais Charles Handy à imaginer dans son livre *The Age of Unreason* un nouveau type d'organisation. Il lui a même donné un nom qui pourrait bien faire le tour du monde : « shamrock ». Pour ceux d'entre vous qui ne connaissent pas encore ce nom bizarre, sachez qu'en anglais shamrock représente le trèfle à trois feuilles qui sert d'emblème au drapeau irlandais. Quel rapport avec le monde de l'entreprise ? direz-vous. Pour Charles Handy, l'entreprise de demain sera elle aussi composée de trois parties distinctes. Trois groupes d'individus ou de partenaires dont les attentes, les modes de motivation ou de rémunération diffèrent très largement.

Sachez tout de suite que la première feuille du trèfle représente l'âme de l'entreprise. Les salariés qui y travaillent à temps plein. Très compétents, ces hommes et ces femmes en sont le véritable patrimoine. Tirant une grande fierté de leur travail, capables d'y consacrer une énergie et un temps considérables, ces collaborateurs d'un genre nouveau refusent toute notion de subordination ou de dépendance. Equipés des technologies les plus sophistiquées, ils se concentrent sur la satisfaction de leurs clients et confient tout ce qui n'est pas de leur compétence à des prestataires extérieurs. Fonctionnant un peu comme une entreprise de conseil ou une agence de publicité, cette feuille du trèfle est régie par une

---

« Au lieu de vous plaindre, imitez-nous ! » (Akio Morita, Sony)

hiérarchie plate dépassant rarement quatre niveaux hiérarchiques. Elle accepte de voir son salaire dépendre du business qu'elle génère. A une époque de changement aussi rapide que permanent, il faut bien comprendre en effet que la base de rémunération des salariés est susceptible de changer d'une année sur l'autre, en fonction du contexte économique de l'entreprise. Aussi réduit que possible, ce « noyau dur » génère des idées, initie des projets et fait appel aux deux autres feuilles du trèfle pour en assurer le développement ou la production.

La deuxième feuille est constituée d'hommes et de sociétés auxquels l'entreprise sous-traite une partie de ses activités. Elle fait appel à eux quand elle en a besoin. Parfois issus de l'entreprise shamrock, ils ont opté pour une plus grande liberté en devenant leur propre « patron ». Spécialisés dans un domaine précis et limité, ils font mieux leur travail et de façon moins onéreuse. Payés sur la base de leurs résultats, ils permettent à l'entreprise shamrock de passer davantage de temps à fixer leurs objectifs qu'à contrôler les méthodes qu'ils utilisent pour les atteindre. L'activité sous-traitée est généralement choisie parmi les plus répétitives, ce qui libère le noyau dur. Pratiquée depuis de nombreuses années sous le vocable peu séduisant d'essaimage, cette technique est en train de devenir une véritable arme stratégique, qui utilise l'esprit d'initiative et la soif d'autonomie des salariés pour permettre aux entreprises de devenir plus flexibles. Exemple la Seropa, cette entreprise normande spécialisée dans la fabrication de moules métalliques, qui a ainsi contribué à créer huit entreprises, représentant près de quatre-vingts emplois. En aidant des salariés tentés par l'aventure entrepreneuriale, les entreprises qui font des petits se multiplient à travers l'Europe. Désormais fondées sur des projets personnels volontaristes plutôt que sur des projets collectifs contraints, les opérations d'essaimage « à froid » donnent naissance à des entreprises entièrement

---

« J'ai toujours vécu dans l'idée que les choses passaient très vite, que rien n'était jamais acquis. » (Carlo De Benedetti, Olivetti)

autonomes, qui de plus bénéficient dès leur création d'un marché captif : l'ex-employeur de son fondateur.

La troisième feuille regroupe, quant à elle, la main-d'œuvre à laquelle l'entreprise shamrock fait appel de façon temporaire, en fonction de son volume d'activités. Mais il ne faut pas confondre ici main-d'œuvre temporaire et exploitation d'un personnel sous-qualifié. Il ne s'agit nullement d'hommes et de femmes qui s'adonnent au travail précaire en attendant de trouver un emploi permanent. L'évolution conjuguée des mentalités, des styles de vie, et surtout des technologies, va permettre le développement rapide du travail à domicile. Certains membres de cette feuille travailleront donc chez eux. D'autres travailleront au sein de l'entreprise, mais à mi-temps, ou pour une durée déterminée. De nombreuses femmes — mais aussi des hommes —, qui ne souhaitent pas toujours un emploi à plein temps, vont ainsi pouvoir participer à la vie économique sans abandonner pour autant l'éducation de leurs enfants ou la réalisation d'une passion. Des jeunes pourront cumuler deux emplois à mi-temps, et bénéficier d'une double expérience avant d'entrer de façon plus permanente dans la vie active. Beaucoup de ces travailleurs ont des intérêts extra-professionnels qu'ils souhaitent satisfaire. Cette forme nouvelle de travail constitue pour eux un choix plus qu'une obligation. Très motivés par leur job, ils aspirent davantage au travail bien fait qu'au carriérisme d'entreprise. A condition toutefois de ne pas être traités comme des « intérimaires » : ils bénéficient des mêmes informations, des mêmes formations et des mêmes attentions que les autres.

La meilleure façon de devenir patron

Le responsable de la formation des parcs Disney aux Etats-Unis, que nous interrogions un jour sur la façon dont Disney accueille et traite ses travailleurs saisonniers, nous expliqua en ces termes le « secret » de Mickey. « Nos “ invités ” — c'est ainsi que nous appe-

---

« Use what you sell. Sell what you use. » (Digital Equipment)

lons nos clients chez Disney — n'ont pas à savoir si la personne qui déchire leur billet au parking, ou qui les accueille dans l'un de nos restaurants, est là pour un jour ou pour un an. Nous avons donc le devoir de lui offrir la même formation de départ qu'à l'ensemble de nos collaborateurs. Même si nous savons pertinemment que cette personne restera trois jours seulement sur le parc. Il s'agit là d'un investissement considérable, mais notre succès, et donc notre avenir, en dépendent. Pour nos clients, ils " sont " avant tout " Disney ", et non pas des intérimaires. »

En Angleterre, F International illustre parfaitement l'entreprise shamrock. Créée en 1962 par Stephanie Shirley sous le nom de Freelance Programmers, l'entreprise concevait des logiciels sur mesure. Ce que Stephanie a fait à partir de chez elle pendant des années. Après avoir employé quatre personnes sous le nom de F International en 1964, l'entreprise s'appelle désormais le F I Group plc, emploie 1 100 personnes et réalise un chiffre d'affaires de 200 millions de francs. Son secret ? 70 % de ses collaborateurs — ou plutôt collaboratrices (90 % d'entre eux sont des femmes) — travaillent chez eux ou au sein d'une petite unité locale, loin des bureaux, des pauses-café, des ragots et des coups de fil personnels ! Le noyau dur de l'entreprise est extrêmement limité. Il communique avec ses collaborateurs à l'aide d'une messagerie électronique, d'une lettre d'information et de conférences organisées à travers tout le pays. Tous les membres du siège y participent.

Poussée au bout de sa logique, l'entreprise shamrock devrait également modifier le concept même de bureau. Plutôt que de louer ou d'acheter à prix d'or des bureaux le plus souvent inoccupés, elle offrira à ses collaborateurs des espaces de rencontres et d'échanges. Les centres de travail locaux se multiplient chez F I Group plc. Ils permettent aux différents collaborateurs de se retrouver pour échanger des expériences ou travailler sur du matériel plus sophistiqué que celui dont

---

« Nous avons appris qu'il n'y a pas de marché pour de mauvaises voitures ; nous l'avons même testé ! » (Donald Peterson, Ford)

ils disposent. Des exemples incarnant à ce point le concept d'entreprise shamrock sont encore rares, mais ils préfigurent, selon Charles Handy, une tendance de fond. Déjà, Rank Xerox Angleterre a encouragé une soixantaine de ses cadres spécialisés en marketing, finance, ressources humaines et management, à quitter le noyau dur de l'entreprise pour s'établir à leur compte et continuer ainsi à offrir leurs services à l'entreprise.

Inclure ses clients dans chaque étape de la vie de l'entreprise

Nous reviendrons plus tard sur ces trois premières feuilles de l'entreprise shamrock. Mais attardons-nous un instant sur la... quatrième feuille. Celle qui porte chance à l'entreprise : ses clients ! « Un client est quelqu'un qui a fait le choix de partager les mêmes valeurs que nous. L'Etat d'Esprit Service chez Apple, c'est le plaisir de partager la même passion », écrivait John Sculley, président de Apple Computer, Inc., en introduction d'un séminaire de formation que nous avions conçu pour l'entreprise. « Nous avons engagé, avec une dizaine de clients volontaires, une réflexion approfondie sur les critères de qualité qu'ils attendront de nous demain, en mettant au point des ratios de suivi de ces critères, et en négociant avec ces clients de véritables contrats de qualité », nous expliquait récemment quant à lui Claude Abraham, P-DG de la Compagnie Générale Maritime. « Ces contrats comportent bien entendu des droits et des devoirs réciproques, et leur mise au point a été confiée à la direction des ventes. Leur suivi dépendra d'un directeur de la qualité au niveau de l'entreprise, chargé de veiller à ce que nous tenions nos engagements. L'esprit qualité est contagieux, mais il est bigrement exigeant ! »

Avez-vous remarqué l'implication bien plus grande du client dans la vie des entreprises ? En France, le succès du Minitel y a largement contribué. En s'appuyant sur l'annuaire électronique — qui a avantageuse-

---

« La réussite, c'est comme l'horizon. C'est toujours plus loin. »

ment remplacé des opératrices aussi lentes que désagréables — France Télécom a révolutionné les habitudes hexagonales. Mais le Minitel est loin de constituer le seul exemple de cette tendance nouvelle. A l'usine Mercedes-Benz de Sindelfingen en Allemagne, le client vient lui-même chercher sa Mercedes neuve. Tous les jours, près de... 700 acheteurs accompagnés de leur conjoint et de leurs enfants prennent ainsi une journée de congé pour voir sortir leur voiture des chaînes. Rien ne manque pour faire de cette visite une véritable fête. L'entrée du centre de livraison ressemble au hall d'un grand hôtel luxueux : hôtesses, guichet de réception, bar, restaurant, chambres, douches, salles de repos, et même nursery. L'acheteur une fois arrivé devra attendre une heure et demie, durant laquelle sont prévues une visite de l'usine et la projection d'un film sur les secrets de l'efficacité Mercedes, afin de conforter les clients dans leur choix. Aujourd'hui, un acheteur allemand sur deux choisit de faire le déplacement...

Fini les mères poules

Certaines entreprises demandent déjà à leurs clients de concevoir eux-mêmes les campagnes de publicité qui les séduiront. En offrant un congélateur rempli de glaces pendant une année au plus créatif de ses clients, le fabricant américain Dreyer's a reçu plus de 500 réponses émanant de tous les Etats-Unis à un concours qu'il organisait. Le premier prix a été attribué à un spot radio décrivant la vie des produits « habitant » un congélateur, jaloux de ne jamais quitter leur « prison de glace », tandis que leurs voisines, les glaces Dreyer's, n'y passaient que quelques heures.

« Notre meilleure publicité, ce sont nos anciens clients », affichent aujourd'hui certains annonceurs comme les maisons Phénix, qui remettent au goût du jour la technique publicitaire des « testimoniaux ». « Il n'y a pas de meilleur ambassadeur qu'un client satisfait », écrivions-nous dans *Service compris*. Grâce à ses

---

« Look into their eyes, not into their files. » (Helmut Maucher, Nestlé)

clients, Anita Roddick, qui a créé en Angleterre The Body Shop, ne dépense pas une livre sterling en publicité. En leur offrant des produits naturels et « non testés sur des animaux », l'entreprise — qui maintient un taux de croissance de 40 à 50 % l'an — a su les transformer en véritables « militants », qui développent un extraordinaire bouche à oreille autour de ses bienfaits.

Toujours en Angleterre, le magazine *Business* cite les propos de John Akers, P-DG d'IBM, à ses actionnaires : « Nous n'aurons pas de repos tant que nos clients ne seront pas, non seulement satisfaits, mais également enthousiasmés par leur association avec IBM. » Il est loin, le temps où IBM décidait seule, en véritable « mère poule », de ce qui convenait le mieux à chacun de ses clients. Mieux informés et plus exigeants, ces derniers souhaitent désormais acquérir du matériel « ouvert », c'est-à-dire compatible, et leur permettant de faire librement leur choix parmi l'offre de tous les constructeurs informatiques. « J'en ai rêvé, Sony l'a fait », dit Sony à ses clients, comme pour expliquer son extraordinaire capacité de créer des produits mondiaux qui collent à leurs besoins et à leurs attentes.

Tout le monde met la main à la pâte

Chez Ikéa, le client « se met au travail » dès son entrée dans le magasin. Après avoir choisi le ou les modèles qu'il désire, il emprunte un chariot, embarque les produits, les charge dans sa voiture, les monte au quatrième sans ascenseur, et passe sa soirée ou son week-end à les assembler. De même dans les hôtels, les minibars installés dans les chambres permettent aux clients de se rafraîchir à toute heure du jour et de la nuit sans faire appel au « room service ».

« Le vrai talent d'un chef, c'est de savoir choisir ceux qui sont autour de lui. » (Bernard Tapie, Adidas)

Une machine disponible plutôt qu'une caissière de mauvaise humeur

Chez les loueurs de voiture, les guichets « Express check-out » font gagner aux hommes d'affaires des minutes précieuses, en même temps qu'ils réduisent les files d'attente. Dans les fast-food et les cafétérias, les clients disciplinés ont désormais acquis le réflexe de vider eux-mêmes leurs plateaux et de les déposer au-dessus des poubelles avant de sortir. Les supermarchés et les hypermarchés nous ont habitué depuis longtemps déjà à emballer, peser et étiqueter nous-mêmes fruits et légumes avant de passer à la caisse, et nos propres voitures ont remplacé les véhicules de livraison des petits épiciers d'après-guerre. Nous remplissons seuls nos réservoirs, nettoyons nos pare-brise dans des stations qui portent toujours l'appellation « service ». L'ensemble de la distribution en libre-service a compris qu'il existait là un moyen intelligent d'économiser de la main-d'œuvre tout en emportant l'adhésion de clients préférant une machine toujours disponible à un individu souvent de mauvaise humeur.

Au moment où certains hypermarchés expérimentent des caisses sans caissières, d'autres ont déjà mis en place des caddies équipés de scanners facilitant le travail de ces dernières. Scanner à la main — lui-même relié à une boîte métallique posée sur le chariot — depuis quelques mois la consommatrice néerlandaise enregistre ainsi le code barre du produit qu'elle vient de mettre dans son caddy. Le prix s'affiche alors sur un écran digital.

Faire entrer le client par la porte et par la fenêtre

En lançant le service Finexpress, Cortal (filiale de la Compagnie Bancaire spécialisée dans le placement financier) a elle aussi décidé de « faire travailler » ses clients... en leur rendant service. A terme, Finexpress

« La France est un canton du monde. » (Maurice Bidermann, Bidermann)

permettra aux 50 000 clients de Cortal de consulter 24 heures sur 24 et 7 jours sur 7 l'état de leur compte-chèques ou de leurs placements, et de passer des ordres d'achat ou de vente. Condition nécessaire pour accéder à ce service : posséder un téléphone à touches à fréquence vocale. Au bout du fil, une voix digitalisée dirige le client. Exemple : « Pour obtenir l'état de votre compte Cortal, composez le 1. Pour passer un ordre de vente, composez le 2. » Finexpress donne des informations personnalisées, et toutes les opérations sont traitées en temps réel. Prix du service : celui d'une communication urbaine. Même démarche en Angleterre, où la banque Firstdirect permet à ses clients d'ouvrir un compte-chèques, demander une carte de crédit ou un prêt à... 3 h 25 du matin, par téléphone. Cette filiale du groupe britannique Midland, née un dimanche d'octobre 1989, fonctionne 24 heures sur 24, 7 jours sur 7, et 365 jours par an. Aucun guichet ou agence, tout se passe par téléphone. Au bout du fil, un banquier compétent ou un spécialiste financier prend immédiatement en compte les instructions du client, grâce aux technologies de télé-informatique les plus récentes, et répond à toutes ses questions. « Le service à la clientèle est notre priorité majeure. Désormais, le client n'aura plus besoin de prendre rendez-vous ou d'attendre son tour pour parler à son banquier. » La réalisation des fantasmes d'un « big brother » robotisé ? « Absolument pas ! proteste le directeur général Mike Harris. Notre système est très personnalisé. Au téléphone, le client s'adresse à un être humain — hautement spécialisé — et non à un ordinateur. » Comme elle n'a pas la charge d'un réseau d'agences, Firstdirect peut se permettre d'offrir des taux d'intérêt élevés (15 % par an pour les comptes-épargne par exemple). Un an seulement après sa création, la banque gérait déjà 65 000 comptes, dont un sur cinq était le fruit du bouche à oreille de ses clients...

En France, la Banque Populaire du Quercy et de l'Agenais n'hésite pas, quant à elle, à employer les méthodes des grandes surfaces alimentaires en libre-

---

« On ne perd jamais en une seule fois. On ne gagne pas non plus en une seule. » (Fernand Braudel)

service. Dans ses nouvelles agences entièrement rénovées, les produits financiers sont vendus comme à l'hypermarché : en boîtes et sur des rayonnages. Le client n'a plus qu'à retirer d'un présentoir l'imprimé dont il a besoin, et à remplir lui-même sa demande de prêt, d'ouverture de compte ou de crédit. Il obtient la réponse en quelques secondes et peut même repartir avec une carte personnalisée à son nom délivrée immédiatement, ou le feu vert pour un prêt personnel. Il ne détermine pas encore lui-même la position de son compte, mais cela ne saurait tarder...

Y compris la nuit et le dimanche

Pendant des années, les collaborateurs des entreprises ont travaillé pour leur patron plutôt que pour leur client. Ce dernier était un gêneur qui empêchait l'entreprise de fonctionner comme ses ingénieurs l'avaient prévu. Révolution du service au client oblige, on s'est enfin mis à travailler *pour* le client. Dorénavant, c'est *avec* lui qu'il va falloir travailler. Le client n'est plus quelqu'un d'extérieur à l'entreprise : il la fait vivre, et il en fait de plus en plus partie. Se contenter de satisfaire ses clients n'est plus suffisant. Il faut désormais les faire entrer par toutes les portes et par toutes les fenêtres. Dans ces conditions, que penser du combat d'arrière-garde que mènent certains syndicats européens pour empêcher l'ouverture des magasins la nuit et le dimanche ?

Devenu depuis trois ans l'objet d'incessantes et ridicules polémiques en RFA, le refus borné des syndicats, des partis politiques et de certains membres du gouvernement d'assouplir un tant soit peu une situation entravant la libre concurrence est un révélateur puissant du profond conservatisme de la société allemande. Parfaitement anachronique avec les besoins d'un pays par ailleurs étonnamment moderne, cet encadrement rigide et conçu à l'origine pour protéger les salariés

---

« La meilleure stratégie est celle qui permet d'atteindre ses objectifs sans avoir à se battre. » (Sun Tzu)

aboutit à des situations absurdes. C'est ainsi que les « Trinkhallen » (buvettes de quartier) offrent sous le manteau certaines denrées alimentaires de base après le couvre-feu (désormais fixé à 18 h 30 en semaine, et à 14 heures le samedi !), que les magasins de meubles ouvrent leurs portes le week-end sans avoir pour autant le droit de vendre, que l'aéroport de Francfort — qui échappe miraculeusement à la fameuse législation du 28 novembre 1956, baptisée « Ladenschlussgesetz » — devient un lieu de promenade dominical, et que le « Klettpassage » (galerie marchande menant à la gare de bus et de tramways de Stuttgart, elle aussi exemptée) affiche complet 7 jours sur 7... Transformant les centres-villes en déserts nocturnes et la virée traditionnelle du samedi matin au supermarché en véritable cauchemar, cette situation est heureusement menacée par l'absurdité anachronique qu'elle incarne. A preuve la timide percée réalisée le 5 octobre 1989, date à partir de laquelle le secteur des services fut autorisé à ouvrir ses guichets et ses rayons jusqu'à 20 h 30... une fois par semaine ! Une mesure réclamée par plus de 70 % des consommateurs allemands, et 58 % des employés du commerce.

En Grande-Bretagne, la plupart des immigrés indiens ou pakistanais bravent la réglementation la nuit et le dimanche sans risquer d'amendes, et ce pour le plus grand plaisir des Britanniques, qui commencent à trouver dépassée l'opposition syndicale à toute évolution en la matière. En Italie, réputation oblige, de nombreuses dérogations existent. En Belgique, la loi autorise les grandes surfaces à ouvrir trois dimanches par an, à la condition de tripler les salaires du personnel concerné. Au Danemark, en Grèce et aux Pays-Bas, le principe de la fermeture est quasi général, comme en atteste l'énorme scandale de l'ouverture nocturne des magasins du leader néerlandais Vroom & Dreesmann (V & D, 59 grands magasins employant 16 000 salariés) en décembre 1988. Afin de contourner la législation à la veille des fêtes de Noël, les magasins fermaient à

« La perfection est un chemin, et non pas une fin. » (Proverbe coréen)

18 heures, mais rouvraient quelques minutes plus tard pour le personnel, chaque collaborateur ayant le droit d'introduire quatre « invités » de son choix. Au total, quelque 100000 acheteurs potentiels bénéficiant d'une remise de 25 % sur tous les articles du magasin, qui furent saisis d'une frénésie d'achat quasi surréaliste, au grand dam des petits commerçants hollandais, pendant que la police dressait procès-verbal sur procès-verbal... Dans un pays protestant où il est toujours interdit de passer de la publicité sur les ondes de radio ou les écrans de télévision dominicaux, le lancement du *Krant op Zontag,* le premier journal néerlandais à paraître le dimanche, a fait l'effet d'une bombe le 14 octobre 1990. A tel point que ses concurrents refusèrent de vendre à leur nouveau confrère des espaces publicitaires pour assurer son lancement, et qu'il fallut l'imprimer... en Belgique. A une époque où la chaîne américaine CNN diffuse 24 heures sur 24 des images provenant du monde entier, on peut raisonnablement s'interroger sur l'attitude de ces groupes de presse dont l'entêtement a privé les Néerlandais de leurs quotidiens durant trois jours en décembre 1989, en pleine révolution roumaine.

Autorisée à Creil, l'ouverture dominicale demeure interdite à Compiègne distante de 25 kilomètres seulement. Chez Ford Europe, on songe à faire tourner les usines 24 heures sur 24, et 6 jours, voire 7 jours sur 7. A la grande satisfaction des ouvriers, qui gagnent 50 % de plus qu'en temps normal. Attaqué par la CGT et condamné en août 1989 à lui payer une astreinte de 600000 francs par récidive, Ikéa à Evry vient de jeter l'éponge devant l'acharnement syndicalo-judiciaire. Dans le même temps Virgin Megastore ouvert en octobre 1988 sur les Champs-Elysées fermait ses portes le dimanche dès janvier 1991, alors qu'il s'agissait pourtant du « deuxième meilleur jour » de la semaine selon les responsables du magasin. Le magasin accueillait 45000 visiteurs en dehors des heures habituelles d'ouverture, soit entre 19 et 24 heures. Le problème est

---

« Nous allons vers une pénurie des qualifications. » (Henri Lachmann, Strafor)

assurément complexe. Bien sûr, le droit au dimanche représente pour les salariés « une période de non-travail et un temps d'indépendance vis-à-vis de l'employeur » auxquels ils ont droit. Mais il est aussi « le droit pour la population au repos de trouver à sa disposition l'offre de services de nécessité (santé, sécurité, etc.), de loisirs et d'activités répondant aux besoins de détente et de la vie familiale ». Le droit au dimanche des uns ne peut donc être satisfait que s'il est fait abstraction du droit au dimanche des autres... Il faut pourtant comprendre que les habitudes et les aspirations des Européens ont changé, et décider à leur place de ce qui est bon ou non pour eux ne sera pas toléré éternellement. L'exemple pourrait d'ailleurs, là encore, venir de pays comme l'Espagne. Fidèle, dans ce domaine comme dans bien d'autres, à sa réputation de Californie européenne, l'Espagne autorise en effet depuis 1985 l'ouverture dominicale. Assortie de larges compensations salariales et de suppléments de repos hebdomadaires, cette mesure connaît un succès croissant auprès des petits magasins comme des hypermarchés, et a permis de créer environ 14000 emplois en quatre ans. En Irlande, au Portugal ou en Suède, la liberté est aussi la règle.

Savoir que rien n'est jamais acquis définitivement

« Notre philosophie est celle du 361° », explique Hervé Ludin, directeur du développement de l'agence MGTB Ayer. « Ne jamais être satisfait, aller constamment chercher ce degré supplémentaire qui fera la différence et qui contribuera à la réussite de nos clients. » Une autre étape critique, pour toute entreprise shamrock, est de maintenir leur jeunesse d'esprit à tous ceux qui constituent son noyau dur. « Quand, il y a quelques années, j'ai évoqué la perspective d'ouvrir cent boutiques Flo en France, c'était, je n'ai pas honte de le dire, de la provocation », révèle Jean-Paul Bucher,

---

« Les Japonais nous ont dépassés. Brutalement, ils ont sauté du Moyen Age à l'an 2000, tout en conservant leurs traditions. » (Jean-Michel Jarre)

P-DG du groupe Flo, qui possède notamment les restaurants parisiens La Coupole, Julien, Le Vaudeville, et des brasseries à Barcelone, Stuttgart et Tokyo. « Provocation à l'égard de la concurrence, pour secouer la profession. Et provocation à l'égard de mes employés, pour les encourager, les stimuler, leur faire comprendre que, justement, tout n'est pas fini. Que nous ne sommes pas encore... arrivés. »

Se sentir « affamés » en permanence

Nous touchons là un problème de fond commun à toutes les entreprises. Leurs acteurs perdent vite tout appétit intellectuel dès lors qu'ils ont atteint ce que certains appellent leur « seuil de satisfaction ». Dès lors qu'ils ont pu s'acheter un appartement et une maison de vacances, qu'ils sont rassurés sur l'avenir de leur progéniture, nombre de collaborateurs talentueux semblent ne plus « avoir faim ». Ils perdent tout esprit de conquête. Il en va de même pour certains entrepreneurs lorsqu'ils estiment avoir atteint un « seuil de satisfaction ». Leur manque de charisme ne permet plus alors d'attirer ceux qui contribueraient pourtant à assurer la pérennité de leur entreprise. Même attitude chez certains jeunes collaborateurs, qui atteignent eux aussi de façon prématurée ce seuil fatidique, et qui devraient parfois prendre des leçons d'enthousiasme auprès de leurs aînés. L'entreprise — et plus exactement ses managers — est souvent responsable de leur manque d'appétit. Elle doit penser en permanence à les maintenir « affamés », si elle veut conserver une âme de pionnier. Mais l'entreprise doit aussi apprendre à s'en séparer si elle veut qu'un sang neuf vienne régénérer ses cellules. « Quand il se produit un échec, c'est la preuve qu'il y a dans l'organisation du sang stagnant » écrit Kuniyasu Sakai dans son livre *Bunsha,* sur lequel nous reviendrons régulièrement au cours de cet ouvrage. Se débarrasser du sang stagnant, faire entrer du sang neuf, c'est la voie pour faire vivre

---

« J'essaie de développer chez mes collaborateurs le devoir d'inquiétude. » (André Lévy-Lang, Paribas)

une organisation. » Il n'y a pas de place pour les dilettantes ou ceux qui « ne font que passer » dans l'entreprise shamrock, dont les processus de sélection vont eux aussi s'en trouver affectés.

A mesure que vous lisez ces lignes, certains d'entre vous se demandent sans doute s'ils ne se sont pas trompés de livre. S'ils ne sont pas en train de lire un ouvrage de science-fiction économico-culturel mettant en scène des personnages, des situations et des structures imaginaires. Beaucoup d'entre vous travaillent sans doute dans de grandes entreprises, et se sentent bien loin du client, et donc du schéma imaginé par Charles Handy. Les tendances qu'il décrit existent pourtant bel et bien partout en Europe, et le simple exercice consistant à se demander ce qui pourrait être sous-traité au sein de votre propre entreprise — à vos clients ou à vos partenaires — pourrait servir de révélateur. Et si vous « faisiez » déjà shamrock sans même vous en apercevoir ? Réfléchissez-y, et vous serez sans doute surpris. Tout comme l'Europe s'impose à nous, la notion de service à la clientèle n'est plus désormais un aspect parmi d'autres de la stratégie des entreprises européennes performantes. Elle en constitue le fondement, le cœur, la raison d'être. Elle détermine la stratégie de l'entreprise, et façonne son organisation.

2

Equal treatment means unequal satisfaction.

Kenneth Johnston, Kaset

Paradoxe n° 2

S'imposer par le silence et par l'écoute

En réapprenant à écouter. En satisfaisant un besoin plutôt qu'en vendant un produit. En allant au-delà de l'écoute de ses clients. En considérant chaque individu comme un marché. En pensant à long terme plutôt qu'au coup par coup. Pour en finir avec le mépris.

« Le vrai patron d'une entreprise, ce n'est pas son propriétaire, ce n'est pas son manager, ce n'est pas son personnel, ce ne sont pas les syndicats, ce sont ses clients ! » entend-on dire aujourd'hui dans — presque — toutes les entreprises européennes (ou tout au moins dans celles qui ont survécu jusqu'ici)... L'émergence de l'entreprise shamrock met le client au cœur même de l'entreprise, qu'en tant que « patron », il va dès demain « diriger » véritablement. « Les années 90 connaîtront l'avènement du client roi. Les entreprises comprendront que leur survie dépend de leur aptitude à se transformer en sociétés de services, à l'écoute des moindres désirs et du bon plaisir de leurs clients, avec lesquels elles dialogueront sans trêve », écrit Philippe Defrenois, P-DG d'Ogilvy Defrenois, dans *Stratégies Géant.* « Fini les consommateurs anonymes : chacun d'entre eux aura un nom, un prénom, une adresse, un historique d'achat et des souhaits à formuler. Le marketing aura atteint son but ultime. Le client passera avant les produits. »

Réapprendre à écouter

Connaissez-vous ce qu'il est désormais convenu d'appeler aux Etats-Unis le « syndrome du piano Nordstrom » ? Il s'agit d'une maladie qui affecte tous ceux qui ont oublié que le meilleur moyen de vendre, c'est... de se taire. Créée à Seattle en 1901, Nordstrom est une entreprise de distribution américaine qui agace la profession autant qu'elle suscite son admiration. Parce qu'elle a fait de la satisfaction du client son unique et seule raison d'être. Parce qu'elle exige de ses collaborateurs qu'ils exercent leur bon sens en toutes circonstances. De nombreux concurrents de Nordstrom sont ainsi impressionnés par le piano à queue noir qui décore le hall d'entrée de chaque magasin, où un pianiste interprète de la musique classique pour accueillir les clients. « Mais c'est bien sûr ! » se disent-ils immédiatement, n'allant pas chercher plus loin les raisons de l'exceptionnelle rentabilité de la chaîne. Dès leur retour dans leur propre magasin, ils passent tous commande d'un piano à queue, embauchent un pianiste, et redoublent d'attention lorsqu'ils analysent les courbes de vente et de satisfaction de leurs clients. A leur grande déception, celles-ci restent étonnamment plates. L'effet du piano Nordstrom ne marche pas chez eux.

Troublant ? Non, normal. S'il est important — voire indispensable — d'aller s'étonner chez ses concurrents, et d'ouvrir grandes les fenêtres de son entreprise, il serait naïf de croire qu'il suffit de copier les autres pour obtenir le même succès qu'eux. Parce que chaque client est unique, le meilleur moyen de le satisfaire et de conserver sa fidélité n'est pas d'appliquer une recette, mais bel et bien d'apprendre à l'écouter. Responsable de

---

« Les deux secrets d'un succès : la qualité et la création. » (Paul Bocuse)

McKinsey Japon, et « gourou officiel » du management japonais, Kenichi Ohmae aime rappeler que le meilleur moyen de progresser n'est plus aujourd'hui d'imiter ses concurrents, mais de partir systématiquement des besoins de ses clients. Et de réapprendre à innover de façon à leur apporter la meilleure valeur ajoutée possible. Pour lui, le concept de stratégie se résume désormais à prêter une attention maladive aux attentes de ses clients, et analyser la marge de manœuvre que possède son entreprise pour y répondre efficacement.

Lorsqu'il a racheté Adidas, Bernard Tapie s'est rapidement rendu compte que l'entreprise avait conservé son savoir-faire, mais perdu son faire-savoir. L'une des toutes premières questions qu'il posa aux dirigeants de l'entreprise allemande fut la suivante : « Connaissez-vous un seul gosse sur cette terre qui ait envie de ressembler à Ivan Lendl ? » Sa façon à lui de leur signifier que la publicité qu'ils avaient choisie pour leur entreprise semblait répondre davantage à leur propre vision du monde qu'à celle de leurs clients. Depuis son arrivée à la tête d'Apple, la firme de Palo Alto, John Sculley répète à qui veut l'entendre qu'il est le « Chief Listener » (chef écouteur) de son entreprise, plutôt que son « Chief Executive Officer » (l'équivalent américain de P-DG).

Sourire, Silence, Sommeil

La légende prétend que les Japonais pratiquent systématiquement pendant six ans la « règle des trois S » lorsqu'ils abordent un marché nouveau. « Sourire, Silence, Sommeil »... Une formule qui exclut toute improvisation, et que l'on pourrait également traduire par « séduire, écouter, et prendre son temps ». Plus un Japonais occupe un poste important dans la hiérarchie de son entreprise, mieux il écoute. Au pays du Soleil-Levant, celui qui parle en premier au cours d'une réunion passe généralement aux yeux des autres pour un sombre crétin. « Mon secret, nous confiait récemment

---

« La qualité n'est pas un luxe. » (Zino Davidoff)

un ami japonais, est de toujours laisser s'écouler deux secondes, après que quelqu'un a parlé, avant de reprendre moi-même la parole. Je lui laisse ainsi une chance supplémentaire de s'exprimer, et je prends le temps de l'observer. C'est d'ailleurs sans doute ce qui nous différencie le plus de vous autres Occidentaux. Nous formons un groupe social homogène, et n'avons pas besoin de parler autant que vous pour nous comprendre. Quand nous prononçons un mot, nous en comprenons dix, tandis qu'en Europe vous en dites dix pour n'en comprendre qu'un seul ! »... Jugement sévère s'il en est.

Renifler les marchés

Il faudrait aussi remettre en cause certains de nos systèmes scolaires, qui ont inculqué pendant longtemps le mépris des autres, la suffisance et la certitude qu'on a raison tout seul. « Nos élites sont entraînées à ne pas écouter », remarque Michel Crozier dans son dernier livre, *L'Entreprise à l'écoute*. Bien sûr, certaines entreprises, sous l'impulsion de leurs dirigeants, s'efforcent de passer d'une culture de producteur à une culture centrée sur les préoccupations du client. « Chez Casto, il y a tout ce qu'il faut. » Toujours à l'écoute de ses clients et passionné par son métier, le bricolage, Christian Dubois, fondateur de Castorama, se préoccupe davantage de la satisfaction de ses clients que de la rotation de ses stocks. « Je préfère que certains de nos produits tournent un peu moins vite, mais que nos clients soient sûrs de les trouver lorsqu'ils en ont besoin. On ne peut pas raisonner avec un compteur à la main », nous confiait-il il y a quelques années. Luciano Benetton avoue passer deux cents jours par an sur les routes, dans des avions et chez ses clients, à « renifler » les marchés pour évoluer à tout instant. L'une des clés de sa réussite a justement été de créer des structures et une organisation capables de s'adapter rapidement aux changements.

« C'est un leurre de croire que les hommes moyens ne sont capables que de sacrifices moyens. » (Georges Bernanos)

L'écoute n'est pas un simple exercice de « relations publiques »

Otto Loepfe, P-DG de la compagnie aérienne helvétique Swissair, a décidé de montrer l'exemple à ses collaborateurs, en passant de temps à autre une journée à servir des clients de la compagnie au comptoir Swissair de l'aéroport de Zurich. « Je souhaite que quiconque, qu'il travaille au service financier ou ailleurs, ait conscience qu'au bout du compte il travaille pour un client », dit-il pour justifier sa décision. On ignore si les clients enregistrés par le président sont satisfaits de ses prestations, mais on sait que le nombre de cadres du siège qui « hantent » depuis les aéroports suisses à la découverte du client a augmenté. On n'ose imaginer son homologue français Pierre Elseen, ex-P-DG d'Air Inter, s'occupant personnellement des vacanciers laissés en rade tout au long de l'été 1990 dans les aéroports de France, à la suite des innombrables mouvements de grève « émanant de certaines catégories de personnel ». Peut-être ne serait-il pas inutile d'ailleurs que les contrôleurs aériens et certains collaborateurs de la compagnie se souviennent, eux aussi, de temps à autre, que les « usagers » sont aussi des « clients ». Un manager doit être physiquement présent et accessible sur le lieu de travail de ses collaborateurs. Richard Branson, le bouillonnant fondateur du groupe Virgin à qui tout semble réussir (de l'aviation à la production musicale, en passant par la distribution, comme en témoigne la réussite en France de ses « Mégastores »), ouvre lui aussi toutes grandes ses oreilles lorsqu'il emprunte les avions de sa compagnie, Virgin Atlantic Airways. « Lorsque je suis dans l'un de mes avions, confie-t-il au magazine *Business*, je me promène partout. Je discute avec les passagers, et je pose toutes sortes de questions au personnel. Je rentre avec des centaines de notes griffonnées sur des petits morceaux de papier. Croyez-moi, ces contacts directs valent beaucoup mieux, et m'en apprennent beaucoup plus, que toutes les études de marché. »

« Les clients sont comme les femmes. Si on ne s'en occupe pas bien, ils font le bonheur des autres. »

Lionel Yvon est cadre à la SNCF. Il appartient au « chantier oreilles » que la SNCF a mis en place après les grandes grèves de l'hiver 1986-1987. Son rôle : partir à l'écoute du terrain sur des thèmes précis : la carte Kiwi, le TGV Atlantique, le journal interne, etc. Comme le disait clairement le cardinal Richelieu : « Il faut écouter beaucoup et parler peu pour bien agir au gouvernement d'un Etat. »

Apprendre des salariés qu'on embauche

Ces exemples montrent tout l'intérêt qu'il y a pour l'entreprise à mieux écouter ses clients. Mais elle peut aussi apprendre des salariés qu'elle embauche. « Or, que fait-on le premier jour ?, interroge Patrick d'Elme, P-DG du groupe Francom. On leur fait visiter l'entreprise, on leur donne leur définition de poste et on les met au boulot. Personne ne pense à leur dire : “ Dites donc, ça fait dix ans que vous travaillez chez l'un de nos concurrents. Vous allez passer trois semaines à nous raconter quels étaient ses tarifs, ses méthodes, etc. ” » Tout comme on peut apprendre de ses collaborateurs, lorsqu'il leur arrive d'être clients de l'entreprise. Matsushita a ainsi demandé à l'ensemble des femmes — de la secrétaire du P-DG à la standardiste — travaillant dans l'entreprise quels étaient les appareils électriques dont elles rêvaient. Des concours d'idées ont été lancés, d'où sont nés le four à pain domestique, la brosse à vêtements à vapeur, le mini-séchoir pour petite lingerie féminine, la mini-douche électrique pour se laver les cheveux, la machine à laver qui ne tord pas le linge, l'aspirateur qui tue les petits insectes, etc.

Entendons-nous bien. Ecouter ne signifie pas forcément faire tout ce que le client demande. Mais il s'agit d'un excellent moyen de négocier avec lui, en recueillant le plus d'informations possible. Chez Federal Express, on entend souvent raconter l'histoire de l'ours et de l'alligator, pour illustrer l'importance déterminante de la qualité du service. « Lorsqu'un ours rencontre un alligator, l'issue du combat sera davantage déterminée par la nature du terrain que par la force respective des deux adversaires. S'il a lieu dans les marais, l'ours perdra sans aucun doute. S'il se déroule au contraire sur la terre ferme, l'ours vaincra l'alligator. » Quand on vend quelque chose à un client, il vaut toujours mieux l'amener intelligemment sur son propre terrain, rester « sur terre », mettre en valeur les services qu'on lui offre plutôt que de se laisser entraîner dans le « marais », c'est-à-dire être alors amené à négocier uniquement sur les prix.

« Satisfaire un besoin » plutôt que « vendre un produit »

« Certains croient que j'ai inventé l'abribus, c'est totalement faux ! La seule chose que je revendique, c'est le seau d'eau et la peau de chamois... », nous confia un jour Jean-Claude Decaux, que nous étions allés rencontrer dans son siège social de Plaisir dans la région parisienne. « Ce que je vends aux maires de toutes les communes d'Europe qui me font confiance, ce ne sont pas des sanisettes ou des abribus, mais bel et bien de la propreté. L'un de mes secrets est d'avoir compris que la seule façon d'être crédible, c'était d'être moi-même à la hauteur de mon message. Je vous mets d'ailleurs au défi de trouver une seule de mes camionnettes, ou un seul de mes collaborateurs, dont le véhicule ou la tenue ne soit pas impeccablement propre en toutes circonstances ! » A la fin de cette rencontre, et au moment de récupérer notre voiture sur le parking de l'entreprise, nous avons eu l'agréable surprise de constater qu'elle avait été nettoyée elle aussi ! Pas étonnant, face à un tel professionnalisme, d'observer la réussite de cet homme que tout semble agacer, y compris ceux qui arrivent en avance à leur rendez-vous (« Ils pourraient sûrement occuper leur temps plus utilement », lâche-t-il).

« Les clients votent avec leurs pieds. » (André Essel, Fnac)

Vendre un plaisir et une relation

Les innovations technologiques souhaitées par les clients ne sont pas toujours celles que l'on croit. Les ingénieurs italiens d'Alfa Roméo ont consacré un temps et une énergie considérables pour insonoriser au maximum leurs voitures. Une fois le moteur silencieux enfin conçu, ils ont été obligés de faire machine arrière. A leur grande surprise, ils se sont aperçus que les clients fidèles de la marque aimaient avant tout entendre le bruit caractéristique du moteur, et le doux ronronnement des pistons. Qu'on les prive de cette sensation, et ils ne prenaient plus le même plaisir à conduire ! La marque a bien sûr cédé à leur requête, et les moteurs des Alfa continuent de ronronner bruyamment.

« Votre produit n'intéresse plus personne ! avertit Christian Lemoine, P-DG du Creci, qui ajoute aussitôt : ... s'il n'est pas porté et entouré par une relation. Nous rentrons dans l'ère de la communication. Ce que les gens veulent, c'est un sens, un plaisir, une relation. » Une façon comme une autre de dire que le client n'achète plus un produit, mais une réponse à un besoin. « Nous ne vendons plus des voitures, mais un droit de rouler », confirme Hugues Lacord, responsable des méthodes commerciales à la Direction du Commerce France de Citroën.

Aller au-delà des attentes de ses clients

« Comment peut-on définir un bon service ? » La question revient inlassablement à chacune de nos conférences... Pas facile d'y répondre, même après des années passées à rencontrer des clients, des dirigeants, des vendeurs, des standardistes, etc., qui ont toutefois renforcé notre conviction. Il n'y a pas de bon service en soi, rétorquons-nous habituellement. Mais plutôt un service qui répond de façon rapide et personnalisée aux

---

« Dans les usines, nous fabriquons des cosmétiques. Dans les boutiques, nous vendons de l'espoir. » (Charles Revson, Revlon)

attentes précises d'un client que l'on doit satisfaire par tous les moyens possibles. Il nous arrive souvent de comparer le service à une balance de pharmacien. Un plateau supporte les attentes d'un client, l'autre, l'expérience qu'il vit au contact d'une entreprise, et surtout la perception qu'il en a. Une perception qui peut être totalement différente selon le côté de la balance où l'on se place (un fournisseur peut en effet avoir l'impression d'avoir largement dépassé les attentes de son client, tandis que le client lui-même aura l'impression de ne pas avoir été compris), mais aussi d'un client à un autre. La perception des autres et des choses est l'un des éléments clés d'une stratégie de service.

« Je vous aurai, un jour... »

Satisfaire les attentes de son client ne suffit plus. Il faut aujourd'hui chercher à connaître ses goûts, ses besoins, mais aussi ses plaisirs. Depuis la sortie de *Service compris,* notre vie est devenue un « enfer sympathique ». Plus personne ne nous pardonne en effet aucun écart. Deux sonneries téléphoniques paraissent une éternité à nos interlocuteurs, qui attendent également que nous répondions à tout courrier le jour même. Pour un peu, ils aimeraient nous voir décrocher notre téléphone avant même qu'il ne sonne ! Chacun de nos collaborateurs s'efforce donc de ne jamais laisser aucun poste sonner plus de trois fois. C'est ainsi que l'un de nos clients, qui nous appelle presque chaque jour, s'est juré de nous « coincer », et d'entendre enfin cette quatrième sonnerie qui lui ferait tant plaisir... « J'ai failli gagner mon pari ce matin, nous dit-il un jour, triomphant. Quatre sonneries !... avant que ne retentisse le sifflement aigu de votre fax... Je m'étais trompé de numéro ! Mais je vous aurai, un jour... » L'anecdote mise à part, l'attitude de nos clients est révélatrice de la décennie qui s'ouvre. Nous ne sommes plus dans les années 80, où le simple fait de répondre gentiment à un appel téléphoni-

---

« On ne peut pas définir la qualité, on la reconnaît quand on la voit. » (Henry Mintzberg, Université de Montréal)

que, sans attendre la dixième sonnerie et en se présentant poliment, suffisait à séduire ou à rassurer un client. De la même façon, livrer à l'heure une commande conforme ne suffit plus à garantir la fidélité. Il faut aller plus loin que sa simple satisfaction, et au-delà de ses seules attentes.

Un marathon sans ligne d'arrivée

« Le service est un voyage, et non pas une destination », expliquons-nous souvent à ceux de nos interlocuteurs qui nous annoncent fièrement qu'ils ont atteint un niveau optimal de qualité de service. Il s'apparente en effet de plus en plus à un marathon dont on aurait supprimé la ligne d'arrivée.

Vouloir améliorer la qualité du service constitue une obligation permanente d'ambition et de volonté. Jean-Claude Taté, P-DG de Conforama, se rend souvent dans ses magasins. Visitant un jour l'un des dépôts où les clients viennent retirer leurs achats, il interroge son responsable sur la durée moyenne d'attente. Ce dernier se déclare « satisfait ». D'après lui, un client patiente en moyenne de 6 à 7 minutes, ce qui correspond, semble-t-il, à la moyenne des autres magasins. Jean-Claude Taté s'empresse de lui expliquer que l'objectif n'est pas de se situer « dans la moyenne », mais bel et bien d'atteindre l'objectif le plus ambitieux qui soit, à savoir aucune attente.

L'être humain a souvent tendance à se satisfaire des progrès accomplis plutôt que de se mobiliser sur des objectifs plus ambitieux. Un peu comme un sportif talentueux, mais qui ne ferait rien pour être au top niveau et monter sur la première marche du podium. Henri Leconte est sans doute l'un des joueurs de tennis les plus doués de sa génération. Il se contente malheureusement trop souvent de ses résultats et ne travaille pas avec suffisamment d'acharnement. A l'inverse, Ivan Lendl n'a pas autant de qualités « naturelles » que Leconte, mais il travaille comme un acharné pour préparer Wimbledon, seul tournoi manquant à son palmarès. Jean-Claude Killy raconte que le jour où il a averti son père qu'il voulait faire du ski, celui-ci lui a répondu qu'il était d'accord. « A une condition : que tu sois champion du monde ! Sinon, il vaut mieux que tu fasses autre chose. » Ce souci permanent d'amélioration s'applique également dans la vie des entreprises.

Rendre tangible l'intangible

La qualité du service doit passer par des signes tangibles. Pourquoi les femmes de chambre d'un nombre croissant d'hôtels emballent-elles systématiquement les verres de la salle de bains de pochettes en plastique, et posent un ruban de papier autour de la cuvette des toilettes avant l'arrivée de nouveaux clients ? Par simple mesure d'hygiène, penserez-vous... Bien sûr, l'hygiène n'est pas absente de cette démarche, mais l'objectif prioritaire est de rendre tangible l'intangible. Même souci chez les loueurs de voiture, lorsqu'ils accrochent au rétroviseur un petit mot vous informant qu'elle a été personnellement révisée par « Alexandre ». Vous ne rencontrerez sans doute jamais ledit Alexandre, mais cette démarche a elle aussi pour objet de contribuer à vous rassurer, en vous confirmant que la voiture à bord de laquelle vous allez prendre la route a été entièrement révisée. Ce que l'on communique est parfois aussi important, voire plus important, que ce que l'on fait.

Dans la course à l'amélioration de la qualité du service, aucune entreprise n'a malheureusement les moyens humains, matériels, financiers ou logistiques de tout améliorer en même temps. Son dirigeant est donc sans cesse contraint de procéder à des arbitrages. Une seule règle doit guider ses choix : mettre la qualité du service là où ses clients peuvent la voir, la toucher, la sentir. « Si le chauffeur de cette voiture conduit de façon dangereuse, ou se comporte de façon agressive, merci de bien vouloir nous en avertir en nous signalant son numéro et en appelant le... » En inscrivant ce message à

« La qualité, c'est avant tout de rendre service et de faire plaisir au client. Plus on se concentre sur le client, plus la qualité s'occupe d'elle-même. » (Brian Codling, ICI Paints)

l'arrière de chacun de ses véhicules qui sillonnent en permanence les rues de New York (un choix peut-être contestable au plan éthique, mais diablement efficace), le câblo-distributeur Manhattan Cable TV affiche clairement son ambition de service et de respect de ses clients et de son environnement. Lorsqu'ils portent le badge « Décidés à faire mille fois plus » (« We try harder »), chacun des salariés du loueur de voitures Avis est lui aussi contraint de donner en permanence le meilleur de lui-même, en même temps qu'il communique clairement à ses clients la philosophie de son entreprise.

Considérer chaque individu comme un marché

Tous ceux qui pensent encore que rien ne ressemble davantage à une baignoire qu'une autre baignoire seraient bien inspirés de regarder les catalogues de Jacob Delafon ou de Villeroy & Boch. Chacun propose des centaines de combinaisons possibles de formes, de couleurs et de techniques, avec notamment le développement des baignoires-jaccuzzi. La « basketmania » mondiale, sur laquelle surfent les fabricants de chaussures de sport, symbolise elle aussi parfaitement ce phénomène. Reebok (numéro deux mondial) propose 175 modèles dans 450 couleurs et formes différentes, tandis que son concurrent Nike a développé une ligne de chaussures pour 24 sports, qui représente 300 modèles et 900 styles ! « Chacun veut vivre à la carte, estime Jean Boissonnat. Quand on n'aime plus, on change. »

De même, chaque année, des centaines de nouveaux magazines sont créés en France et en Europe. Cette fragmentation a bien sûr des conséquences majeures sur le marché de la publicité, les annonceurs délaissant les supports d'information générale au profit de supports spécialisés, moins chers et plus efficaces. « Si vous êtes une entreprise qui vend des produits destinés aux dentistes gauchers âgés de trente-cinq à quarante-deux ans, dans quel support allez-vous investir ? », ironisait récemment Tom Peters, lui aussi très intéressé par cette évolution. « Dans *L'Express ? Le Point ? L'Entreprise ?* Certainement pas ! Vous allez acheter de l'espace dans le magazine des dentistes gauchers âgés de trente-cinq à quarante-deux ans ! »

Il n'y a plus de « marché de masse », et aucune entreprise ne pourra survivre demain si elle refuse d'entrer dans un marché à moins qu'il ne représente dès le départ un potentiel important. La capacité à penser « petit » et « niche de marchés », même lorsque l'on est « gros », sera l'une des qualités majeures des entreprises gagnantes. Il leur faudra en effet concilier production unitaire et économies d'échelle, une technique que les Anglo-Saxons appellent la « mass customization ».

Vendre ses produits un par un

« Notre objectif n'est pas de fabriquer cent mille voitures, mais cent mille fois la voiture d'un client », aime répéter Pierre Jocou, directeur de la qualité de Renault, lequel n'a pas hésité à retarder de plusieurs mois le lancement de la R19 sous le seul prétexte que sa qualité était jugée insuffisante. Chez Volvo, un client peut choisir sa voiture parmi près de... 20 000 combinaisons possibles ! Du coup, la très grande variété de carrosseries mais aussi de couleurs, de matériaux et d'options, oblige les constructeurs à investir dans des chaînes de plus en plus flexibles. Renault a ainsi engagé quelque 800 millions de francs dans la construction d'un atelier de tôlerie permettant de monter les différentes versions de la Clio, et de les livrer le plus vite possible après l'enregistrement d'une commande. Cette révolution du « juste-à-temps » oblige les sous-traitants de l'industrie automobile à repenser eux aussi l'intégralité de leurs processus. La société Major, qui fabrique pour Renault des sièges de voiture, s'est ainsi organisée de façon qu'un camion quitte son usine voisine de Flins toutes les vingt minutes, afin de livrer les sièges de la Clio en flux tendus. Même philosophie chez McDonald's, qui possède déjà plus de cent vingt restaurants en France (où personne ne croyait pourtant il y a quinze ans

---

« Il faut vouloir chaque matin démoder ses propres produits. » (Jean-Louis Dumas, Hermès)

à l'avenir hexagonal du hamburger), et plus de trois cents en Allemagne et en Grande-Bretagne : « Nous servons vingt-deux millions de repas chaque jour... mais un par un. » McDonald's a réussi à construire à travers le monde un empire dont le chiffre d'affaires excède aujourd'hui les... six milliards de dollars. Un tel succès n'est jamais dû au hasard. Lorsqu'il évoque ses restaurants, Ray Kroc, le fondateur, ne dit jamais que sa chaîne compte 11 000 points de vente, mais que McDo gère plus de 30 000 toilettes ! Une façon comme une autre de faire comprendre à tous ses collaborateurs répartis à travers le monde que la propreté est au moins aussi importante, si ce n'est plus, que la qualité de la viande.

11 231 862 versions différentes !

La personnalisation des marchés va désormais si loin et si vite qu'aucun marché n'a plus le temps de mûrir. Un marché mûrissant devient immédiatement fragmenté et personnalisé. La difficulté va être pour les entreprises de concilier l'individualisation de la consommation avec la globalisation de la production. D'apprendre à produire en série un produit unique au monde.

Au Japon, la National Bicycle Industrial Co., filiale du géant électronique Matsushita, a réussi à produire de façon industrielle dans son usine de Kokubu des bicyclettes construites sur mesure, vendues sous la marque Panasonic. A la différence de ses concurrentes, l'entreprise met ses clients au début du processus de production, et non pas en bout de chaîne. Aucun vélo n'est produit avant que ne soit passée une commande. Laquelle est généralement livrée dans les deux semaines. Du coup, chaque client peut acquérir ce qu'il désire plus que tout : un vélo unique au monde. Voici comment fonctionne le système. Le client se rend dans un magasin. Un vendeur prend ses mesures précises au moyen d'un cadre spécial, qu'il envoie par fax à l'usine. Un

« Le client vote tous les jours avec ses sous, tandis que le citoyen n'est sollicité qu'à l'occasion des élections. Ce n'est pas une petite différence. » (Jean Boissonnat, L'Expansion)

opérateur entre alors immédiatement ces informations sur le système informatique qui conçoit le vélo en trois minutes — soit soixante fois moins de temps qu'un artisan le dessinant à la main —, et émet une étiquette utilisant la technique du code-barres contenant toutes les données nécessaires à sa production. Assemblée en partie à la main sur une chaîne mélangeant habilement les robots et les ordinateurs, la bicyclette est ensuite produite en trois heures, contre une heure et demie pour un modèle produit sur une chaîne classique. Comble du luxe, les dirigeants de National Bicycle Industrial Co. se refusent à raccourcir pour autant les délais de livraison, estimant qu'il est important de préserver par cette attente l'excitation ressentie par leurs clients...

Le bon service ? Celui qu'on n'a pas besoin de demander

« Il y a en France 50 millions de sujets, et autant de sujets de mécontentement », disait le général de Gaulle. De la même façon, il n'existe pas deux individus qui aient, au même moment, les mêmes attentes envers une entreprise. Rationnels et précis, certains sont sensibles aux arguments factuels et chiffrés. Bavards et extravertis, d'autres détestent les détails. Inquiets, d'autres ont enfin besoin d'être rassurés plutôt que pressés. Le bon service consiste à percevoir les attentes de chacun à travers l'ensemble des signes qu'il nous envoie, et en s'aidant notamment de la communication non verbale. De la même façon, un même individu peut avoir des attentes totalement différentes selon qu'il est de bonne ou de mauvaise humeur, qu'il a ou non du temps à perdre, qu'il a ou non envie de discuter, etc. Lorsque vous amenez votre voiture en révision chez votre garagiste le lundi matin, vous n'avez qu'une envie : ne pas attendre, laisser vos clés au chef d'atelier, lui signaler l'allume-cigare qui ne fonctionne pas, et sauter dans un taxi pour ne pas être en retard à votre premier rendez-vous. Si, en revanche, vous la déposez un samedi matin,

---

« La qualité est une promesse crédible, tenue et signée. » (Paul Avril)

en compagnie de votre jeune fils passionné de voitures, vous serez ravi que le chef d'atelier lui consacre du temps, réponde à ses questions, et pourquoi pas l'emmène quelques instants dans l'atelier pour lui montrer les « belles autos ». Savoir le comprendre sans qu'on ait besoin de vous le dire, c'est ça, apporter un bon service.

C'est à moi de m'adapter à mon client. Non l'inverse

« Ce qui est nécessaire pour vivre de façon intéressante, c'est de ne pas attendre seulement des autres qu'ils vous donnent quelque chose, écrit Kuniyasu Sakaï. Il faut donner soi-même aux autres. Le secret pour vivre de façon intéressante et divertissante, c'est prendre soin des gens, leur faire plaisir. » Un discours qui s'applique à la vie personnelle autant qu'à la vie professionnelle. Une révolution du cœur dont il faut tenir compte, au moment où l'une et l'autre s'interpénètrent de plus en plus souvent, comme le confirme Christian Lemoine : « Nous entrons dans un monde où il n'y aura pas de réussite personnelle sans réussite professionnelle. Nos collaborateurs voudront tout. Ils voudront à la fois réussir dans la vie, et c'est très bien, mais ils voudront aussi réussir leur vie, c'est encore mieux. Etre citoyen du monde, et c'est parfait. On s'aperçoit qu'il y a une espèce de coïncidence extraordinaire, aujourd'hui, entre le plaisir de l'autre et mon plaisir à moi, entre l'objectif de l'entreprise et l'objectif du client. On ne gagne pas sans plaisir. La rage de vaincre et la conscience professionnelle forment une locomotive qui traîne un petit wagon. Alors que le plaisir de jouer est une locomotive qui traîne cent wagons ! »

Be ETDBW !

Connaissez-vous la signification de la phrase anglaise « Be ETDBW » ? Non, sans doute. Elle est pourtant à nos yeux l'un des meilleurs conseils que l'on puisse donner à toute entreprise soucieuse d'améliorer la

---

« La qualité ne se découpe pas en morceaux, pas plus que le client ne détaille sa satisfaction. » (Bernard Attali, Air France)

qualité de son service. « Be Easy To Do Business With ». Faites tout votre possible pour qu'il soit facile de faire des affaires avec vous ! Est-il facile de vous joindre à tout moment ? Attend-on longtemps aux caisses de vos magasins ? Les instructions et autres modes d'emploi figurant sur vos produits sont-ils facilement compréhensibles par tous ? Est-il facile d'être dépanné un jour férié ? Vos bureaux sont-ils faciles à trouver, et peut-on se garer facilement lorsqu'on y est parvenu ? Est-il facile de se faire rembourser ou de savoir à qui s'adresser ? Votre politique de remboursement et vos magasins sont-ils conçus, vos marchandises présentées, pour les 98 % de clients honnêtes, ou pour les 2 % de malhonnêtes qui risquent d'abuser de votre confiance ?

« Your money back. No question. »

En Angleterre, l'image et le succès du distributeur Marks & Spencer doivent beaucoup à la politique « généreuse » de remboursement qu'il a su mettre en place il y a de nombreuses années, à l'instar de la plupart des distributeurs américains. « Your money back. No question. » Pour attirer chaque jour dans ses magasins des milliers de clients désireux d'aménager ou de meubler leur logement, Ikéa met à leur disposition des décimètres, des crayons, des bloc-notes, des poussettes d'enfant, une garderie située à l'entrée du magasin, des couches-culottes gratuites, un restaurant de spécialités suédoises, mais aussi des galeries leur permettant d'emporter leurs achats sur le toit de leur voiture. Résultat de ces petits plus ? Tout le monde ou presque ressort en ayant acheté quelque chose. « Be Easy To Do Business With »… Chacun d'entre nous devrait afficher cette phrase au-dessus de son bureau, et passer en revue à travers cette formule chacun des aspects de sa prestation ou de ses produits. Une méthode assurément fort simple, qui suffirait pourtant à remplir des plans d'action pour plusieurs années, tant elle révèle combien les

---

« Ne promettez que ce que vous pouvez délivrer, et délivrez plus que vous n'avez promis. » (James D. Robinson III, American Express)

entreprises pensent davantage à leur propre confort qu'à celui de leurs clients. Prenons l'exemple des contrats d'assurance : a priori destinés aux clients, ils sont en réalité rédigés pour les juges !

Ça roule pour elle !

Juchée sur ses patins à roulettes, la caissière « roller » parcourt, sans zigzaguer, les allées du supermarché. Sa mission : réduire le temps d'attente des clients en accélérant leur passage à la caisse. Plus qu'une caissière, elle en est l'indispensable assistante, surtout les jours de cohue. Un prix illisible ? Elle s'envole vers les rayons. Une panne de rouleau de caisse, ou de petite monnaie ? Elle roule jusqu'à la caisse centrale. Par le chemin le plus court. Elle connaît les allées du magasin et ses rayonnages sur le bout des roues. Car il faut faire vite, sans faire d'excès de vitesse, ni renverser les clients ! La caissière sur roller : une « invention » en provenance des Etats-Unis, qui commence à faire son chemin dans les « supers » et les hypermarchés français, notamment chez Carrefour et Mammouth. La preuve que la grande distribution française table aujourd'hui sur le service et l'originalité — et non plus seulement sur les prix — pour faire la différence. Chez Carrefour-Denain, dans le nord de la France, très orienté vers le service à la clientèle, voilà deux ans que la rangée de caisses peut faire appel à un « ange ailé », tout de bleu vêtu. « Nous avons signé l'engagement de ne pas faire attendre le client », remarque la chef de caisse, Véronique Chevalier. Les jours de grande presse, en fin de semaine, elles sont deux à prêter « roue forte » à leurs consœurs assises. L'une des patineuses reste aux caisses, talkie-walkie à la main, et signale tous les problèmes à la seconde, en action dans les allées du magasin. Pas de formation particulière pour ces dames (la profession est très féminine) : elles ont appris les secrets du patin sur le tas. « Quand Carrefour-Denain a lancé cette initiative, quelques jeunes caissières ont postulé. Elles sont aujourd'hui six sur

---

« Quand on achète cher, on pleure une fois. Quand on achète bon marché, on prend le risque de pleurer souvent. » (Proverbe auvergnat)

soixante-dix “ sédentaires ”, et travaillent à mi-temps. » D'autres hypermarchés Carrefour viennent d'adopter la formule, mais de façon moins systématique.

Darty a décidé quant à lui, à la manière d'Ikéa, d'utiliser l'informatique pour envoyer en temps réel aux responsables du stock des magasins toutes les informations concernant les produits vendus. Il ne reste plus au client qu'à payer ses achats, ces derniers l'attendant, munis d'une étiquette nominative, au comptoir d'enlèvement désormais installé à la sortie du magasin. Soucieuse elle aussi de rendre tangible l'intangible, à savoir le soin qu'elle met à améliorer sans cesse la précision des rendez-vous qu'elle fixe, l'entreprise a équipé l'ensemble de ses réparateurs de téléphone de voiture. Une fois connu leur plan de journée, ils appellent leur client en fixant l'heure approximative de leur passage. Comble du luxe, ils en profitent également pour les rappeler quelques minutes avant d'arriver chez eux. Une attention flatteuse. « Cela produit pour nos réparateurs un effet très bénéfique, leur faisant ainsi gagner un temps précieux dans la mesure où les clients se pressent de tout nettoyer et d'enlever de leur cuisine ou de leur salon ce qui pourrait gêner la réparation », nous confie Christian de Bronac, directeur général de Darty Rhône-Alpes.

Transformer un problème en opportunité

Si excellente soit-elle, aucune entreprise n'est à l'abri d'une erreur ou d'un problème survenu dans la délivrance d'un service ou d'une prestation. Dès lors, ce qui compte avant tout n'est pas uniquement la gravité du problème, mais bien la façon dont on s'efforce de le régler. Les Américains ont trouvé un nom à cette technique. Ils l'ont baptisée « service recovery ». Le formidable avantage des techniques de « service recovery » tient au bouche à oreille qu'elles permettent de générer. Imaginez en effet l'impact positif que peut avoir sur la réputation d'une entreprise une réaction comme celle-ci. Un jour, un livreur américain de Domino's

---

« I'm not hard to please. I'm easily satisfied with the best. » (Oscar Wilde)

Pizza aperçoit au cours de l'une de ses tournées le propriétaire d'une maison, victime d'un incendie, en train de sortir les meubles calcinés de sa cuisine. Ayant compris ce qui venait de se passer, il fait préparer à l'intention de cette famille deux énormes pizzas « offertes par la maison ». Pour lui permettre de surmonter plus facilement ces moments difficiles. « Ne sachant pas comment vous les aimez, nous nous sommes permis d'y mettre tous les ingrédients disponibles. Mais si elles ne vous plaisent pas, je peux vous en faire préparer d'autres et vous les livrer immédiatement », avait-il même proposé à ce « client » improvisé... Même souci maniaque du client chez le distributeur Stew Leonard's. De passage dans l'un de ses magasins de Norwalk, Connecticut, Stew Leonard Jr. découvrit dans l'une des boîtes à idées un petit mot écrit une demi-heure plus tôt par un client déçu de n'avoir pas trouvé les cuisses de poulet qu'il était venu acheter pour son dîner. Dans la minute qui suivit, un émissaire du magasin se rendit au domicile du client pour lui porter un paquet de cuisses de poulet sélectionnées à son intention par « Stew » lui-même... Toujours aux Etats-Unis, la First Union National Bank située à Charlotte, en Caroline du Nord, envoie des bouquets — parfois livrés par les responsables d'agences eux-mêmes — à ceux de ses clients victimes d'une erreur comptable. A Minneapolis, tous les collaborateurs du Marriott City Center disposent d'une somme de dix dollars par client pour régler sur-le-champ tout litige sans en référer à leur hiérarchie. Ce même établissement a également créé un panier surnommé « Sweet Dreams », composé d'un bouquet de fleurs et de cookies maison, remis à tous les clients de l'hôtel ayant eu des problèmes ou des difficultés au cours de leur séjour.

Des attentions dont les contrôleurs aériens, les agents de piste et le personnel des compagnies aériennes feraient bien de s'inpirer... Dans les airs, on fait grève aujourd'hui parce que les choses vont bien. Dans

---

« On n'est jamais trop exigeant avec soi-même lorsqu'il s'agit de satisfaire le client. » (Raymond H. Lévy, Renault)

quelques années, on continuera probablement à faire grève ! Mais parce que les affaires, cette fois, risquent d'aller mal. Pour protester contre la concurrence du TGV, les licenciements auxquels les auront sans doute conduits leur attitude suicidaire et la concurrence des pays plus à l'abri des troubles sociaux. Des pays où les compagnies non françaises préféreront alors faire atterrir et décoller leurs avions, laissant au train le soin de transporter leurs passagers vers l'Hexagone.

Penser à long terme et mesurer tout ce qui peut l'être

Connaissez-vous l'histoire du client qui entre dans un magasin pour acheter le chapeau de son mariage, et qui cinquante ans plus tard vient acheter le chapeau qu'il portera au mariage de son petit-fils ? « Bonjour, c'est encore moi ! », lance-t-il en entrant...

On ne peut plus raisonner au coup par coup, et se réjouir chaque fois qu'un client entre dans son magasin ou nous passe une commande. Il nous faut désormais raisonner en termes de potentiel-client sur toute sa « durée de vie ». C'est-à-dire tant qu'il reste client de notre entreprise. A tous ceux qui n'ont pas encore compris l'importance qu'il y a à tout mettre en œuvre pour satisfaire ses clients, nous recommandons vivement de faire un calcul très simple. Evaluer le potentiel moyen que représente un client de l'entreprise au cours de sa vie. Pour un supermarché, cela revient tout simplement à multiplier le fameux « caddie moyen » par le nombre de visites mensuelles ou annuelles qu'il fait au magasin et par sa durée de vie. C'est-à-dire le nombre moyen de mois ou d'années pendant lesquels il reste client du magasin. Ceux qui feront ce calcul comprendront vite qu'un client insatisfait ne fait pas seulement courir à l'entreprise le risque de perdre quelques centaines de francs, mais bien quelques dizaines de milliers de francs. Bien plus encore, si l'on inclut dans ce calcul le

---

« Ce ne sont pas les études de marché sur les défauts de la lampe à huile qui ont permis l'invention de l'électricité. » (Daniel Jouve, Jouve & Associés)

paramètre très puissant du bouche à oreille négatif que va développer ce client. Pour un constructeur automobile, il suffit de calculer la valeur moyenne des véhicules vendus, et de la multiplier par le coefficient de fidélité de ses clients à la marque. Si ces chiffres donnent vite froid dans le dos, ils sont en revanche très précieux pour nous aider à changer notre façon de penser, et surtout d'agir !

L'attitude méprisante d'une caissière ou d'un chef d'atelier ne met jamais seulement en jeu l'achat que le client est en train de faire, mais bel et bien tout l'argent qu'il aurait sans elle consenti à dépenser dans l'entreprise plutôt que chez ses concurrents. « Quand je vois une cliente dont le sourcil se fronce, je sais que plus de trente mille francs disparaissent de ma vie à tout jamais », nous confia un jour le directeur d'un hypermarché Carrefour, qui reprenait ainsi à son compte la phrase célèbre prononcée avant lui aux Etats-Unis par Stew Leonard.

Rester fair-play à tout moment

« Nous venons d'apprendre que vous avez réalisé l'acquisition du bien immobilier de vos rêves, et nous vous en félicitons. Nous regrettons pourtant de ne pas vous avoir présenté nous-mêmes ce bien. Néanmoins, nous sommes heureux d'avoir participé à votre recherche, et espérons vous avoir donné, par notre accueil et notre dévouement, toute satisfaction. Dans le souci de vous servir jusqu'à la solution complète de votre recherche, nous serons heureux de vous aider à trouver le meilleur taux et les meilleures conditions de crédit, si vous rencontrez des difficultés pour votre acquisition. Restant à votre entière disposition... »

Peu d'entre nous passent leur temps à acheter et à vendre des maisons ou des appartements. La plupart le font même une fois, et une seule, au cours de leur vie. Une réalité qui n'empêche pas les agences immobilières du réseau français Avis Immobilier de faire preuve, à travers des lettres de ce type, d'un remarquable sens du

---

« Dunlop makes tyres. Woolworth makes people happy. » (Woolworth)

client, et d'une vraie stratégie à long terme. En affichant son fair-play, l'entreprise reste à la disposition du client potentiel pour l'assister bien que n'ayant pas fait la vente, et développe ainsi un bouche à oreille qui constitue le meilleur retour sur investissement possible.

Savoir combien de clients on perd

« Tout ce qui peut être mesuré peut être atteint », dit la sagesse populaire. « Nous n'avions jusqu'en 1987 aucune donnée précise sur la satisfaction de nos clients, alors que nos dirigeants étaient imbattables sur les données financières ! », raconte volontiers Alun Cathcart, président Europe du loueur de véhicules Avis. Pour combler cette lacune, il fait appel à TARP Europe, une entreprise spécialisée dans la mesure de la satisfaction de la clientèle. Des questionnaires sont envoyés régulièrement à tous les clients : niveau de satisfaction, nombre de personnes auxquelles ils font part de leurs mésaventures éventuelles, intention de réutiliser les services d'Avis. Après enquête, Avis constate que 92 % des clients satisfaits pensent utiliser à nouveau ses services. Ce chiffre tombe à 78 % quand on interroge les clients qui ont eu un problème, mais ne s'en sont pas plaints. En revanche, quand ils se sont manifestés et que le traitement de leurs réclamations les a comblés, ils sont 91 % à penser réutiliser Avis. Soit presque autant que les clients bienheureux... « Pour savoir combien de clients nous perdons, il est indispensable de mesurer les intentions de réutilisation d'Avis », souligne Alun Cathcart. Et pour inciter les clients à revenir chez Avis, il faut savoir les écouter dès qu'ils formulent une réclamation. Car si le client doit frapper à trop de portes pour se faire entendre, le problème peut s'aggraver, entraînant un surcoût pour l'entreprise. Même approche chez BMW France, dont Didier Maitret, président du directoire, nous explique qu'une partie de la marge de ses conces-

---

« Les clients veulent s'assurer qu'ils achètent un système informatique qui est la solution à leur problème, et non pas une simple merveille de technologie. » (Kenneth Olsen, Digital Equipment)

sionnaires est liée à une « évaluation qualitative et à un indice de satisfaction clientèle ».

En finir avec le mépris

Personne ne fait bien ce qu'il n'a pas envie de faire. Ou s'il ne comprend pas pourquoi il doit le faire. A quoi bon introduire des boulons (expression donnée par Novotel aux étapes incontournables du contact-client, telles qu'elles ont été enseignées à tous les collaborateurs de l'entreprise) si ces derniers doivent avoir pour effet de limiter les initiatives des collaborateurs de l'entreprise, confortés dans leur frilosité par le fait que rien ne peut leur être reproché, dès lors qu'ils se conforment aux normes.

Aucune approche qualitative ou systématique ne peut rivaliser avec la sincérité et l'envie réelle de faire plaisir et de servir. « Nous aimons voler, et cela se voit », affiche-t-on fièrement chez Delta Airlines. Nous sommes souvent surpris de la « naïveté » de certains chefs d'entreprise, qui croient qu'il suffit de faire appel à un consultant capable de rédiger à la hâte un volumineux « guide des références » pour donner envie à ses collaborateurs de les mettre en place. Il ne faudrait pas conclure pour autant à l'inutilité des chartes. Bien au contraire. En s'engageant sur des critères tangibles autant que matériels, des entreprises comme les restaurants d'autoroute L'Arche (« des produits toujours frais, une propreté toujours méticuleuse, des enfants toujours bien accueillis, un téléphone toujours en état de marche, des abords toujours fleuris, etc. ») vont probablement dans le bon sens. D'autres, comme les Wagons-Lits ou Thomas Cook, s'efforcent elles aussi de rédiger à l'attention des collaborateurs de première ligne des standards mélangeant intelligemment les éléments de service matériel et de service personnel. Elles s'efforcent aussi de les présenter davantage comme des outils,

---

« Nous apportons de l'amour au produit, pas au client. » (Henri Gault)

permettant d'améliorer les performances individuelles que comme des règlements incontournables, sous peine de sanctions. C'est ainsi que les hôtels Sofitel ont créé un concept original de 134 repères, qui s'appliquent à l'ensemble des moments de vérité susceptibles d'influencer la perception par les clients de la qualité du service offert, et dont la particularité réside dans la façon dont est contrôlée leur mise en place. Plutôt que de faire appel à la technique désormais classique des visiteurs-mystère, Didier Gros, directeur général, a préféré en confier le contrôle à ses propres collaborateurs. Des femmes de chambre, des réceptionnistes et des serveurs, dotés des moyens budgétaires appropriés, ont ainsi l'occasion d'aller visiter régulièrement un établissement de la chaîne, et de vérifier la mise en place effective de chacun des repères. Mieux vécus parce que auto-administrés, ces contrôles combinent astucieusement les avantages de la visite mystère et l'implication des premières lignes, en même temps qu'ils assurent une mission éducative.

A en croire Hervé Sérieyx, ex-P-DG d'Eurêquip et auteur du « Zéro mépris », le mépris serait la cause de tous nos maux, y compris des lacunes françaises en matière de qualité de service. « Il se manifeste à tous les niveaux, explique-t-il à travers ses livres et ses conférences. A l'égard du client, du fonctionnaire, de l'ouvrier, du cadre, etc. Il revêt six formes principales : mépris envers le client (qu'on n'écoute pas), mépris des autres cultures (qu'on rejette sans les connaître), mépris des partenaires (le fournisseur qu'on fait passer par l'escalier de service), mépris d'une fonction à l'autre dans l'entreprise (qui s'accusent mutuellement de tous les maux sans jamais se parler), mépris de la fonction hiérarchique (qui bloque la remontée de l'information), et mépris du travail collectif (« c'est mon territoire ! »). Pour en finir avec le mépris, la voie du métissage, que nous étudierons longuement dans la deuxième partie de ce livre, offre des perspectives nouvelles. A condition d'en accepter les règles du jeu, comme nous le verrons. Attachons-nous cependant pour le moment à l'étude du mépris de la fonction hiérarchique.

3

Nous quittons la logique de l'obéissance pour entrer dans la logique de la responsabilité.

François Guiraud,
Fichet-Bauche

Paradoxe n° 3

Renforcer son pouvoir en le partageant

Pour cela, l'autorité devra se mériter. Il faudra tuer Taylor. Recruter des collaborateurs aptes à servir. Inverser la pyramide. Vivre la multicompétence. Créer du pouvoir autour de soi. Incarner les valeurs que l'on professe en réussissant au plan économique et moral. Former tout le monde, tout le temps, pour être les meilleurs. Et bien sûr récompenser les efforts.

Lorsque nous avons décidé de quitter nos jobs d'éditeur de *L'Expansion* et d'ingénieur commercial chez IBM pour créer une entreprise de conseil et de formation, dans la foulée de notre premier livre *Service compris,* nous avons découvert ce nouveau métier avec des yeux entièrement neufs. Le secret jaloux dans lequel continuent de fonctionner les entreprises de conseil et de formation en France nous a très vite conduits à partir aux Etats-Unis à la recherche de ce qui était en train de s'y inventer. Après avoir rencontré d'innombrables clients pour cerner leurs attentes et leurs besoins, notre conviction était faite. A de rares exceptions près, l'apprentissage de nouveaux comportements passe désormais par un stage créé par un cabinet spécialisé, mais enseigné par les cadres de l'entreprise elle-même. Déjà aux Etats-Unis, la plupart des opérations de formation passent par l'encadrement, qui se découvre une nouvelle vocation, et s'offre ainsi une nouvelle légitimité. Il ne faut pas oublier en effet qu'en matière de qualité de service on assiste aujourd'hui dans les entreprises européennes à un fossé grandissant entre les trois niveaux de hiérarchie les plus fréquents.

L'autorité devra se mériter

Au sommet de l'entreprise — ou à sa base, selon que l'entreprise est ou non une adepte du concept de pyramide inversée — se trouvent les dirigeants. Ils ont une vision stratégique de son avenir, observent leurs concurrents et analysent leurs marchés. Ceux-là savent bien que la qualité du service est seule capable d'assurer durablement l'avenir, dans un environnement plus concurrentiel, plus libéral et plus ouvert que jamais. Au pied de la pyramide — ou au sommet, en vertu du même principe — des collaborateurs de « première ligne » occupent eux aussi une position privilégiée. Ils travaillent au contact direct des clients, les écoutent et les servent sans toujours savoir ce que leur entreprise attend d'eux. Fatigués, souvent stressés par les réclamations et les situations auxquelles ils sont confrontés, ils sont eux aussi étonnamment sensibles à l'émergence de la civilisation du service, et beaucoup plus demandeurs de formation et de savoir-faire qu'on ne le croit. Au centre — seule position qui ne change pas, selon que l'on inverse ou non la pyramide ! — la « maîtrise » et « l'encadrement moyen ». Souvent laissés pour compte dans la grande révolution du service qu'ont entamée de nombreuses entreprises européennes, ils constituent une espèce de danger, avant de devenir peut-être une espèce en voie de disparition, dans le modèle d'entreprise qui

---

« Ce qui compte n'est pas de vaincre, mais de convaincre. » (Jean Boissonnat, L'Expansion)

s'annonce. Leur légitimité elle-même est désormais remise en question par l'augmentation du niveau de compétence de ceux qu'ils étaient censés diriger, mais aussi par l'organisation que suppose une entreprise tournée vers ses clients plutôt que vers ses propres préoccupations internes.

Les mots sont souvent révélateurs. En tant que « cadres », leur mission était claire et balisée. Commander, donner des ordres, contrôler, surveiller, encadrer résumaient assez bien ce que l'on attendait d'eux, dans des entreprises de type taylorien. « Le drame des entreprises françaises, c'est la faiblesse de leur civilisation intérieure », affirme l'écrivain Guy Sorman. Les choses ont commencé à changer, et l'on comprend mieux aujourd'hui, comme le dit Christian Lemoine, que « les entreprises ne gagneront que si elles donnent à leurs collaborateurs des chefs directs pour lesquels on a envie de se battre. Parce qu'ils sont porteurs d'un projet, d'une morale, d'une cause, parce qu'ils nous donnent confiance en nous, et l'envie de nous dépasser ». Il convient sans doute de rappeler ici qu'être à la hauteur d'un tel défi peut parfois sembler coûter plus cher que cela ne rapporte. En stress, en temps, en énergie, etc., sans être pour autant immédiatement rentable. Du coup, certains cadres baissent les bras, et reviennent au confort douillet de leurs habitudes, ou du prestige de leur fonction.

L'autorité n'est plus liée à un titre

Malheureusement pour ces cadres-là, les gens intelligents préfèrent acquiescer à une opinion qu'obéir à un ordre. Dès lors, l'autorité ne pourra plus être, dans l'entreprise de demain, un attribut automatiquement lié à un titre, fût-il prestigieux. Elle devra se mériter. « On ne peut plus commander en donnant des ordres » résume Gilbert Raveleau, consultant, qui a présidé pendant plusieurs années aux destinées de l'Afcerq (Association Française des Cercles de Qualité). « Il faut

---

« Quand on va vers l'avenir, on mobilise les gens. » (Daniel Jouve, Jouve & Associés)

maintenant convaincre, faire passer un message, mobiliser. Vous avez des salariés qui abandonnent leur intelligence au vestiaire quand ils entrent dans l'entreprise, et vous les utilisez avec des encéphalogrammes plats. Utilisez ces potentiels d'intelligence, mobilisez toute la créativité de votre personnel, depuis le plus modeste des balayeurs jusqu'au magasinier, en passant par l'ensemble du personnel, et vous allez voir que non seulement vous êtes assis sur un trésor économique, mais qu'en plus vous avez à votre disposition un trésor d'intelligence. »

Au cours de nos conférences, nous recommandons souvent à nos interlocuteurs de réunir à leur retour au bureau quelques-uns de leurs collaborateurs, toutes hiérarchies confondues, afin de leur demander à quoi ils aiment occuper leur temps lorsqu'ils ne travaillent pas. Beaucoup nous ont ensuite raconté l'avoir fait, et être encore « sous le choc » de leur découverte. Certains — auxquels ils ne prêtaient pourtant aucun talent particulier — consacraient toute leur énergie à une association de personnes handicapées, tandis que d'autres géraient la comptabilité de leur club de football, et que d'autres enfin aidaient leur époux ou leur épouse à développer la petite société qu'il ou elle avait lancée. Tous ces gens étaient impliqués, soucieux des autres, passionnés, créatifs, travailleurs et enthousiastes. A l'exception des trent-neuf heures hebdomadaires qu'ils passaient dans leurs entreprises...

De telles expériences obligent à redéfinir le rôle de l'encadrement. De plus en plus, le travail des managers va consister à être capable de faire comprendre aux gens dont ils ont la responsabilité en quoi leur intérêt recouvre le leur. « Le rôle du manager, que ce soit à mon niveau, c'est-à-dire la coordination, ou celui d'un patron de magasin, c'est avant tout d'être un architecte. Un architecte de la structure commerciale, qui va suivre la demande des consommateurs », explique Michel-Edouard Leclerc. « Apprendre à faire faire, apprendre à apprendre plutôt que faire soi-même et codifier soi-même, ajoute Jean-Marie Metzler, directeur commercial

---

« Il n'y a pas d'évolution sans liberté d'essayer. » (François Dalle, L'Oréal)

voyageurs de la SNCF, qui est en train de secouer le cocotier au sein de la grande maison. Comment puis-je aider mes agents commerciaux, mes vendeurs, à se mettre à l'écoute de leurs clients ? Comment moi, agent de maîtrise, puis-je apporter une aide technique véritable, une valeur ajoutée, un support à mes vendeurs ? » Une attitude proche de celle du consultant, qui ne doit jamais être prise pour une démission, comme le souligne justement Jacques Lesourne, directeur du journal *Le Monde.* « Cela ne veut pas dire qu'il ne faut pas un certain nombre de fois commander et prendre des décisions, mais cela veut dire que le rôle d'animateur et le rôle de conseil sont aussi importants que le rôle de commandement à proprement parler. »

Tuer Taylor

Le futur est de plus en plus imprévisible. Il a rarement été aussi difficile à imaginer. La panoplie de l'innovation est désormais si vaste qu'il existe des milliers de façons d'assembler les pièces d'un nouvel environnement en voie de constitution. N'oublions pas en effet qu'il y a à peine dix ans n'existait aucun des objets qui font désormais partie intégrante de notre quotidien : carte à mémoire, compact disc, vidéodisque, répondeur téléphonique interrogeable à distance, modem, Minitel, etc. Plutôt qu'essayer de le planifier, il faut donc désormais tenter d'inventer l'avenir. Projet plus qu'ambitieux, qui pourrait cependant s'inspirer de la formule du succès inventée par Wally Olins, qui définit à travers elle ce que sera l'entreprise gagnante du XXIe siècle : $I^3 = VA$, où I signifie Intelligence, Information et Idées, tandis que VA représente la Valeur Ajoutée.

Un con qui marche vaut mieux que dix intellectuels assis

Le manager gagnant des années 90 sera un manager créateur de valeur ajoutée, et non plus un contrôleur

---

« Un chef se juge à la qualité de son état-major. » (Maréchal Lyautey)

rédigeant d'inutiles rapports justifiant les raisons de la trop faible performance de ses « subordonnés ». « Le taylorisme fabrique des soldats idiots », ironise Hervé Sérieyx. A trop vénérer Taylor, le monde occidental a en effet fabriqué en un siècle un travailleur fragmenté, déresponsabilisé et peu flexible. « Pas d'économie sans social, pas de social sans économie », répète-t-on inlassablement chez BSN. Après les cercles de qualité et les groupes de progrès, inventés aux Etats-Unis et médiatisés au Japon, l'Europe est en train de réhabiliter à sa façon l'individu au rang de principale richesse de l'entreprise. Un individu capable d'action autant que de réflexion. Le leader intellectuel — celui qui préférait utiliser son seul « QI 132 » plutôt que le « QI 104 » de tout le monde — que nous avait légué Descartes est peu à peu en train de s'effacer devant un homme qui sait mobiliser l'intelligence de toute l'entreprise. « Un con qui marche vaut mieux que dix intellectuels assis », avait coutume de dire Jean Cocteau. Contrairement à sa légende, le leader européen ne se contente plus aujourd'hui de réfléchir. Il agit en homme pragmatique et soucieux des autres. Homme d'action, Jean-François Dehecq, P-DG de Sanofi, confie volontiers « que les hommes qui ont un QI élevé, mais dont on ne sait pas très bien quoi faire, ne servent pas à grand-chose ». Colbert nous avait appris à centraliser le pouvoir et les responsabilités. Les Américains et les Japonais concentrent, quant à eux, la sophistication des systèmes au sommet de l'entreprise. Les conquérants européens du XXIe siècle ont choisi d'aller une étape plus loin, en misant sur la simplification des structures au sommet, l'amélioration des compétences individuelles, la constitution de réseaux et l'obsession de la vitesse.

Recruter des collaborateurs aptes à servir

« L'état d'esprit service » est une attitude, voire même une philosophie de vie. Certains la possèdent

---

« Pour une entreprise, comme pour une armée, mieux vaut avancer dans le désordre que piétiner dans l'ordre. »

naturellement. D'autres, non. Il convient donc de recruter ceux-ci et former ceux-là. Il est en effet plus facile de recruter un nouveau collaborateur possédant des « réflexes-client » que de développer ces mêmes réflexes chez certains de vos collaborateurs refusant de se remettre en cause, ou de modifier leurs habitudes.

Encore faut-il savoir déceler le candidat apte à incarner cet état d'esprit. L'entretien comportemental est une bonne façon d'apprécier les qualités ou le « potentiel service » d'un individu, et les responsabilités qu'il conviendrait de lui confier en cas d'embauche. Ce type d'entretien, dont le consultant américain Robert L. Desatnick décrit le mécanisme dans son livre *Managing to Keep The Customer,* a pour objectifs principaux de minimiser les risques d'erreur ou de déception, de sélectionner les candidats qui partagent vos valeurs, de réaliser des économies ultérieures en matière de formation, et de vous faire gagner du temps... et de l'argent en tant que manager (un candidat mal recruté coûte très cher, et vous savez combien il est difficile de renvoyer quelqu'un pour « incapacité à sourire »). Poser les bonnes questions à un candidat permet ainsi d'évaluer ses capacités à travailler sous pression, à résister aux échecs, à faire preuve d'écoute d'enthousiasme, de bon sens, etc.

P-DG de W Finance, société française de placements financiers, Elie Mordokhaï nous a un jour confié quel était son « truc » pour embaucher ce genre de collaborateurs. Il se rend dans des agences bancaires traditionnelles quelques minutes avant leur fermeture. Là, il explique en détail à ses interlocuteurs ses prétendus besoins personnels de financement, en s'efforçant de les faire rester le plus tard possible. Bien sûr, la plupart lui proposent un rendez-vous pour le lendemain. D'autres prennent vraiment son problème à cœur et ont même la délicatesse de ne pas regarder leur montre au cours de l'entretien. Ceux-là se voient généralement proposer un emploi chez W Finance... Une idée à suivre ?

« La différence entre le désert et un jardin, ce n'est pas l'eau ; c'est l'homme. » (Proverbe tunisien)

Inverser la pyramide pour que chacun prenne ses responsabilités

— Mais puisque je vous dis que cette couette coûte 550 francs !

— Moi, ma caisse, elle affiche 700 francs...

La scène se passe à la caisse d'un hypermarché, où l'un de nous faisait un jour ses courses. Devant lui, un client tente de convaincre une caissière imperturbable que le prix affiché au moyen du code-barres n'est pas celui qu'il a vu au rayon. Devant son insistance, elle appelle sa chef de caisse. Laquelle arrive deux minutes plus tard, l'air maussade.

— C'est pour quoi ?

— C'est ce monsieur qui prétend que je lui mens, et qui me dit que sa couette coûte 550 francs.

— Laissez-moi faire. (Et la « chef » d'essayer elle-même la lecture du code-barres. Résultat : 700 francs.) Vous voyez bien que la caissière a raison, arrêtez de l'embêter !

— Je suis désolé, mais je suis sûr de ce que j'affirme. Vous n'avez qu'à appeler le chef de rayon pour vérifier.

Ce ne sont plus deux, mais cinq clients qui attendent désormais à cette caisse et qui s'impatientent.

— Qu'est-ce qu'il y a encore ? J'étais avec un fournisseur...

— Le client dit que sa couette vaut 550 francs, et moi ma caisse elle affiche clairement 700 francs.

— Je comprends ce qui s'est passé. Monsieur a dû passer la semaine dernière pour voir les prix, et nous étions effectivement en période de soldes. Malheureusement, les soldes sont terminés depuis hier, et cette couette vaut à nouveau son prix normal.

— Ecoutez, je viens chaque semaine depuis cinq ans faire mes courses dans votre magasin, vous pourriez au moins m'accorder cette petite faveur...

— Désolé, je ne peux pas prendre cette responsabilité. Seul le directeur du magasin possède ce pouvoir.

« Ce sont les personnalités, et non les principes, qui font avancer les époques. » (Oscar Wilde)

— Appelez-le, je vous prie.

Derrière la caisse, neuf clients ont à présent envie de planter là leurs achats et de quitter le magasin. Arrive enfin son directeur, visiblement agacé d'avoir été dérangé, qui se fait expliquer la nature du problème et lance à la caissière, sans prononcer un seul mot d'excuse à quiconque :

— Tapez 550 francs !

De la même façon que ce magasin, les bureaux de poste, les gares et certaines administrations publiques nous donnent trop souvent encore le sentiment qu'il y a plus de chefs que de personnes prêtes à vous renseigner ou vous aider. Comme un bateau dans lequel il y aurait plus de barreurs que de rameurs. Une armée avec davantage de sergents et de commandants que de fantassins. Un cerveau puissant, mais avec des bras et des jambes faibles et mal coordonnées. Chacun doit désormais innover et agir dans son propre domaine de compétence, avec pour principal objectif de mieux satisfaire le client le plus rapidement possible. Cela suppose néanmoins de donner aux premières lignes tous les moyens pour y parvenir, et de considérer chacun de ses collaborateurs comme le maillon indispensable d'une chaîne interne.

L'excellence en matière de service est égale à la multiplication des efforts individuels fournis par chaque acteur de l'entreprise. Persuadé que la compétence de cette dernière passe par celle de l'ensemble de ses collaborateurs, Michel Ferrebœuf, P-DG de DEC, essaye régulièrement d'en convaincre ses troupes au moyen d'un simple calcul mathématique : « Une entreprise, ce n'est pas 1 + 1 + 1 + 1 + etc., c'est 1 × 1 × 1 × 1 × etc. C'est tout à fait différent. Il suffit en effet qu'un seul d'entre nous fasse 0,9, et nous sommes foutus ! » La force d'une chaîne est celle de son maillon le plus faible, et la qualité du service qui sera rendu au client final dépend de la qualité des relations qui existent entre chacun des « acteurs » et chacun des services de l'entreprise. Nous sommes tous en effet tantôt client et

« Si vous repérez une capacité chez l'un de vos collaborateurs, ne tardez pas à le promouvoir. » (François Dalle, L'Oréal)

tantôt fournisseur de nos collègues. Cette chaîne du service est fragile, et chacun de ses éléments a autant d'importance que les autres. Si l'un des maillons est déficient en amont du service rendu, c'est toujours le client final qui en sera victime, et par ricochet l'ensemble de l'organisation. Un dirigeant doit, lui aussi, se considérer comme étant au service de ses collaborateurs. Son rôle est en effet de tout mettre en œuvre pour faciliter la réussite de leur mission, et l'atteinte des objectifs qu'il leur a fixés.

L'Etat d'Esprit Service doit irriguer l'entreprise

Un manager ne peut pas être présent partout et à tout moment. Ce n'est d'ailleurs pas souhaitable. En fonction de l'importance de ses responsabilités, il faut donc qu'il se fixe des priorités. Qu'il se concentre exclusivement sur ceux dont il a la responsabilité directe, afin qu'ils insufflent à leur tour à leurs propres collaborateurs les valeurs qu'il aura choisies. Le meilleur moyen d'y parvenir est d'inverser la pyramide hiérarchique, à l'image de Jan Carlzon, qui a de cette façon redressé la compagnie aérienne SAS, dont il assure la présidence. Avant cette invention de bon sens prévalaient la soumission à la base de la pyramide, et la sophistication des sytèmes à son sommet. Aux employés de première ligne la tâche ingrate du contact client, et aux cadres dirigeants, la maîtrise d'outils de gestion et de contrôle complexes et sophistiqués. « Contrairement à la pyramide traditionnelle, où l'on regarde le monde avec condescendance du haut vers le bas, la pyramide inversée permet de regarder vers les étoiles, et le potentiel de progrès n'a plus de limites. »

Malgré l'intérêt et le bon sens évidents qui président au concept de pyramide inversée, certains dirigeants estiment toutefois qu'il s'agit là d'une technique déjà obsolète, avec notamment l'apparition de l'entreprise shamrock. Pour dessiner l'organigramme d'une telle

---

« Nous vivons un âge où nous ne pouvons pas faire des affaires si l'on ne prend pas soin du cœur de chacun. » (Kuniyasu Sakai)

entreprise, on peut en effet se demander si le meilleur moyen n'est pas de tracer un grand cercle, et d'y mettre tout le monde, y compris les clients, les distributeurs et les fournisseurs. Plus personne n'est aujourd'hui le centre du monde.

Du « président-soleil » au « client-soleil »

« Nous avons décidé de libérer les initiatives des agents dans le cadre d'objectifs précis. A la RATP, les agents étaient comme des tournesols : tournés vers un président-soleil, puisqu'il définit la règle et détermine les carrières, déclare au journal *Le Monde* Christian Blanc, P-DG de la Régie Autonome des Transports Parisiens. J'ai donc proposé que le soleil des agents ne soit plus le président, mais le voyageur, et organisé la RATP en conséquence. » Pour remplacer l'organisation taylorienne mise en place dans les années 50, Christian Blanc a instauré une pyramide renversée à trois niveaux. « Au premier, une centaine d'unités décentralisées à taille humaine (500 à 1 000 personnes) en contact avec le public, par exemple celui d'une ligne de métro. Au deuxième niveau, seize départements regroupant chacun une grande famille de métiers, par exemple le département des bus. Enfin, troisième niveau, la direction générale. » Des groupes de travail réunissant la direction et les syndicats ont été lancés, dont un groupe « considération des agents », qui en dit long sur les ambitions du nouveau P-DG. Une réorganisation en forme de révolution, qui est loin d'être gagnée, mais qui permettra peut-être de vaincre la curieuse maladie au nom bizarre « d'orangite », qui sévit au début de chaque mois et se manifeste par des taux d'absentéisme étrangement liés au surcroît de travail généré par la vente de coupons de cartes orange.

Bousculer les « cônes maléfiques »

Même son de cloche à la SNCF, où Jean-Marie Metzler, aime rappeler que « la tentation est très grande, quand on gère et quand on a à animer une telle force de vente, de tout codifier dans des instructions. Au contraire, il faut inverser l'espèce de cône maléfique qui s'est progressivement instauré, et le renverser au profit d'un cône de responsabilités, de marge d'initiative, de plus en plus grandes au fur et à mesure que l'on descend vers le client ». Une nécessité d'autant plus pressante à la SNCF que l'entreprise s'apprête à changer totalement de culture, avec l'introduction d'un système de réservation entièrement nouveau mis au point avec American Airlines : Socrate. En modulant le prix des billets en fonction des taux de remplissage des trains, à l'image de ce qu'ont toujours fait les compagnies aériennes, la « vieille dame » va en effet passer d'une stratégie où elle s'efforçait de répondre à la demande à une stratégie de l'offre. Quitte à heurter la sensibilité de certains cheminots, très attachés au sacro-saint principe du service public, qui consiste à offrir la même qualité de service à tout le monde, sans discrimination d'aucune sorte.

Partant du principe qu'il n'y a aucune raison pour que le service public soit plus mal géré que le secteur privé, la plupart des administrations effectuent elles aussi leur révolution culturelle. C'est ainsi que France Télécom a changé de dimension le 1er janvier 1991, en devenant un « exploitant public autonome », c'est-à-dire une entreprise presque comme les autres. Associée à la perte de son monopole et à l'arrivée sur son marché des autres géants des télécommunications — AT&T, NTT, British Telecom, Telefonica —, la secousse va être rude pour cette entreprise qui devra réussir très vite sa mutation culturelle, si elle ne veut pas être reléguée au rang d'opérateur régional européen. Quant à EDF, elle a lancé récemment une campagne d'information et de motivation interne qui n'a rien à envier aux entreprises du secteur privé : « Vendre plus, vendre mieux, vendre autre chose et vendre ailleurs. » Conquête de nouveaux marchés, souci de la qualité et du service, recherche de nouveaux produits, diversification et internationalisation y sont ainsi désormais au goût du jour, au même titre que dans n'importe quelle autre entreprise... La Direc-

« Vous pouvez créer, concevoir et construire le plus bel endroit du monde, mais ce sont toujours les hommes qui permettent au rêve de devenir une réalité. » (Walt Disney)

tion de la Distribution d'EDF-GDF, appellation qui ne signifie rien pour le client, a ainsi été rebaptisée EDF-GDF Services, afin notamment de préparer les agents à la vente de nouveaux services. Lorsqu'il évoque l'entrée en force des services publics dans une logique de marché, Alain Minc écrit que « nous allons vivre, toutes proportions gardées, une secousse analogue à celle qui ébranle les pays socialistes ».

Donner du pouvoir à ses collaborateurs

La langue américaine permet souvent d'exprimer des concepts que celle de Molière, malgré sa richesse, ne peut restituer avec autant de concision et d'efficacité. C'est ainsi que les Anglo-Saxons nomment cette nouvelle mission des managers d'un verbe en sept lettres : EMPOWER ! Sept lettres qui sonnent juste, et que l'on pourrait traduire par un verbe aux consonances barbares : « pouvoiriser ». Afin de vous épargner ce néologisme, nous parlerons plutôt ici de « partager le pouvoir ». Déléguer consistait à faire faire par quelqu'un ce que l'on ne souhaite plus faire soi-même. Partager le pouvoir consiste à donner aux gens qui sont au contact direct des problèmes l'autorité nécessaire pour les résoudre le plus efficacement et le plus rapidement possible. Faire ce qui doit être fait plutôt que « ce que l'on m'a dit de faire ». Une liberté qui renforce la fierté qu'ont ces personnes de faire leur métier, et qui accroît leur motivation. Cela permet également d'éviter des réactions stéréotypées de la part des collaborateurs de première ligne lorsque surviennent les difficultés. « Mon objectif est de faire en sorte que si un client se plaint en quittant l'hôtel que sa télévision n'a pas fonctionné, personne n'ait besoin de trois signatures et de quatre parapluies pour lui dire qu'il est notre invité ! », explique Jean-Pierre Malet, directeur général des hôtels Mercure, qui est en train de réussir son projet d'entreprise : « Etre

---

« Je ne travaille plus sur les techniques, je cultive les hommes. »* *(Kazuo Inamori, Kyocera Ceramics)

le numéro un pour le service au client. » Même approche chez Swissair, où l'on s'efforce désormais d'aplatir la hiérarchie de sorte que tout passager ait toujours en face de lui quelqu'un capable de résoudre son problème sans faire appel à son responsable.

Le summum de l'autorité ? Ne pas en avoir besoin

« Chez Apple, la base de notre façon de travailler est le bon sens », peut-on lire dans le livret d'accueil *Entrez en Apple,* décrivant l'éthique Apple dans le travail, et remis systématiquement à tous les nouveaux collaborateurs de l'entreprise. « Nous pensons qu'il est préférable de créer un environnement permettant le jugement sain, plutôt que de régir notre environnement par le biais de procédures. » Partager le pouvoir suppose l'utilisation optimale du bon sens de tous les membres de l'organisation, y compris et surtout de ses dirigeants. Pour y parvenir, il suffit d'apprendre à ses collaborateurs à toujours se demander, lorsqu'ils se trouvent confrontés à un client — interne ou externe — comment ils souhaiteraient que soit réglé son problème s'ils étaient à sa place. Cela suppose aussi que soient contournées certaines règles ou certaines procédures, dont la rigidité entrave la mise en place de solutions rapides et innovantes. Il convient pourtant de donner à ses collaborateurs la liberté d'échouer, sans laquelle il ne peut exister aucune liberté d'entreprendre. Il faut donc éviter le piège qui consiste à repérer les erreurs commises plutôt que de saluer les réussites, et établir clairement les règles du jeu et les limites du pouvoir partagé, afin d'établir un niveau de confiance suffisant entre celui qui donne du pouvoir et celui qui le reçoit. Un bon moyen de savoir si l'on fait ou non partie de cette nouvelle génération de leaders « partageurs » consiste à se demander combien de fois par jour il nous arrive de prononcer des phrases du type : « Faites pour le mieux », « Faites ce que vous jugez devoir faire », « C'est à vous de décider », « Faites-moi signe si vous avez besoin de moi », etc.

« If you think education is expensive, try ignorance. » (Anita Roddick, The Body Shop)

Quelques minutes avant sa mort, Antoine Stradivari (plus connu sous le nom de « Stradivarius », le plus célèbre des luthiers italiens) fit appeler un prêtre à son chevet. Ce dernier, profitant de l'occasion, lui demanda : « Avez-vous un secret ? » Stravidarius lui répondit dans un souffle « l'amour du métier », puis il mourut. Le vrai défi du service est probablement aujourd'hui de redonner « l'amour de leur métier » à tous les acteurs de l'entreprise. P-DG d'Air France, Bernard Attali nous racontait en septembre 1990 l'émotion qu'il avait ressentie en allant accueillir à l'aéroport d'Orly les équipages libérés par l'Irak, quelques semaines après le début de la crise du Golfe. « L'une des toutes premières choses que m'ait dites la chef de cabine en me voyant, c'est de ne pas m'inquiéter, car elle avait pu ramener la caisse de bord contenant le produit des ventes hors taxes du vol. » Le sens de la mission que suppose une telle préoccupation, de la part d'une femme dont la vie avait été menacée, est en tout point admirable, et témoigne sans nul doute d'une réelle fierté d'appartenance.

« Si vous vous moquez que votre entreprise marche bien, si vous n'avez pas la fierté de votre entreprise... je crois que c'est grave. Si une personne qui travaille chez nous n'ose pas dire à son voisin qu'elle travaille chez Darty, et qu'elle n'est pas fière de le dire, c'est quand même gênant ! », s'exclame Philippe Francès, P-DG de Darty, tandis que Bernard Tapie définit le leader comme « quelqu'un qui se lève chaque matin en se demandant si ses collaborateurs vont être fiers de ce qu'il va faire ou des décisions qu'il va prendre au cours de sa journée ». « Aujourd'hui où le pain est assuré, il n'y a pas d'homme louable qui se livre à un travail difficile seulement pour de l'argent, écrit Kuniyasu Sakai. Il faut répondre aux besoins d'affection, d'égard pour les autres, de répartition. Cela veut dire qu'il faut admettre la valeur des hommes. Il faut les traiter comme des hommes ! » Et faire confiance à leurs capacités. « On ne peut pas savoir

---

« Former les hommes, ce n'est pas remplir un vase. C'est allumer un feu. » (Aristophane)

ce que valent les hommes tant qu'on ne leur a pas fait faire quelque chose », poursuit Sakai.

Ajouter une dimension à sa vie

Grand amateur de littérature Edzard Reuter, P-DG de Daimler-Benz, choisit souvent de citer l'un de ses auteurs favoris plutôt que de présenter des tableaux ou des graphiques pour faire passer ses messages ou ses idées. C'est ainsi qu'il citait récemment Antoine de Saint-Exupéry, au cours d'une assemblée générale des actionnaires, pour communiquer sa perception du concept de « vision ». « Si vous voulez construire un bateau, il est inutile de réunir des hommes, de leur donner des ordres et de répartir le travail. Donnez-leur simplement envie de partir à la découverte des mers lointaines. »

A l'origine fabricants de chalutiers, les chantiers Bénéteau se sont aujourd'hui spécialisés dans la construction de bateaux de plaisance. Xavier Fontanet s'est rapidement rendu compte que les ouvriers ne s'intéressaient plus à ce qu'ils faisaient. Il a pourtant réussi à changer l'attitude de ses collaborateurs. En employant une méthode simple et efficace. Le truc consistait en effet à faire en sorte que les ouvriers ne prennent plus les bateaux pour de simples « commandes », mais les considèrent comme un objet de rêve qui allait faire la joie de ses futurs utilisateurs. Chaque bateau étant commandé et fabriqué sur mesure, il a suffi de demander aux clients de joindre à leur commande des informations personnelles sur la composition de leur famille, leur style de vie, une description de leur maison, des photos et quelques lignes sur les aventures dans lesquelles ils allaient se lancer avec leur nouveau bateau. Rapidement, la qualité commença à s'améliorer. Les photographies des clients étaient épinglées à côté des établis. Les ouvriers n'étaient plus des maillons sur une chaîne de production, mais des êtres humains dont la qualité du travail permettait à d'autres êtres humains de partager

---

« Ne donnez jamais d'argent à un homme. Donnez-lui un conseil. » (Paul Getty)

leur amour commun de la mer. Les bateaux produits n'étaient plus abstraits. Les hommes et les femmes des chantiers Bénéteau aidaient les familles Mantovani, Schmitt, Mercier ou Garcia à ajouter une nouvelle dimension à leur vie.

Vivre la multicompétence

La complexité que nous allons tous devoir gérer suppose de préparer ses collaborateurs à la multicompétence. L'entreprise doit en effet s'attendre à réagir vite à tout changement de son environnement, et à faire des hommes son plus sûr capital de flexibilité. L'entreprise ne doit plus payer un collaborateur pour un travail donné, mais rémunérer un ensemble de compétences que ce collaborateur doit acquérir en permanence. Une approche particulièrement efficace dans le domaine industriel. On s'aperçoit de plus en plus que les équipes métissées et multicompétentes détectent rapidement les problèmes, trouvent de meilleures solutions et constituent surtout un atout précieux au moment où se généralisent les techniques de flux tendus et autres zéro-stocks. Une approche qui commence à faire ses preuves dans le domaine des services, où la multiplication des bases de données et l'informatisation quasi générale des postes de travail permettent à chacun d'exercer une gamme beaucoup plus large de responsabilités. Au risque, il est vrai, de dérouter l'encadrement intermédiaire, qui ne trouve plus dans le seul contrôle sa légitimité. Au moment où la multicompétence permet d'offrir aux « premières lignes » de nouveaux centres d'intérêt et de nouveaux défis, il est indispensable en effet de redéfinir avec l'encadrement intermédiaire le contour nouveau de sa mission : conseil, assistance et soutien.

« La vraie paresse n'est pas celle des salariés, mais celle des dirigeants sans imagination ou incapables de la communiquer. » (Hervé Sérieyx)

Autrefois, l'information était synonyme de pouvoir. Parce que le développement des technologies la périme aujourd'hui en quelques secondes, elle ne peut plus constituer désormais un paramètre de la « panoplie du chef ». N'ayant aucune utilité pour l'entreprise si elle est gelée, la voilà donc promue au rang de matière première à la disposition de tous. La différence entre les entreprises gagnantes et les autres ne résidera plus dans la diffusion ou la non-diffusion de l'information, mais bien dans la façon dont elle sera utilisée par chacun de ses acteurs. L'entreprise moderne fonctionne à partir de réseaux de compétence plutôt qu'à partir de structures rigides et définies une fois pour toutes.

« Mon rôle est celui d'un consultant interne, précise Richard M. Krieger, directeur des ressources humaines du groupe Métrologie. Il consiste à mettre en marche la philosophie de Roger Haddad, P-DG de l'entreprise, dont la gentillesse naturelle rejaillit sur tous ceux qui travaillent à son contact. Plus on est contre ses idées, plus il vous sublime. » Naturellement confiant dans l'homme et ses capacités d'évolution, il met en musique une politique de formation qui vise principalement l'épanouissement de l'individu. Partant du principe que si l'entreprise crée des problèmes à l'individu, elle doit également lui apporter des solutions, il n'hésite pas à organiser des séminaires réunissant plus de deux cents personnes pour leur apprendre à gérer leur stress. Convaincu que sa responsabilité est en grande partie de conserver au groupe sa dimension humaine à mesure qu'il grandit, il considère chaque licenciement comme un constat d'échec, qui résulte d'une erreur de recrutement... ou de management. Rédacteur des valeurs de l'entreprise, il est convaincu que l'échec est la première pierre de l'expérience, et qu'aucune entreprise ne peut développer une politique de risques si à la première erreur ses managers tombent à bras raccourcis sur leurs

---

« Je me méfie de la démarche individuelle, aussi brillante soit-elle. » (Jean-René Fourtou, Rhône-Poulenc)

collaborateurs. « Lorsqu'un cavalier tombe de cheval, il comprend mieux comment s'y prendre lorsqu'il remonte en selle », explique-t-il en souriant... Sa grande inquiétude ? Que les collaborateurs de Métrologie n'aient plus envie de venir travailler le matin ! Son secret pour éviter que cela ne se produise? La course permanente à l'innovation sociale. Pour conserver à l'entreprise sa très forte culture et renforcer le sentiment d'appartenance de ses membres, il a récemment lancé une opération de recrutement parrainé. Avec, à la clé, le choix d'une formation gratuite pour le parrain, dont la valeur est calculée en fonction du salaire du « filleul » embauché.

Créer du pouvoir autour de soi

De telles philosophies supposent que soit totalement modifiée la relation au pouvoir qu'entretiennent les individus à l'intérieur de l'entreprise. « Plus nous allons vers ce type d'organisation, de civilisation, plus le vrai pouvoir des cadres n'est pas celui qu'ils exercent, mais celui qu'ils sont capables de créer. Ils ne doivent donc plus être des exécuteurs de décisions, mais au contraire des créateurs de pouvoir autour d'eux », affirme Gilbert Raveleau. « La meilleure façon de s'assurer que chacun de vos collaborateurs apporte le meilleur service possible à ses clients, c'est de lui apprendre à toujours se demander quelle serait sa décision ou sa réaction s'il s'agissait de son propre argent, ou de sa propre entreprise », explique Richard M. Krieger. Une conviction largement partagée par Jacques Chaize, directeur général de Socla et ancien président du Centre des Jeunes Dirigeants (CJD) : « Le mot autorité vient du latin *auctoritas,* qui signifie " rendre les gens auteurs ". Mon rôle de manager est aujourd'hui de rendre mes collaborateurs auteurs de leurs actions, de leurs décisions et de leurs succès. »

« Les grandes idées sont plus souvent le fruit d'un grand cœur que d'une grande intelligence. » (Dostoïevski)

Mobiliser les ouvriers

Le professeur de management James O'Toole raconte que les dirigeants de la plus grande entreprise industrielle du monde, General Motors (800 000 salariés, 102 milliards de dollars de chiffre d'affaires et 156 usines), n'ont jamais écouté les ouvriers, et encore moins valorisé leurs idées. L'exemple le plus significatif a trait au « doublage », dans le cadre duquel quatre ouvriers peuvent se mettre d'accord pour former une équipe. Pendant une durée déterminée (entre quinze et trente minutes), deux de ses membres travaillent à un rythme très soutenu pour accomplir le travail de quatre, tandis que les deux autres peuvent se reposer, fumer une cigarette ou bavarder. Les ouvriers affirmaient que cette méthode améliorait la qualité de leur travail, en les obligeant à se concentrer sur ce qui n'était autrement qu'une tâche routinière, et augmentait leur satisfaction professionnelle parce qu'elle leur permettait de se reposer en compagnie de leurs collègues... Le doublage rendait fous les experts en productivité de General Motors. Rien n'était plus agaçant pour eux que de voir « des ouvriers bavarder, payés à ne rien faire ! » Les dirigeants réagirent en prenant des mesures disciplinaires (mise à pied d'un jour sans solde). Les ouvriers ripostèrent en multipliant grèves et revendications.

Depuis, General Motors a beaucoup réfléchi à l'importance des hommes, et notamment grâce à « Nummi » — New United Motors Manufacturing, Inc. —, la société créée en association (50/50) avec Toyota dans l'usine de Fremont, en Californie. Une usine construite en 1942, et fermée en 1982 en raison de son mauvais fonctionnement causé par des grèves à répétition. Réouverture en 1983, on réembauche les mêmes hommes. Et c'est le miracle ! Sous la direction de Toyota, le taux d'absentéisme chute de 20 % à 3 %, la productivité s'accroît d'un tiers, et la qualité atteint le niveau des usines niponnes. Le secret d'une telle réus-

---

« Si chaque collaborateur de notre entreprise prenait des décisions de bon sens, rien ne pourrait nous arrêter. » (Thurman John Rodgers, Cypress Semiconductor)

site ? Ni technologies spéciales, ni recettes miracles, ni investissement massif. Mais la mobilisation d'ouvriers considérés « comme des êtres humains capables de penser ». Inutile d'engloutir des milliards de francs dans l'automatisation si l'on ne fait aucun effort pour la formation et la mobilisation des hommes. Très critique à l'égard de General Motors, son nouvel actionnaire, Ross Perot (fondateur d'EDS — Electronic Data Systems), lança un jour à l'état-major de GM : « Vous n'aimez ni vos clients, ni vos concessionnaires, ni vos ouvriers, ni vos actionnaires. Et vous ne vous aimez pas les uns les autres. Chez moi, quand on voit un serpent, on le tue. Chez GM, on embauche un consultant ! »

« Dames-pipi » ou gestionnaires d'espaces communicants ?

Donner du pouvoir passe aussi par la valorisation des acteurs de l'entreprise. Lorsque les gardiens de prison français déclenchèrent une longue grève en 1989, leurs revendications incluaient la reconnaissance de leur dignité autant que l'augmentation de leurs salaires. « On ne veut plus être appelés des matons », expliquaient la plupart d'entre eux aux journalistes venus les interviewer. Une revendication étrangement identique à celle des infirmières quelques mois plus tôt, mais aussi, si l'on y réfléchit bien, à l'ensemble des mouvements sociaux qui secouent régulièrement l'Europe. « Je ne supporte pas l'expression de petit boulot, nous confia un jour Pierre Bellon, P-DG de la Sodexho. Comment voulez-vous donner envie à quelqu'un de se défoncer pour un petit boulot ? Je crois au contraire que la principale mission du manager est aujourd'hui de donner de la noblesse aux emplois qu'il crée. Et cela passe aussi par les mots que l'on emploie. Rappelez-vous que les entreprises performantes n'emploient plus de balayeurs, mais des techniciens de surface... » En Allemagne, nous raconta un jour un autre grand patron, on ne dit plus « femme de ménage », mais « cosméticienne du par-

---

« Ce que vous devez définir, c'est un cadre à l'intérieur duquel les gens sont libres d'agir. » (Kuniyasu Sakai)

quet ». Et certains restaurants ne parlent plus de « dame-pipi », mais de « gestionnaire d'espaces communicants ». Toujours à l'écoute des mouvements de société, Guy Sorman enfonce le clou. « Aujourd'hui, il est bien connu que la production industrielle se restreint, à la fois par le nombre de personnes qu'elle emploie, et par les profits qu'elle dégage. Le secteur des services est aujourd'hui le secteur porteur de l'économie. J'insiste là-dessus, car on entend souvent dire que l'activité de service, ce sont des petits boulots. Il y a une identification très forte dans l'esprit des gens entre service et petit boulot. Le service est au contraire quelque chose d'extraordinairement sophistiqué, et de beaucoup moins répétitif que l'activité industrielle. Pour moi, le petit boulot, c'est le boulot industriel qui refait indéfiniment le même geste et fabrique le même produit. L'activité sophistiquée, c'est l'activité de service. » Jacques Calvet, président de PSA, a fait lui aussi l'amère expérience de salariés en mal de reconnaissance avec les grèves de l'automne 1989 dans les usines Peugeot de Sochaux, et le bras de fer qui s'en est suivi. Les plaies seront longues à cicatriser entre la maîtrise et les ouvriers, qui s'étaient eux aussi lancés à corps perdu dans une démarche de qualité totale. « On dit souvent que les gens ne prennent pas de responsabilités, nous confiait aussi Pierre Bellon. Mais c'est totalement faux ! Ils n'en prennent pas parce qu'on ne leur en donne pas. Quand on leur en donne, ils en prennent. C'est bien sûr dangereux, car il peut y avoir des échecs. J'ai eu moi-même beaucoup d'échecs, et ça continue. Seulement, ou bien vous ne donnez pas de responsabilités aux gens, et vous êtes sûr de crever, ou bien alors vous leur en donnez. Vous prenez alors des risques, mais vous avez des chances de réussir. »

Incarner soi-même les valeurs que l'on professe

Rencontré au cours d'un voyage à Londres, le président de Coutts & Co, la plus ancienne (sa création

---

« Une démarche qualité implique que les gens soient dûment informés des conséquences de leurs actes. » (Philippe d'Iribarne)

date de 1692 !) et la plus exclusive des banques anglaises, David Money-Coutts incarne, malgré une retenue toute britannique, simplicité et passion. Sous des allures de Lord anglais (il porte en permanence la queue-de-pie noire des banquiers de la City), l'homme est extraordinairement chaleureux, et semble représenter à lui seul l'un des atouts majeurs de la « vieille » Europe : l'histoire alliée au modernisme. A la réception du magnifique immeuble de verre qui domine fièrement le célèbre « Strand », à deux pas de Piccadilly, aucune secrétaire ne descend chercher les visiteurs du président. Il les accueille lui-même et en profite pour s'intéresser gentiment à tous ceux qu'il croise dans des couloirs étonnamment transparents. « Si nous nous traitons les uns les autres avec respect, il y a de bonnes chances pour que nous traitions nos clients avec respect, nous dit-il, avant de nous révéler l'un de ses secrets : Je pratique la méthode GOYA : Get Off Your Ass ! (remuez-vous les fesses !). Je passe à la fin de chaque année deux semaines à rencontrer personnellement tous nos collaborateurs pour leur souhaiter une bonne année, et surtout pour mieux les connaître. La confiance mutuelle est indispensable. Figurez-vous qu'il nous a fallu quinze ans pour que tout le monde accepte de prendre ses propres décisions ! »

C'est la faute à qui ?

De ce côté-ci de la Manche, Bernard Attali s'efforce lui aussi de rendre son enthousiasme communicatif. « J'étais fier d'Air France en tant que passager. J'entends bien être fier d'Air France en tant que patron », disait-il au moment de sa prise de fonctions. Fierté ! Le mot est lâché. Aux commandes de la compagnie aérienne française depuis 1988, charmeur mais toujours sur ses gardes, Bernard Attali a su prouver très vite une qualité rare : sa capacité à se passionner pour son métier, et à aimer son entreprise. Un attachement

---

« Les jeunes turbulents reconnaissent l'autorité d'influence, et non pas l'autorité de galon. » (Meryem Le Saget, Institut de l'Expansion)

qu'il démontre au quotidien, n'hésitant pas à se promener en bras de chemise dans les longs couloirs du siège parisien et à s'installer dans le bureau de ses collaborateurs pour une réunion imprévue. Une décontraction et un sens du contact qui tranchent heureusement avec des années de présidences lointaines et inaccessibles, qui avaient contribué à faire de la compagnie une méritocratie plus proche d'un ministère que d'une grande entreprise moderne... Comme Antoine Riboud, P-DG de BSN (qui lançait récemment : « Que voulez-vous, j'aime mes yaourts ! »), Bernard Attali attribue la plupart de ses succès à la passion qui l'anime.

Connaissez-vous, vous aussi, des gens qui vous entretiennent sans cesse de leurs problèmes de ligne et de leur volonté sincère de tout faire pour perdre leurs kilos superflus ? Un discours qui ne les empêche pas pour autant de dévorer joyeusement des viandes en sauce, des plats hautement caloriques et des gâteaux à la crème. Nous avons souvent pensé à cette comparaison lors de nos rencontres avec des chefs d'entreprise ou des managers qui pratiquaient abondamment ce qu'il est convenu d'appeler « les signaux contradictoires ». Affirmer que sa « porte est toujours ouverte », mais n'être jamais disponible... Affirmer que la qualité du service est prioritaire, mais refuser l'achat d'un standard téléphonique plus performant... Chacun d'entre nous pourrait sans doute passer ainsi en revue des situations où une parole, un acte ou une décision d'apparence anodine a eu plus d'impact sur les autres qu'il ne le pensait.

« Chaque cadre a tendance à copier son chef, surtout si la compagnie marche bien », rappelle volontiers Kuniyasu Sakai. Si vous accusez régulièrement vos collègues ou les autres services des dysfonctionnements de votre entreprise en présence de vos collaborateurs (« C'est encore la faute des vendeurs... »), il y a de fortes chances pour qu'ils accusent à leur tour leurs propres collègues en présence de leurs clients (« C'est la faute du magasin si nous n'avons toujours pas votre

---

« Le capital confiance remplace le capital discipline. » (Michel Albert, AGF)

pièce... »)... Si vous n'avez jamais dix minutes à consacrer à l'un de vos collaborateurs qui souhaite vous entretenir rapidement d'une difficulté qu'il rencontre, ne soyez pas surpris que ce dernier ne soit pas très réceptif lorsque vous lui parlez de l'attention ou du respect que vous souhaitez le voir porter à ses clients...

Réussir au plan économique et au plan moral

Le retour du factuel et de la réalité va probablement marquer la décennie qui s'ouvre. La crédibilité d'un manager dépend désormais de son aptitude à faire lui-même ce qu'il exige de ses collaborateurs dans le cadre de leur mission. Il doit donc servir de référence, dans son comportement quotidien, aux valeurs qu'il définit. « Les chefs d'entreprise sont en train de comprendre qu'ils ne seront respectables que s'ils réussissent à la fois au plan économique et au plan moral, confirme Guy Sorman. Je veux dire que les chefs d'entreprise incarnent un système de valeurs, et un système de société. S'ils ne sont pas personnellement à la hauteur des valeurs qu'ils défendent, ils seront balayés. » Une façon comme une autre de résumer la conclusion principale à laquelle nous ont conduits les dizaines de missions que nous avons eu la chance de mener au sein des entreprises européennes, et les centaines de conférences que nous avons données. « Vos collaborateurs se comportent avec leurs clients exactement de la même façon que vous-mêmes vous comportez avec eux », expliquons-nous sans relâche à tous ceux qui s'étonnent que l'amélioration de la qualité du service ne soit pas plus rapide au sein de leur entreprise. « Les cadres sont mauvais dans les mauvaises entreprises, et ils sont bons dans les bonnes entreprises, explique Jacques Barraux, rédacteur en chef de *L'Entreprise*. Donc, les salariés sont bons si les chefs de service sont bons, et les chefs de service sont bons si les P-DG sont bons. »

« Il y a à peu près deux ou trois secrets par an dans une entreprise. Le reste appartient à tout le monde. » (Jean-François Dehecq, Sanofi)

Réfléchissez quelques instants à votre tour, et tentez de relever tous les « signaux contradictoires » que vous envoyez chaque jour à vos collaborateurs ou à vos collègues... Leur reprocher de ne pas décrocher immédiatement leur téléphone, mais laisser le vôtre sonner plusieurs fois. Leur faire remarquer qu'ils sont trop peu disponibles pour leurs clients, mais vous comporter vous-même en « manager Pavarotti » (surnom donné à quelqu'un qui ne peut prendre aucun rendez-vous avant douze ou treize mois, tant son agenda, tel celui de la star lyrique, est chargé et le rend indisponible !). Leur demander d'écouter leurs clients, mais ne jamais en rencontrer vous-même. La liste de tels « signaux » serait trop longue pour être déroulée ici, mais sachez qu'ils constituent l'un des principaux obstacles à l'amélioration du service dans votre entreprise. Si vous n'écoutez pas, pourquoi voulez-vous que l'on vous parle ? De la même façon, pourquoi voulez-vous que l'on vous donne des idées si vous ne demandez jamais son avis à personne ?

Invité par les responsables nord-américains du Club Méditerranée à intervenir devant les chefs de village réunis à Nassau pour un séminaire de deux jours, l'un d'entre nous avait été particulièrement frappé du désintérêt total affiché par Serge Trigano envers ses Gentils Organisateurs autant qu'envers les Gentils Membres venus y passer leurs vacances. Au lieu de profiter de cette occasion pour motiver les uns et écouter les autres (ce qu'aurait sans doute fait son père Gilbert !), il préféra rester entouré pendant tout son séjour des seuls membres de son Comité de Direction, qu'il aurait tout aussi bien pu réunir à Paris. Inutile de préciser que ses propos manquèrent sûrement de crédibilité quand il expliqua à ses cadres combien il importe de rester proche de ses collaborateurs autant que de ses clients... A l'inverse, Michel Ferrebœuf (particulièrement soucieux d'être à l'écoute des autres) garde le souvenir d'une

---

« Nous ne plaquons pas nos valeurs, nous ne changeons pas autoritairement les gens, mais nous veillons à les contaminer. » (Roger Haddad, Métrologie International)

visite des usines Michelin effectuée il y a quelques années, en compagnie du fondateur de Digital, Ken Olsen, et de François Michelin. Ce dernier avait choisi d'attendre ses hôtes à l'extérieur des ateliers : « Je préfère vous attendre ici, leur avait-il expliqué. Toute l'attention risque de se porter sur moi si je vous accompagne, et je tiens à ce que ce soit vous qui soyez au centre des préoccupations de mes collaborateurs. » L'humilité est toujours un atout.

Président-fondateur de GSI (Générale de Service Informatique), Jacques Raiman croit lui aussi à la vertu de l'exemple au quotidien. Sa règle d'or ? « Donner à chacun son clou et son marteau, c'est-à-dire des responsabilités et les moyens de les exercer. »

C'est le chef qui donne l'exemple

P-DG de Casco Nobel, Bernard Hébert a passé plus de cinq ans en Suède. A son retour en France, le responsable de la filiale française du suédois Nobel Industries a décidé que les voitures de fonction seraient identiques pour tous. Il a interdit de correspondre en interne par notes dactylographiées — afin de ne pas monopoliser le temps des secrétaires —, et demande à ses collaborateurs d'être directement accessibles au téléphone en se présentant lorsqu'ils décrochent. « Le patron ne doit jamais avoir la plus belle voiture », confirme Jean Boissonnat, qui croit beaucoup à la notion de valeur d'exemple. Il raconte l'erreur commise selon lui par le comité de direction du Groupe Expansion — auquel il appartient — lorsqu'il a emménagé dans ses nouveaux locaux. « Nous nous sommes laissés prendre à notre propre piège. Nous nous sommes offert des bureaux de directeurs, ce qui fut une erreur psychologique majeure. Aucun des membres du comité de direction n'a osé rompre la solidarité qui l'unissait aux autres, et chacun d'entre nous s'est donc offert le bureau qui correspondait le mieux à son ambiance préférée. C'est

« Il ne s'agit pas d'avoir 5 000 cadres qui pensent et 130 000 paires de bras qui exécutent. » (Raymond H. Lévy, Renault)

seulement ensuite que nous nous sommes aperçus que cela avait rompu une autre solidarité, celle qui nous unissait à l'autre communauté de l'entreprise, à savoir l'ensemble de nos collaborateurs. » Une erreur que le groupe ne renouvellerait sans doute plus aujourd'hui...

Autre exemple, celui de Roger Haddad. D'origines modestes (« Je ne sais pas dépenser pour rien ») il impose à tous ses collaborateurs de voyager en classe économique. Une règle à laquelle lui-même ne déroge pas, et qui provoque parfois des situations cocasses. Telle cette rencontre dans un aéroport européen avec le patron d'une entreprise qu'il aurait pu racheter sans même impacter son bilan, et qui arborait fièrement son billet de première. Il le salua à l'embarquement de l'avion, avant de s'installer en classe économique.

Former tout le monde, tout le temps

L'exemplarité passe aussi par la formation. Or, à peine 5 % des chefs d'entreprises français suivent chaque année un stage de formation permanente. Ce qui n'empêche pas la plupart d'entre eux d'avoir désormais rejoint le bataillon des militants de la formation. Les nombreuses opérations de formation que nous avons eu la chance de mener avec nos clients sur le thème de la qualité du service nous ont convaincus que l'un des éléments déterminants du succès d'une opération ambitieuse est l'implication personnelle du P-DG de l'entreprise. S'il n'a pas quelques instants à consacrer au programme pour le découvrir et le comprendre, s'il n'est pas disposé à le suivre lui-même avec ses collaborateurs, mieux vaut également annuler l'opération. Les chances sont grandes pour que l'énergie et l'argent dépensés le soient alors en pure perte. Autre condition prioritaire du succès : s'assurer que chacun des acteurs concernés réalise le bénéfice personnel qu'il va pouvoir tirer de ce stage. « Lorsqu'on investit une centaine de millions de

---

« Education should not compete with national defense, the trade deficit, drugs or AIDS. Instead, think of it as a solution to those problems. » (David Kearns, Xerox Corporation)

francs pour construire un établissement hôtelier et que l'on mégote sur 20 000 francs de formation, alors que ça peut changer la face des choses, je pense que l'on fait une erreur, reconnaît Paul Dubrule, co-président d'Accor. Mais, très souvent, pourquoi ne le fait-on pas ? Parce qu'on ne sait pas si ça va vraiment changer la face des choses. Et puis parce qu'on se dit : et si ça marchait sans qu'on fasse cet effort ? Et bien, ça ne marche pas sans faire cet effort ! »

La meilleure façon d'apprendre ? Etre capable d'enseigner

En décidant de confier à l'encadrement la responsabilité de la formation à la qualité du service, nous savions que nous prenions un risque majeur. Celui de nous couper du marché des entreprises qui continuent à pratiquer le management de la carotte et du bâton plutôt que celui de l'écoute et de la responsabilisation. Mais, comme toute stratégie comporte un risque, nous avons décidé de le courir... Et avons formé depuis près de 400 cadres-animateurs, qui se sont découvert un nouveau talent et une nouvelle légitimité, puisqu'ils ont ainsi formé près de 40 000 personnes au total. Car ne nous y trompons pas. C'est des managers, et d'eux seuls, que dépend désormais l'amélioration de la qualité du service apporté par nos entreprises à leurs clients. Une action de motivation, d'information ou de formation peut générer de l'intérêt ou même de l'enthousiasme pendant plusieurs semaines, voire plusieurs mois. Mais c'est à l'encadrement intermédiaire qu'il appartient d'entretenir durablement cette motivation, sans laquelle aucune amélioration n'est vraiment possible.

Les gens d'abord

— Vous connaissez déjà Sir Colin ?
— Non, c'est la première fois.

« Pour tuer les hommes, le couteau n'est pas nécessaire. Il suffit de les priver complètement de liberté. » (Kuniyasu Sakai)

— Vous allez voir, c'est une personne extraordinaire.

Heathrow Airport, novembre 1989. L'hôtesse d'accueil qui accompagne l'un de nous vers le bureau de Sir Colin Marshall, chairman et chief executive officer de British Airways, ne peut s'empêcher de nous faire part des sentiments qu'elle éprouve envers celui que tout le monde appelle affectueusement « Sir Colin ». Il faut dire que l'homme qui a propulsé en cinq ans British Airways au premier rang européen des compagnies aériennes (si l'on excepte la fusion entre Air France, Air Inter et UTA) ne se montre jamais avare de son temps lorsqu'il s'agit d'en consacrer à ses collaborateurs. « Ma mission principale est de convaincre. Ce sont les gens qui comptent, nous explique-t-il en introduction de notre entretien. La communication n'est pas une rue à sens unique. Si vous n'êtes pas capable d'écoute et de disponibilité, alors les gens se sentent ignorés. »

« From Bloody Awful to Bloody Amazing »...

1983. A peine nommé au poste de directeur général de British Airways, Colin Marshall repeint l'ensemble de la flotte sous de nouvelles couleurs, agrémentées du blason « To Fly, To Serve » et passe commande de nouveaux uniformes. Les sièges deviennent plus confortables, la qualité des repas s'améliore, et les salons d'attente se relookent. Les impératifs horaires des clients l'emportent sur ceux des équipages : « Nos avions sont les mêmes que ceux de nos concurrents, ils volent vers les mêmes destinations et utilisent le même fuel. La seule façon pour nous de faire la différence réside dans la qualité de nos collaborateurs et du service qu'ils offrent à nos clients, mais aussi dans la façon dont nous serons capables de construire et d'utiliser une banque de données contenant toutes les informations qui nous sont nécessaires pour mieux connaître les attentes de nos clients ». En 1985, Sir Colin lance un premier pro-

---

« The international human fellowship today demands heart, involvment and taking risk. » (Pehr Gyllenhammar, Volvo)

gramme de formation intitulé « Les Gens d'Abord » (Putting People First). Par groupes de 175 personnes, les salariés se retrouvent durant quelques jours, toutes hiérarchies et tous métiers confondus, sans leur uniforme et en s'appelant par leur prénom. A la fin de chaque séminaire, Colin Marshall lui-même, ou l'un de ses plus proches collaborateurs, prend la parole pour exposer la stratégie de service de British Airways et répondre aux questions des participants. « Un projet catalyseur », souligne Colin Marshall. Un premier pas, qui permet de sensibiliser le personnel à la notion de service. Les plus durs à convaincre ? Les pilotes, les ingénieurs et les hommes chargés de la sécurité des avions. « Ils raisonnent en termes de sécurité, d'horaires respectés. Le service ne rentre pas dans leur mentalité. » Les managers sont plus perméables. Encore faut-il les convaincre de se montrer moins frileux et de mieux déléguer leurs responsabilités, au risque de se tromper. A cet effet, ils ont participé à un programme de formation destiné à les sécuriser, qui a pris fin en 1989. Pendant cinq jours, ils ont appris des techniques de management permettant d'accompagner le changement de culture intervenu chez BA. En cinq ans, Colin Marshall a également conclu personnellement par une intervention de une à deux heures chacun des 122 séminaires destinés aux 3 000 managers de l'entreprise réunis par groupes de 25 personnes, s'offrant ainsi une chance unique de rencontrer au moins une fois chacun des décideurs de l'entreprise. Une disponibilité qui frise la performance, mais qui n'est rien cependant en regard du temps qu'il a également consacré aux quelque 50 000 collaborateurs de l'entreprise tout au long des quatre programmes de formation destinés à concrétiser sa volonté stratégique : utiliser la qualité du service pour renforcer son leadership européen et mondial. Une première dans une compagnie aérienne, et qui a suscité un réel enthousiasme de la part du personnel. Le mythe du patron intouchable s'effondre...

« Il y a dans la vie deux motivations principales : l'amour et la peur. Si vous choisissez la peur, soyez sûr que les gens ne travailleront pas au mieux de leurs aptitudes. » (Jan Carlzon, SAS)

Deuxième séminaire destiné à tout le personnel, « Une Journée dans la Vie » (A Day in the Life). « Nous voulions mieux connaître notre société » expliquent les participants. Deux axes se dégagent : on veut savoir pour qui on travaille, et mieux comprendre l'interaction des services dans l'entreprise. « Etre le Meilleur » : tel est le thème du troisième séminaire, organisé en 1988. A nouveau, les participants s'interrogent et scrutent le futur. « Que pensons-nous que nos concurrents vont faire dans les années qui viennent ? Que devons-nous faire pour les devancer ? » Les idées avancées par les participants sont passées au peigne fin, et celles qui sont retenues et mises en place sont annoncées et commentées dans le journal interne de BA. Mais l'aventure ne s'arrête pas là. En 1990, Colin Marshall a mis au point un quatrième programme. « Le service est un voyage, et non pas une destination. Je crois qu'une fois qu'on s'est embarqué dans un effort massif pour relever le niveau du service, on ne doit jamais laisser tomber, explique-t-il. Et si un jour on est satisfait, c'est qu'il est temps de passer le flambeau... »

Jean-François Dehecq dirige Sanofi, la filiale santé et beauté d'Elf-Aquitaine, qui a réalisé 30 milliards de francs de chiffre d'affaires en 1990 avec ses 33 000 salariés. Chargé de mener tambour battant une indispensable modernisation, il a toujours évité d'en exclure les personnels sous-qualifiés. « Nous avons fermé de vingt-cinq à trente sites, avec une doctrine : pas de licenciement sans reclassement. » Son pari ? « En les associant à la modernisation, on peut en faire des salariés responsables. » A grand renfort de formation : quinze jours environ par salarié tous les deux ans, du portier au P-DG. Habitué à « parler vrai », il n'avait pas hésité à justifier sa position en ces termes : « Je vous forme aujourd'hui, pour ne pas avoir à vous mettre à la porte dans trois ans. »

« In a completely rational society, the best of us would be teachers and the rest of us would have to settle for something less. » (Lee Iacocca, Chrysler)

Etre le meilleur. Tant pis si ça coûte cher

1990 a été l'année du service chez Inno en Belgique. Pour y parvenir, une condition sine qua non : « l'empowerment » de tous les vendeurs. « C'est une responsabilité, mais aussi un plein pouvoir de décision et de jugement », explique Raymond Vaxelaire, cinquante ans, directeur général de la première chaîne de grands magasins belges. Déléguer, c'est autoriser un vendeur par exemple à prendre la décision de rembourser ou d'échanger un achat. Contacter personnellement les clients pour leur signaler des promotions ou des nouveautés. « Pour cela, il faut que chaque vendeur se constitue un portefeuille de clients. Il faut aussi qu'il puisse accompagner ses clients dans tout le magasin et qu'il puisse par exemple leur permettre de passer un coup de fil. En clair, personnaliser au maximum la relation. Une relation qu'il faut simplifier et rendre agréable. Toutes les cartes de crédit sont acceptées, des aires de repos sont aménagées. Les cabines d'essayage, les sanitaires et les vestiaires sont rénovés, « même si cela coûte cher ». Le service, c'est désormais l'affaire de tous. Tant pis pour la hiérarchie, qui se croyait au-dessus de toute servitude. « Quiconque aperçoit un client embarrassé doit se mettre à sa disposition, qu'il soit P-DG ou chargé de l'entretien. » Par ailleurs, l'état d'esprit service doit imprégner la mentalité de toute l'entreprise : le magasin sert le client, l'informatique et la comptabilité servent les magasins, le service achat sert le chef de rayon. Cette philosophie, Raymond Vaxelaire la fait partager à ses collaborateurs du haut en bas de la hiérarchie au cours de réunions pendant lesquelles il explique sans relâche que chacun doit rendre la vie facile au client.

Une direction du cœur

Autre décor, autre entreprise. Antoine Guichard, associé-gérant de Casino, veut entreprendre une véritable révolution. « Nous sommes une entreprise de service. Nous voulons nous repositionner sur ce concept. Comment le faire sentir à nos clients, si les salariés ne sont pas heureux ? Cela commence par le respect, la fin des organisations militaires. Il faut transformer les équipes en bandes d'amis, et non pas en sections, et instituer une direction du cœur au lieu d'une direction technologique. Cette évolution prendra bien trois ou quatre ans, mais je suis persuadé que la volonté existe partout. » L'un de nous a eu la chance d'animer une séance de formation pilote avec un groupe de salariés (caissières, chefs de rayon, serveuses, comptables, etc.) de supermarchés et d'hypermarchés Casino, destinée à y promouvoir « l'état d'esprit service ». Lieu de la formation : Saint-Etienne. Berceau historique où Geoffroy Guichard créait en 1898 une épicerie dans l'ancienne salle du casino lyrique (d'où le nom de l'entreprise) avec, déjà, le parti pris de la qualité. Pour conclure ces deux jours de séminaire, le directeur des ressources humaines en personne (première surprise) vient expliquer le tournant pris par le Groupe. « Si un client cherche un produit dans le magasin, c'est votre rôle de l'aider et de l'accompagner si nécessaire. Même si vous devez quitter votre rayon ou votre poste de travail. Si votre chef vous fait des reproches, dites-le-moi. Je lui expliquerai moi-même que le client est la personne la plus importante de notre entreprise. » Dans les yeux de certains participants, on peut lire le plaisir de pouvoir enfin faire ce que leur bon sens leur dictait depuis des années, mais que leur hiérarchie ne voyait pas toujours d'un bon œil. L'impression qu'on leur faisait enfin confiance.

Reconnaître et récompenser les efforts

« Magnifique tir… Merci Ariane ! Stop. Bravo Arianespace, CNES et ESA Stop. Félicitations à tous : ingénieurs, techniciens, compagnons. Beau succès pour l'Europe ! Aérospatiale fière d'être l'architecture industriel de cette belle réussite Stop. » En publiant le texte de ce télégramme à la une de tous les journaux en

« Le pouvoir commence à passer des hiérarchies formelles à ces organisations informelles, temporaires. » (Alvin Toffler)

septembre 1987, Henri Martre, P-DG d'Aérospatiale, faisait tout simplement son travail de P-DG. Dire merci et dire bravo.

Combien de fois vous est-il arrivé de travailler de longues heures ou de longues semaines à la préparation d'un projet ou à la réalisation d'une tâche sans que personne relève la qualité ou la précision de votre travail ? Rien n'est pire que de faire un effort dans l'indifférence généralisée. Cela conduit habituellement à l'abandon de tout effort. Les systèmes de récompense et de reconnaissance ne peuvent plus être basés uniquement sur les performances financières ou commerciales. Un mot simple, un « bravo » ou un « merci » constituent souvent la plus précieuse des récompenses. Dans la fonction publique, l'absence d'initiatives, de gratifications ou de sanctions, les rapports hiérarchiques distants et stéréotypés constituent une menace bien plus pressante que le niveau des rémunérations. Les entreprises gagnantes l'ont compris, et beaucoup déploient aujourd'hui des trésors d'imagination pour récompenser ceux de leurs salariés qui s'impliquent le plus, par leurs actions ou leurs idées, dans l'amélioration du service au client.

Rien ne vaut l'ambiance conviviale d'un dîner

Manager de choc de l'économie suédoise, Percy Barnevik pratique à la tête de Asea Brown Boveri (ABB) un management tourné vers les hommes. « Un bon leader est un homme qui sait motiver et stimuler les gens, mais aussi déléguer, confie-t-il à *Fortune.* Parmi mes collaborateurs, je fais une distinction entre les *givers,* ceux qui donnent, et les *receivers,* ceux qui reçoivent. Les donneurs sont des managers capables de former leurs propres collaborateurs, et même de proposer leur transfert dans d'autres secteurs. Les receveurs, à l'inverse, sont toujours à court de candidatures internes. Eh bien nous ne pouvons pas nous permettre d'avoir

---

« Allez de l'avant et agissez. Vous pourrez toujours vous excuser après. » (Grace Hopper)

trop de receveurs ! » Persuadé que la motivation passe par la transparence et la reconnaissance des mérites individuels, il ajoute : « On peut difficilement motiver les 15 000 personnes qui composent l'encadrement intermédiaire d'ABB avec des lettres et des discours. En Allemagne, j'ai pris la parole devant cent cadres. Quand je leur ai dit que nous devions faire plus de profit, l'un d'eux a observé : " Pour qui, pour les banques suisses ? Qu'est-ce que cela signifie pour nous ? " Pour motiver les cadres, il ne suffit pas de parler de progression des bénéfices. Il faut parler de croissance, de satisfaction dans son travail, de sécurité de l'emploi, etc. » Convaincu qu'il ne devrait pas y avoir « un endroit où l'on gagne sa vie et un autre où on la vit », Roger Haddad multiplie, lui, les pots et les fêtes diverses, et de nombreux séminaires se concluent dans l'ambiance conviviale d'un dîner.

L'évolution des mentalités et les habitudes de travail à l'intérieur des entreprises européennes rendent indispensable le respect d'un certain nombre de principes permettant de récompenser les efforts des collaborateurs. C'est ainsi qu'il convient de mettre en avant les idées neuves plutôt que le conformisme, l'action plutôt que la réflexion, les résultats et la simplicité plutôt que la complexité. Dès lors, il est préférable de récompenser vos collaborateurs en fonction de leur productivité plutôt que de leur assiduité. Plutôt que de vouloir faire plus vite et moins cher, efforcez-vous de faire bien la première fois, et récompensez ceux qui mettent en place des solutions durables. Ne faites pas partie de ces entreprises où les mieux payés sont les collaborateurs récemment embauchés, et où le seul moyen d'obtenir une augmentation ou une promotion est de brandir la menace d'une offre plus alléchante chez un concurrent. Que dire de celles où l'on promet des promotions internes... alors qu'on recrute à l'extérieur ?

If you pay peanuts, you get monkeys

L'expérience menée par Elton Mayo, professeur à Harvard University, est significative de l'influence que peut avoir sur la motivation et la productivité des ouvriers l'intérêt que leur portent les cadres. Le principe de l'étude consistait à mesurer l'influence de l'amélioration des conditions d'éclairage sur la productivité. Trois usines comparables ont servi de base à l'expérience. Dans la première, des travaux importants ont été réalisés pour améliorer les conditions d'éclairage. Dans la deuxième usine, il ne s'est rien passé, et aucun des responsables de l'étude ne s'y est déplacé. Dans la troisième, tout a été fait pour rendre l'éclairage plus mauvais encore. Comme on pouvait s'y attendre, la productivité a augmenté dans la première usine. Dans la deuxième, elle est restée inchangée. Le plus étonnant, c'est que, dans la troisième, la productivité s'est, elle aussi, améliorée. La leçon à en tirer ? Plus que l'amélioration de l'éclairage et des conditions de travail, c'est l'intérêt porté aux ouvriers et à leur travail qui les a motivés, et poussés à modifier leur comportement.

Tous chez Bocuse

Le lumineux siège social de la compagnie aérienne scandinave SAS, basée à Stockholm, reflète bien la relation qui existe entre la volonté d'offrir un service de qualité à ses clients et le respect que l'on porte à ses collaborateurs. Rien ne manque pour améliorer le climat interne de l'entreprise : piscine, club de sport, et même un petit orchestre de chambre. Démarche identique à Challenger, le mini château de Versailles construit par Francis Bouygues, dans la banlieue Ouest de Paris. Les maîtres-mots ? Transparence, communication et bien-être. La visite de ce siège social, avec ses procédures d'accès dignes du Pentagone, s'impose à toute personne réfléchissant à l'aménagement de son entreprise. Rien n'y manque pour assurer le confort des 2 500 collaborateurs du groupe travaillant dans ces 40 000 mètres carrés de bureaux. Salles de conférences modulaires, salon de coiffure, agence d'assurances et de voyages, kiosque à journaux, câblage intelligent, sans oublier le gymnase

---

« Le pouvoir, bien entendu, change de nature : de l'autorité directe et verticale, on passe au contrat, à l'échange et à la mise en commun de savoir et d'information. » (Alvin Toffler)

avec saunas, cabine de bronzage, etc. A La Défense, le sous-sol entier de la tour Elf est consacré à la pratique du sport, et abrite une magnifique piscine. Pour les 3 800 personnes réparties sur 48 étages, il est même possible de suivre des cours avec de vrais professionnels et de grignoter « diététique » après l'effort. Chez Apple, pommes et boissons sont offertes à volonté. Chez CMG, l'ensemblier informatique installé aux Ulis (la Silicon Valley française), les croissants sont offerts tous les matins, en même temps que le café.

Le palace parisien de Bristol ne se contente pas de former l'ensemble de son personnel à « l'Etat d'Esprit Service ». Sous la direction de Jean-Paul Lafay, il va jusqu'au bout de sa logique, en invitant à déjeuner chez Bocuse quarante-cinq de ses collaborateurs, tous niveaux hiérarchiques confondus, de la femme de chambre au portier, en passant par le bagagiste. Une initiative rare, mais qui semble naturelle au directeur de l'hôtel. Tout en remerciant ses collaborateurs de leurs efforts, il leur offre ainsi l'occasion de mieux comprendre, en les vivant eux-mêmes, les attentes d'une clientèle de luxe, donc très exigeante. Chez Federal Express, le « Golden Falcon » et le « Bravo Zulu » ont été créés pour récompenser les meilleures initiatives en matière de qualité de service. Les nominés sont cités dans les journaux internes de l'entreprise, appelés personnellement par le président, et gagnent aussi un « pin's » en or et dix actions de la compagnie.

Merci et Bravo

Quand tout va bien, c'est à ses collaborateurs qu'il faut en faire revenir le mérite. Quand les choses vont mal, c'est au patron d'en assumer la responsabilité. Il nous arrive souvent, au cours de nos conférences, d'expliquer à nos interlocuteurs que les deux plus beaux mots de la langue française qu'un manager puisse utiliser nous semblent être : « merci » et « bravo ». Si l'on ne

---

« Comment acquérir enfin tolérance et non-violence, sinon en se plaçant du point de vue de l'autre, savoir de l'autre côté ? (Michel Serres)

vous dit jamais ni « merci », ni « bravo », pourquoi voudrait-on que vous fassiez de quelconques efforts ? Il faut réapprendre à féliciter, à célébrer les petites victoires de l'entreprise. Mais dire bravo ne suffit pas. Chacun d'entre nous, dans sa vie professionnelle comme dans sa vie privée, est sensible aux éloges et aux compliments, mais réagit également à tous les témoignages d'attention envoyés par autrui. Qu'il s'agisse d'organiser un pot pour fêter l'anniversaire d'un collaborateur, de se souvenir du centre d'intérêt de l'un d'eux le jour où l'on veut le remercier ou lui faire un cadeau, de demander à ses collaborateurs s'ils ont passé un bon week-end ou de bonnes vacances, de mettre un petit mot de remerciement à l'un de ses collègues qui nous a rendu service pour lui dire combien l'on apprécie de travailler avec lui. Les signes de reconnaissance sont en effet la preuve directe que celui qui les envoie n'est pas indifférent aux efforts, au travail, à la présence, aux idées, etc., de celui qui les reçoit.

Cinq ans après la sortie de Service compris, il paraîtra sans doute étonnant à certains que nous ayons choisi de parler à nouveau, et si longuement, des clients et des hommes. Qu'ils n'y voient surtout pas chez nous un quelconque manque d'originalité ou d'inspiration ! Au fond, seul l'environnement, dans lequel chacun d'entre nous doit désormais réfléchir et agir, a totalement changé depuis quelques années. Les problèmes, quant à eux, demeurent sensiblement les mêmes. Avec toutefois un degré de gravité et d'urgence renforcé. Là où il était encore possible il y a cinq ans de ne citer que des entreprises françaises dans un livre de ce type, seuls des exemples empruntés aux entreprises du monde entier peuvent aujourd'hui satisfaire le désir de comprendre qu'éprouvent les habitants du village planétaire. Là où il suffisait de rappeler que le client fait vivre l'entreprise, et qu'il paie les salaires en fin de mois, il convient désormais de découvrir comment les meilleurs dirigeants parviennent à entretenir durablement cet état d'esprit au sein de leurs organisations. Là où l'on croyait que les collaborateurs de première ligne seraient les plus difficiles à convaincre, il apparaît que les « cadres » dits « moyens » constituent l'obstacle principal à toute remise en cause, et à toute amélioration réelle du fonctionnement de l'entreprise. Là où les pieds semblaient meurtris, on s'aperçoit que c'est peut-être la tête qui est tombée malade. Là où améliorer la qualité du service pouvait suffire pour redevenir performant, voilà qu'il convient en plus, maintenant, de partir sur une nouvelle conquête. Ce ne sera pas la plus facile mais elle en vaut la peine : celle du métissage de notre savoir-faire et de notre savoir-être.

II

LES ANNÉES MÉTISSAGE

L'harmonie, c'est la conciliation des contraires,
et pas l'écrasement des différences.

Jean Cocteau

4

La société fait le grand écart, hésite entre tous les extrêmes : fric ou cœur, frilosité ou aventure, mémoire ou futur.

Jacques Séguéla, RSCG

Paradoxe n° 4

S'appuyer sur le passé pour inventer l'avenir

En changeant de mode de vie. En inventant des styles de management européens. En réhabilitant la culture. En s'inspirant de notre Histoire. En enseignant la tolérance pour penser différemment. En étant chez soi dans le monde entier. En faisant des mémoires mortes des mémoires vives. Et enfin, en générant des usines à idées neuves tenant compte de la résistance au changement.

Le mélange de la pêche et de l'abricot a donné naissance à la nectarine (ou brugnon), qui cumule avantageusement la douceur de l'abricot et la « consistance juteuse » de la pêche. Les ventes de nectarines dépassent aujourd'hui les ventes cumulées des deux fruits qui lui ont donné naissance... Dans les années 80, Michaël Jackson pulvérise les records de vente de disques en se fabriquant une image à la limite de la féminité et de la virilité. Du noir et du blanc. De la musique et de la danse. D'origine tunisienne, Azzedine Alaïa habille Tina Turner et Grace Jones. Il crée pour Jessye Norman le superbe voile bleu-blanc-rouge porté le soir du bicentenaire de la Révolution française, où elle interprète une *Marseillaise* aussi émouvante qu'inoubliable. L'Italien Gianfranco Ferré fait un tabac chez Christian Dior, et son compatriote Angelo Tarlazzi chez Guy Laroche, tandis que l'Allemand Karl Lagerfeld réinvente saison après saison le style Chanel.

Le « caméléonisme » devient un mode de vie

Parce que leur talent et leur métier consistent à sentir l'air du temps et à anticiper les mouvements de mode, ces hommes et femmes incarnent à leur façon la décennie qui s'ouvre. Elle sera celle du métissage. Métissage des cultures, des goûts, des musiques, des courants, des époques et des folklores. Le 14 juillet 1989, deux cents ans après la prise de la Bastille et sous le regard émerveillé de millions de spectateurs, les Champs-Elysées se transforment pendant quelques heures en un prototype du village universel dans lequel nous allons tous devoir apprendre à vivre. Des étudiants chinois ouvrent ce défilé de la liberté, aussi symbolique qu'universel. Son créateur Jean-Paul Goude entre ce soir-là dans la légende. A sa façon. En remontant les Champs-Elysées au bras de l'Histoire.

En tombant sous la pression simultanée du XXe siècle, des médias et du besoin de liberté manifesté par les jeunes Allemands de l'Est, la chute du Mur de Berlin a symboliquement contribué à définir le cadre des années 90. Elles devront être celles de l'ouverture et de la générosité. A l'Est comme à l'Ouest, au Nord comme au Sud, en Asie comme en Occident, rien ne résistera plus au désir universel de savoir, de comprendre et d'apprécier ce qui se passe « derrière le mur ». Ou plutôt derrière « les » murs. Tous ceux que des années de guerre froide, de chauvinisme ou d'incompréhension ont dressés entre les races, les religions, les cultures, les métiers et les langues. Entre nos voisins et nous. Entre « nationaux » et immigrés. Entre hommes et femmes. Entre ceux qui se plient à des normes et les autres. Entre

---

« On dépend de l'avenir quand on ne tire aucun parti du présent. » (Sénèque)

vendeurs et ingénieurs. Entre jeunes et vieux. Entre ouvriers et patrons. Entre ceux qui pensent et ceux qui agissent. Entre les « travailleurs » et ceux qui sont censés les exploiter.

Le melting-pot, c'est bien, ... mais chez les autres !

La complexité de l'époque dans laquelle nous entrons empêche désormais toute analyse manichéenne de ses acteurs et de ses enjeux. Les patrons ne se contentent plus de « faire de l'argent », et les syndicats de « faire du social ». Etre « de gauche » ne signifie plus seulement être un intellectuel utopiste. De la même façon qu'être « de droite » ne peut se résumer à être xénophobe et nationaliste. La plupart des systèmes politiques européens subissent actuellement un processus inexorable de décomposition, encouragé par la disparition progressive du prolétariat, l'alternance politique et la croissance économique. Le recul des idéologies et le rapprochement des styles de vie rendent les frontières de plus en plus poreuses. Plus personne ne peut se satisfaire de puiser des idées dans une seule famille de pensée. Enfin, par l'effet cumulé du travail des femmes, de la libéralisation de la contraception et l'évolution des mentalités, la baisse de la natalité en Europe occidentale est une quasi-certitude. Dès à présent, on perçoit les premiers signes d'une pénurie de main-d'œuvre qualifiée, malgré des taux de chômage qui restent, pour le moment, préoccupants.

C'est pourquoi, sans doute, nombre d'experts prévoient que dans les années à venir les pays industrialisés devront se résoudre à accepter une immigration importante pour faire face à leurs besoins de main-d'œuvre. Déjà, aux Etats-Unis, la moitié des ingénieurs-recherche sont étrangers. Mais, à la différence de l'Europe, l'immigration a toujours joué, outre-Atlantique, un rôle important au plan démographique. N'oublions pas en effet que c'est l'Amérique qui a inventé le concept de melting-pot. Pourtant, dans cette même Amérique, on

---

« Nous ne sommes jamais satisfaits de nos performances, même si tout va bien. » (Mario Dal Cin, Confindustria)

assiste aujourd'hui à une remontée de la tension raciale. Qu'ils affectent les communautés asiatique, noire, mexicaine ou portoricaine, les actes d'intolérance — et parfois de violence — raciale se multiplient et doivent inciter les Européens à repenser leur façon de gérer l'intégration. Car le melting-pot version USA, dont les Français aimaient vanter les mérites tant qu'ils l'observaient de ce côté-là de l'Atlantique, les séduit beaucoup moins dès lors qu'il frappe à leur porte. Peu d'entre eux en effet semblent aujourd'hui prêts à en admettre les règles du jeu. La poussée nationaliste et xénophobe qu'incarne la montée en puissance des partis d'extrême-droite doit être examinée avec le plus grand sérieux. Partout en Europe, le développement de la « préférence nationale » refait surface. Elle pourrait, si l'on n'y prend garde, constituer un obstacle bien plus grand qu'on ne le pense à la réussite de l'ambitieux pari européen. Jusqu'à ce jour, la seule politique commune apportée par les gouvernements européens à cet épineux problème a été celle de l'autruche. « Coincée entre la pression migratoire extérieure et son propre déclin démographique, l'Europe communautaire se voile les yeux. Ce n'est pas la meilleure façon de se préparer à accueillir la main-d'œuvre qui lui fera défaut avant dix ans », écrit justement Alain Murcier dans *L'Expansion*. Le chômage d'aujourd'hui n'est pas celui d'hier (il englobe en effet de nombreuses victimes « âgées » de la mécanisation et des jeunes préférant l'inaction à des emplois qui ne leur conviennent pas), et le vent de liberté qui souffle sur l'Europe de l'Est pourrait bien s'accompagner d'une évolution en profondeur des courants migratoires européens. « L'intérêt purement égoïste des Européens vieillissants — par exemple la construction de leurs résidences troisième et quatrième âges avec services infirmiers — leur commanderait d'accueillir comme pain bénit les enfants des autres, puisqu'ils renoncent à en faire eux-mêmes. Ces enfants sont innombrables. Les considérer comme indésirables, c'est, pour l'Europe — réputée libre et prospère —, choisir de périr à l'identique

---

« Notre secret, c'est que les hommes qui dirigent l'entreprise ont toujours le sens de la provocation. » (Nicholas Hayek, SMH)

plutôt que de se survivre en se mélangeant », poursuit Alain Murcier.

« Ils n'ont qu'à s'adapter, ou rester chez eux ! »

Accepter et intégrer la différence sans trahir pour autant sa propre communauté et sa propre culture. Au lieu de comprendre cet enjeu fondamental de notre décennie, et alors même que l'Europe communautaire ne compte que 2 % d'habitants issus du Tiers Monde, soit guère plus qu'il y a vingt ans, la xénophobie enfle partout dangereusement. Une maladie de vieillesse que tous les gouvernements européens traitent mal, oscillant entre la permissivité au nom des droits de l'homme et la répression au nom de la défense de l'identité nationale. « Parmi les jeunes pauvres de nos banlieues pourries, enjambeurs de portillons, maculeurs de bâtiments publics, réfractaires aux sales boulots, un peu drogués sur les bords et qui sont la " classe dangereuse " d'aujourd'hui, la vindicte publique sélectionne les enfants des autres, qui sont faciles à repérer et porteurs d'une phobie millénaire », poursuit Alain Murcier dans son enquête. Face à ces problèmes, il est grand temps de « parler vrai ». D'attaquer les problèmes là où ils se trouvent. Sur le terrain, dans les banlieues pauvres, et non pas dans des bureaux ministériels, et d'expliquer aux Européens pourquoi il leur faut apprendre à vivre ensemble. Il est nécessaire de leur rappeler que les jeunes Français issus de l'immigration peuvent contribuer à la richesse du pays. Témoin une étude réalisée par l'Agence pour le développement des relations interculturelles qui révèle qu'en mai 1989 61 % des responsables des nouvelles entreprises individuelles, et 42 % des créateurs de SARL inscrits à la Chambre des Métiers de Paris, portaient des noms et des prénoms d'origine étrangère. Il ne s'agit donc pas là des seuls travailleurs arrivés clandestinement de pays en voie de développement.

Si tous les « non Européens » quittaient le territoire européen, cette peur ressentie par une population qui

---

« Getting it wrong is part of getting it right. » (Charles Handy)

possède la richesse se reporterait sur d'autres groupes sociaux. Il s'agit tout simplement de notre capacité à accepter l'autre. Si l'on oublie de parfaire dès aujourd'hui l'éducation économique des Européens, en leur faisant comprendre le contexte dans lequel de tels changements pourraient intervenir, les risques de voir l'immigration devenir l'un des sujets les plus délicats de l'Europe occidentale sont immenses.

Le droit de chacun ne s'embarrasse pas assez du droit d'autrui

Plus rien ni personne ne peut être, ou tout noir ou tout blanc. Bien des leaders — politiques, notamment — devront apprendre à nuancer leurs propos s'ils veulent continuer à séduire clients ou électeurs. A une époque où la montée de l'intégrisme contribue largement à renforcer le sentiment de peur qui envahit régulièrement l'Occident, il est évidemment beaucoup plus facile de tabler sur le racisme et la xénophobie (on peut rappeler ici qu'en grec « xenos » signifie tout à la fois « l'étranger » et « l'invité ») que sur celle de l'intégration pour gagner le cœur des électeurs. Le moment est pourtant venu d'inverser la tendance. Les habitudes racistes que cette peur alimente conditionnent tout le rapport à l'autre qu'entretiennent les Européens. Telle une pierre qui ricoche sur un plan d'eau, le racisme anti-arabe rebondit vite sur le racisme anti-noir, lequel rebondit immédiatement sur le racisme anti-étranger, et ainsi de suite.

Et si demain, cette façon de penser rendait les non-fumeurs incapables de supporter les fumeurs ? Les ouvriers de supporter les cadres ? Les vieux de supporter les jeunes ? Les voisins du deuxième étage de supporter ceux du cinquième ? Connaissez-vous l'histoire de ce père de famille qui rentre chez lui de mauvaise humeur après une journée de travail fatigante, et qui se dispute avec sa femme parce que « le dîner n'est pas encore prêt ! » ? Très énervée, celle-ci gronde sa petite fille qui entrait dans la cuisine pour l'embrasser et lui « voler » un peu de tendresse. Contrariée et triste, la gamine court

---

« Nous avons l'imagination du doute. » (Antoine Riboud, BSN)

immédiatement donner une gifle à son petit frère, en train de jouer tranquillement. Ne comprenant pas ce qu'il a fait pour mériter une telle punition, ce dernier donne un violent coup de pied au chat, qui avait le malheur de passer par là... Tentez de transposer cette chaîne d'incompréhension et de violence aux règles qui régissent les relations entre les races et les religions. Imaginez ensuite ce qui aurait pu se passer au contraire si ce père de famille avait expliqué à son épouse les problèmes qui l'avaient mis dans un tel état, avant de lui dire qu'il avait faim et de lui demander s'il pouvait l'aider à mettre la table. Ecouter l'autre, lui parler et lui offrir son aide. Une évolution en forme de révolution, qui suppose l'apprentissage de comportements radicalement différents de ceux qui guidaient jusqu'alors nos choix, influençaient nos décisions et décidaient de nos stratégies. L'ensemble de nos valeurs va s'en trouver affecté.

Pour réussir cette révolution de l'intelligence et du cœur, les Européens disposent sur leurs concurrents de deux atouts considérables : la richesse de leur Histoire et la variété de leurs cultures. L'essentiel sera de savoir les utiliser pour inventer l'avenir, et ne pas se contenter de réinventer le passé. En apprenant à penser autrement, ils innoveront mieux et plus vite que leurs concurrents. Mais il leur faudra aussi apprendre à penser « mondial », tout en restant capable d'agir « local ». Surtout accepter l'autre et ses différences, voir en lui un apport de connaissances et de compétences plutôt qu'un ennemi, ou pire : un cliché.

Inventer *des* styles de management européen plutôt qu'un seul

« Les Européens regardent derrière eux le meilleur de leur histoire, et changent aussi peu de choses que possible. Les Américains regardent devant eux, et veulent changer autant de choses que possible », écrit Charles Handy, tandis que Michel Vilatte, P-DG de Chausson Service, que nous interrogions sur la spécifi-

---

« Il faut constamment semer des graines d'insatisfaction chez soi et chez les autres. » (John Akers, IBM)

cité du management européen, lui emboîte le pas : « La spécificité du management européen ? Suivre, avec un temps de retard, les modes qui viennent des USA ou de l'Asie ! » Et si les Européens étaient en train d'évoluer ? De reprendre le leadership des idées ? D'avoir sur le monde d'aujourd'hui une vue « holistique », grâce à une culture qui leur permet d'en appréhender la complexité ? D'apprendre à s'appuyer sur leur histoire pour réinventer leur avenir ?

Il est inévitable que l'entreprise hérite des traditions nationales de son environnement. Jean Boissonnat analyse ainsi l'entreprise américaine comme le lieu du contrat cher à Tocqueville. Des hommes libres y contractent sur un point précis, et pour une durée limitée, un accord au terme duquel ils se retrouvent libres. Au Japon, l'individu existe par la communauté, et non l'inverse. Il faut appartenir à la communauté pour être. Une tradition très favorable au développement de l'entreprise. Qui donne d'ailleurs à la civilisation japonaise sa fantastique capacité d'adaptation. N'oublions pas qu'elle est souvent comparée à l'eau, qui sait épouser les formes des récipients qu'on lui propose et les réalités sans changer de nature. Par opposition à la civilisation européenne souvent assimilée à la pierre, qui résiste, s'effrite, s'érode. Le Japon évolue tous les jours, et très vite. L'entreprise européenne, quant à elle, a longtemps favorisé l'ordre hiérarchique. Une façon de se protéger soi-même. « Donnez-moi un ordre, et je l'exécuterai », manière déguisée de ne pas assumer de responsabilités. « Je donnerais aux hommes le conseil d'accepter les responsabilités que leur donne leur hiérarchie, parce que ce n'est pas toujours le cas », souligne également de son côté Michel Cicurel, responsable de BSN en Italie, et auteur de plusieurs livres dont *La génération inoxydable*. « Finalement, c'est plus confortable, surtout quand on y a été habitué, de se laisser guider par sa hiérarchie, et finalement de ne pas prendre de responsabilités », ajoute-t-il.

« On ne conserve pas des valeurs. On les transcende sans cesse. Sinon, elles meurent d'elles-mêmes. » (Christian Boiron, Laboratoires Boiron)

L'Europe économique se métisse en même temps qu'elle se tisse

Invention américaine, le management a donné naissance à des outils utilisés outre-Atlantique et vulgarisés par les plus grands groupes internationaux de conseil. Matrices du Boston Consulting Group, modèles de Porter, découverte du concept d'Excellence avec Tom Peters et Bob Waterman, etc. Les Japonais, quant à eux, nous ont appris à mettre en place des cercles de qualité et à généraliser les techniques des flux tendus et autres « Kaïzen ». Mais transposés dans les cultures européennes, ces modèles révèlent aujourd'hui leurs faiblesses. « Le devoir sacré de l'humanité est de se garder, sans doute, d'un particularisme aveugle qui tendrait à réserver le privilège de l'humanité à une race, une culture ou une société, rappelle l'ethnologue Claude Lévi-Strauss. Mais aussi de ne jamais oublier qu'aucune fraction de l'humanité ne dispose de formules applicables à l'ensemble, et qu'une humanité confondue dans un genre de vie unique est inconcevable, parce que ce serait une humanité ossifiée. »

« L'Europe est un complexe », écrivait Edgar Morin. Du latin « complexus », qui signifie « tissé ensemble ». Selon Claude Abraham, « le dirigeant européen sera reconnu parmi les grands parce qu'il aura su faire de l'entreprise ce qu'elle sera devenue. Avec des qualités, un style, des méthodes qui n'appartiendront qu'à lui ». Propos auxquels font écho ceux de Jean-Yves Haberer, président du Crédit Lyonnais : « Au fond, l'originalité du management européen, c'est peut-être qu'il se trouve vivifié et stimulé par sa diversité, à l'image de la réalité européenne elle-même. En tout cas les réussites de certaines grandes ou petites entreprises européennes sont exemplaires, et supportent la comparaison avec les succès américains ou japonais. »

Le renouveau de l'humanisme made in Europe

S'il est impossible aujourd'hui de parler « du » management européen, on peut néanmoins s'attarder

---

« La chance ne sourit qu'à ceux qui se préparent. » (Louis Pasteur)

sur ce que sont les caractéristiques communes « des » managements européens. Au premier rang desquelles la capacité à définir des stratégies à long terme (« Il faut savoir concilier les choix à quinze, dix et cinq ans », explique Jean-Louis Beffa, P-DG de Saint-Gobain), que permettent le sous-développement relatif des marchés financiers, le poids du capitalisme familial (qui épargne aux dirigeants la dictature du profit trimestriel) et la qualité des relations entre les entreprises et leurs banques. Interrogé par *Le Figaro,* Lindsay Owen-Jones, P-DG de L'Oréal, s'enflamme dès qu'il aborde ce sujet qui le passionne. « Le modèle européen n'est pas le capitalisme pur et dur à l'américaine avec sa pression exagérée, sa valse continuelle des responsables, sa vision de plus en plus tournée vers le court terme. Il n'est pas non plus la prison dorée de l'entreprise japonaise avec sa certitude et sa nécessité d'être employé à vie avec un système de promotion à l'ancienneté. Il y a un modèle européen à proposer qui est l'attachement à l'homme, la fidélité à l'homme, mais avec une mobilité, une capacité à confier des responsabilités à des personnes jeunes sans pour autant être infidèles vis-à-vis des anciens. Nous avons une tradition humaniste en Europe. Si nous ne reconnaissons pas l'importance de l'affectif dans le rapport entre l'homme et l'entreprise, nous risquons même une crise d'efficacité. Je suis certain que ces qualités affectives sont très modernes. »

« Nulle société ne peut exister sans morale », écrivait Napoléon Ier. Très sensibles au thème de l'éthique dans les affaires, les nouveaux patrons européens ne considèrent pas les suppressions d'emplois comme un acte naturel de l'entreprise (à l'inverse de leurs collègues américains). Même s'ils savent aujourd'hui les mener avec talent. « La valse constante des dirigeants américains vient prouver que l'infidélité de l'entreprise envers l'homme, et vice versa, est manifeste, ironise encore le jeune P-DG du premier groupe mondial de cosmétiques. J'ai très peur que nous aussi, sous l'influence de la nécessité pour la France de devenir compétitive dans un monde dur, nous ne négligions l'aspect humain des

---

« Le rationnel vous fait rater des trains. » (Antoine Riboud, BSN)

affaires. Je regrette que la capacité de réduire les frais, de bien gérer, d'être des financiers avisés ou des techniciens complets fasse en réalité qu'en France ma génération soit perçue comme celle des stars de la performance, mais non celle des managers de cœur. »

Le profit s'avère nécessaire mais pas suffisant

A l'inverse, les cultures américaine et japonaise ne semblent pas en mesure de répondre aux aspirations humaines des Européens. « L'une, produit d'un capitalisme pur et dur, heurte notre besoin d'harmonie sociale », estime Jean-Yves Alquier, associé du cabinet Eurosearch. « L'autre est incompatible avec notre individualisme. Il nous reste à inventer un modèle efficace économiquement, mais fondé sur le respect de l'homme. L'émergence d'un tel système est, d'ailleurs, la condition d'une réussite durable des révolutions en cours dans les pays de l'Est, en quête de modèles, et pas seulement de recettes. » Les restructurations auxquelles les ont contraints il y a quelques années leurs industries vieillissantes, mais aussi l'expérience que certains ont faite des idées socio-démocrates, ont aidé les chefs d'entreprise européens à comprendre que le profit était nécessaire, mais qu'il n'était qu'un moyen. Il devait être accompagné d'une réflexion sociale. « Les Américains ont une mentalité de boxeurs, lance Raul Gardini, P-DG de Ferruzzi. Je suis un humaniste. En Europe, il faut un peu de culture sociale, je dirais même socialiste. » Une philosophie que résume à sa façon Owen-Jones : « Je ne crois pas au seul professionnalisme, au seul goût de la performance, au seul goût de l'argent et à la seule crainte de perdre sa place comme leviers suffisants pour mener les entreprises à la réussite. » Qu'il s'agisse du salaire minimum, des congés de maternité, du travail de nuit, du travail temporaire ou de la participation des salariés aux décisions stratégiques et aux résultats de l'entre-

---

« Un bon résultat, cela n'existe pas. Les seuls résultats qui comptent, ce sont ceux de l'année prochaine. » (Philippe Defrenois, Ogilvy Defrenois)

prise, l'Europe devrait bientôt prendre une longueur sociale d'avance sur ses concurrents américains et japonais. Pour le plus grand bien de la dimension sociale de son projet.

Le come-back de l'éthique sur la scène du business

Au moment où l'intensification de la concurrence mondiale exclut tout « angélisme », il est rassurant de constater que la morale et l'éthique font en Europe un come-back remarqué. « Accor est une communauté d'idées et de valeurs qui rassemble les compétences et les expériences pour leur insuffler son dynamisme, sa jeunesse et son sens de l'éthique. » Le groupe, dont la croissance renforce chaque jour ses responsabilités « d'entreprise citoyenne », vient de terminer la rédaction d'un « guide de l'éthique et du management » destiné à l'ensemble de ses collaborateurs. Rédigés à la première personne, ces commandements balisent les principes de base d'une conduite exemplaire. Exemples : « Je respecte les personnes et les fonctions qu'elles occupent ou représentent, m'interdisant toute attitude de mépris, tout comportement raciste, antisyndical, voire antiféministe. » Ou bien encore : « Je bannis toute pratique tendant à accorder des rémunérations dans l'objectif d'acquérir ou de conserver un marché. » Ou bien enfin : « J'informe mes fournisseurs que la règle du groupe est de ne pas accepter les " cadeaux ". » Chacun d'entre nous doit aujourd'hui respecter un minimum de règles morales dans ses relations avec ses fournisseurs, ses clients, ses collaborateurs, ses partenaires et ses actionnaires. Pol de la Bourdonnaye, qui appartient à la direction générale de GSI, reprend volontiers quant à lui les propos de son directeur des ressources humaines au sujet de la charte éthique : « J'ai essayé d'en rédiger une, mais je n'y suis pas parvenu. Le mieux, en fin de compte, c'est de prendre une combinaison des Dix Commandements et de la Déclaration universelle des droits de l'homme ! »

« When in doubt, be open. »

« Une ambiance parisienne où chaque visiteur laisse au vestiaire sa nationalité pour participer à la fête, et quitter en ami cet hôtel particulier qui tient plus d'un club que d'un restaurant. » Telle est la définition que nous a un jour donnée Jean-Claude Vrinat du célèbre restaurant qu'il dirige, Taillevent. Apprendre à laisser sa nationalité au vestiaire. Responsable d'un important cabinet parisien de recrutement, Jean-Michel Beigbeder n'hésite pas, lui non plus, à évoquer « l'impératif plurinational ». Pour lui, la langue n'est guère qu'un accessoire. Il est au moins aussi important à ses yeux de comprendre la mentalité des autres que de parler leur langue. « Les Européens doivent à tout prix éviter de prendre les Américains pour modèle, explique-t-il. Au XIXe siècle, la prédominance de la culture anglo-saxonne a permis aux conquérants du Nouveau Monde de communiquer de façon relativement facile et homogène, au point que la langue anglaise s'y est rapidement imposée comme la langue de référence. Le pari qui attend aujourd'hui le conquérant européen est d'une tout autre nature. Il devra rester le national de son pays, tout en étant capable de s'adapter très rapidement aux mentalités des autres. Devenir espagnol à son arrivée à Madrid. Avoir des sujets de conversation suisses dès qu'il atterrit à Genève. Penser suédois à peine débarqué à Stockholm. » A observer les groupes européens dont les modes de pensée sont les plus globaux, on constate en effet que leurs cadres et leurs dirigeants restent imprégnés de leur culture d'origine, mais qu'ils ont construit avec le temps des systèmes de valeurs suffisamment forts pour être ouverts aux valeurs des autres et à leur sensibilité.

Réhabiliter la culture au rang de capital stratégique

Le *Petit Robert* définit la culture comme « l'ensemble des connaissances acquises, qui permettent de déve-

---

« Demain sera l'âge de la personne et de l'intelligence qui jubile. » (Philippe Michel, CLM/BBDO)

lopper le sens critique, le goût et le jugement ». La culture suppose de sortir de son univers pour entrer dans un univers créé par quelqu'un d'autre. Elle introduit une dimension qui permet d'éviter la mégalomanie, le culte de soi-même ou le triomphalisme. Pour prendre de bonnes décisions aujourd'hui, il est indispensable de posséder une bonne grille de lecture de son environnement, permettant de replacer son entreprise dans l'espace et dans le temps. « A partir des années 90, le monde ne pourra plus se vouer, pour son avenir, qu'à la puissance créatrice de la culture, confie le couturier Issey Miyake au *Figaro Magazine.* C'est elle qui va enfin brasser les races et les nations par-dessus toutes les barrières héritées du passé. »

Helmut Kohl ? C'est qui !

« Vous avez des réfrigérateurs en France ? » Et si le niveau de culture générale des Américains — et notamment de ceux qui n'ont jamais voyagé hors de leurs frontières — constituait demain l'un des principaux obstacles à la puissance économique de l'Oncle Sam ? Selon une étude américaine publiée par le magazine *Time,* les Américains de moins de trente-cinq ans « en savent moins, sont moins curieux et lisent moins les journaux que leurs aînés ». Même les événements récents de l'histoire moderne ne semblent pas susciter leur intérêt. Après la chute du mur de Berlin et la réunification des deux Allemagnes, 40 % d'entre eux demeurent incapables d'identifier le chancelier Helmut Kohl ! Des chiffres et des réactions qui doivent nous faire réfléchir... On ne compte plus aux Etats-Unis les rapports alarmistes soulignant la baisse constante du niveau de culture générale. De nombreuses entreprises, telles que Boeing, installent des cellules de crise « anti-analphabétisme », pour pallier le manque d'instruction de leurs salariés. « Si c'était à refaire, je commencerais par la culture », avait dit Jean Monnet, le père de l'Europe. A commencer par la culture économique,

---

« La culture est ce qui libère, donne accès au choix, à la lucidité. » (Hervé Sérieyx)

serait-on tenté d'ajouter. Comment en effet, de ce côté-ci de l'Atlantique, se prétendre européen si l'on pense que Bertelsmann est l'une des marques de cookies du groupe alimentaire BSN, Alan Bond le créateur du célèbre agent secret 007, Edzard Reuter le fondateur de la non moins célèbre agence de presse, ou Nestlé un géant américain du chocolat ? Si l'on ne connaît pas les différences entre les principales régions allemandes ? Faites vous-même le test ! Essayez de citer trois grands « patrons-stars » de chacun des douze pays de la CEE... et courez vite vous abonner au *Financial Times,* au *Wall Street Journal,* au *Frankfurter Allgemeine Zeitung,* à *La Repubblica* et au magazine économique *Mercado!* La réussite de l'Europe passe par un gigantesque effort d'éducation des Européens, dont la plupart n'ont pas encore pris conscience.

Le goût de la mémoire n'est pas un luxe inutile

L'histoire des civilisations a toujours vu coïncider rayonnement culturel et prospérité économique. Qu'il s'agisse de la Renaissance italienne, de l'effervescence industrielle et artistique du XIXe siècle, ou plus récemment du prétendu impérialisme culturel et télévisuel américain (n'oublions pas en effet combien l'influence européenne reste grande outre-Atlantique), la plupart des puissances économiques ont profondément marqué la culture de leur époque.

« S'il existe une spécificité européenne, c'est d'abord dans le rapport à la culture et à l'histoire qu'il faut la chercher », écrivent Dominique Bocquet et Philippe Delleur dans leur livre *Génération Europe.* « L'attachement non passéiste au passé, la continuité de la culture sont, dans une certaine mesure, la marque distinctive de l'Europe. » Une force qui devrait lui permettre d'intégrer harmonieusement l'évolution technologique : « L'ancrage dans une culture pluriséculaire, le goût de la mémoire ne sont pas, en période de

---

« On a les pieds sur terre mais on ouvre la fenêtre et on regarde le ciel. C'est la meilleure façon d'aller loin. » (Jean-Louis Dumas, Hermès)

bouleversements technologiques, des luxes inutiles. Ils protègent la personne humaine contre les risques d'aliénation. En lui donnant ses points de repère, ils facilitent à leur façon l'adoption des technologies nouvelles. ».

C'est peut-être dans cette perspective que Strafor-Développement, la tête chercheuse de Strafor dirigée à sa création par Elie Vannier, a créé Strafor-Art. « Nous voulons aider les dirigeants à transformer leurs entreprises en lieux de vie », affirme-t-il. A l'inverse des Japonais, qui sillonnent le monde à la recherche de toiles de maîtres, Strafor-Art ne cherche pas à spéculer. Mais propose de quoi décorer couloirs et bureaux, en mettant à contribution les talents d'artistes contemporains. Après une décennie marquée par l'explosion technologique, il y a fort à parier que les Européens vont redécouvrir de nouveaux champs d'expression, à travers la musique, la peinture, la poésie, la littérature et le théâtre. C'est ainsi que, chez Auchan, caissières, cadres et vendeurs suivent désormais des stages de formation éminemment culturels, où ils se familiarisent avec la littérature, la musique classique, la psychologie et la géopolitique. Partant du principe que le développement personnel de ses collaborateurs rejaillit directement sur la qualité de leur travail, l'entreprise fait appel à des conférenciers prestigieux et s'efforce de mettre la culture à la portée de tous.

La vraie culture chasse l'autre

Bruno Lussato part de ce qu'il appelle la « sous-culture française » pour annoncer le retour en force de la culture comme garant de l'efficacité de nos entreprises. « Cette sous-culture véhicule l'envie, la jalousie et le mépris. C'est un système qui vous pousse à jalouser systématiquement ceux qui sont au-dessus de vous, à mépriser ceux qui sont en dessous, et à glisser des peaux de bananes sous les pas de ceux qui sont au même niveau, confie-t-il au magazine *Businessman.* Voilà le

---

« Les meilleures idées jaillissent rarement aux heures de bureau. » (Jacques Barraux, L'Entreprise)

type de rapports humains générés par cette sous-culture dans laquelle gauche et droite ont une part de responsabilités. La gauche a suscité la jalousie. La droite le mépris. Le salut viendra de l'entreprise, aussi étrange que cela puisse paraître. Elle va tôt ou tard promouvoir la culture. Elle a le souci prioritaire de la prospérité, de la rentabilité. La logique est simple. Les sociétés s'aperçoivent que les salariés cultivés sont des facteurs de prospérité et de progrès. Elles mobilisent donc de nouveaux moyens pour faire progresser leurs responsables dans ces domaines. » Selon lui, le lien entre le niveau de culture des cadres d'une entreprise et ses formes de management est indiscutable. Partout où la culture est prise au sérieux, on trouve des gens évolués et un haut niveau de décentralisation. Et là où les gens sont incultes, des bureaucraties centralisées et peu performantes. Un exemple cité par Lussato ? L'Oréal, dont les dirigeants estiment qu'une grande compagnie doit être éthique... et esthétique ! Une philosophie qui se traduit par la présence de nombreuses œuvres d'art qui trônent à chaque étage du siège social, et la propriété d'une galerie d'art parisienne, Artcurial. « Ce qui est intéressant à remarquer, ajoute Lussato, ce sont les conséquences concrètes de cet état d'esprit ambiant. Premier effet : la vraie culture chasse l'autre. Comme les cercles de qualité, les sauts en parachute et autres gadgets. Ils ont compris qu'il est plus utile de lire Tolstoï, Radiguet ou Balzac pour comprendre les affaires que de suivre les cours de management. Les managers de L'Oréal sont convaincus qu'ils ne savent rien. Ils ont donc un grand appétit pour tout ce qui est culturel, et investissent énormément dans ce domaine. » Pour réussir aujourd'hui, l'entreprise a besoin de guides spirituels.

La culture est fondée sur une curiosité permanente. André Siegfried disait de la culture qu'elle est « l'art de situer les événements les uns par rapport aux autres ». Une définition qui pourrait servir à convaincre les sceptiques, qui mettent volontiers en cause l'apparente inutilité du savoir sur lequel elle repose. P-DG de la

---

« Il faut savoir poser des questions qui déboulonnent les certitudes. » (Raymond H. Lévy, Renault)

CGIP, et président de la commission internationale du CNPF, Ernest-Antoine Seillière cite volontiers une formule dont les Anglais se servent pour désigner un homme vraiment très cultivé. Il possède « a huge amount of unnecessary knowledge » (une énorme quantité de connaissances inutiles). *Dynasteurs* révèle aussi que lorsque Alain Chevalier, P-DG de Pierre Balmain, passe deux jours dans une capitale, il visite systématiquement un musée au moins. Il y en a même qu'il a visité quinze fois ! P-DG du Club Méditerranée, Gilbert Trigano prend du temps, tous les jours, pour lire ou écouter de la musique. « C'est important pour moi. Je me lève tôt pour aller à la rencontre des poètes... Je lis au moins trois livres par semaine. » Passionné d'histoire, Edouard Leclerc estime quant à lui qu'il faut essayer de se cultiver tout le temps. « Je passe ainsi plusieurs heures par semaine à rechercher des documents pour comprendre comment les gens pensaient dans l'Antiquité et au Moyen Age. »

Un inculte gouverne en tapant du poing sur la table

« Autrefois, on pouvait être un grand patron en restant dans son petit monde, explique Jacques Maillet, d'Intertechnique. Ce n'est plus possible aujourd'hui. Le risque est de s'exclure de son métier sans même s'en apercevoir. Il est clair que la rapidité des transformations donne un avantage aux patrons cultivés. Comme d'autre part, ce sont eux qui ont la plus grande aptitude à communiquer, la tendance est à une certaine élévation du niveau de culture des dirigeants. » Bien sûr, les exemples de patrons dont le succès doit plus à leur goût de l'action qu'à leur passion pour les humanités abondent. Comme l'affirme Jean Peyrelevade, « chacun se bat avec ses armes. Un homme cultivé gouverne avec sa culture. Un inculte en tapant du poing sur la table. Mais les chances sont les mêmes ». Il n'empêche. Pour s'imposer en douceur, les années métissage ont tout à

« If you want to make the world a better place, take a look at yourself and make a change. » (Michael Jackson)

gagner à s'inspirer de la littérature, de la peinture ou de la musique. « Il n'y a pas de meilleur apprentissage de la complexité que l'étude de la musique classique », estime Bruno Lussato qui poursuit : « La tétralogie de Wagner est un système extraordinairement sophistiqué. Tous les ordinateurs du monde seraient bien incapables de fabriquer une page de Bach. »

L'Histoire retrouve sa légitimité

De la même façon, les Européens ont tout à gagner à s'inspirer de leur Histoire. « Je suis persuadé qu'il faut une grande sensibilité pour remplir son rôle de patron, explique Peter Ludwig, P-DG de Ludwig Schokolade, à *Dynasteurs*. Il s'agit d'une création permanente, quotidienne. Or, la sensibilité dont il faut faire preuve est la même que celle nécessaire pour comprendre la culture. La direction des grandes entreprises est devenue si complexe qu'un savoir limité et spécialisé ne suffit plus. La culture favorise un accès plus direct à l'âme humaine. Un patron qui a des bases humanistes développe des relations plus riches avec les gens avec lesquels il travaille. Il a une vision globale des choses. » A quarante-sept ans, celui qui est aujourd'hui le numéro deux du groupe Volkswagen-Audi — et qui pourrait bien succéder à Carl Hahn — ne dit pas autre chose : « Les patrons manquent souvent de culture de base, affirme le Français Daniel Goeudevert, dont les avis et les conseils sont de plus en plus écoutés outre-Rhin. Or, il faut être un humaniste, plus qu'un technicien, pour saisir la complexité. » Parce que la sur-information présente désormais une menace plus sérieuse que la sous-information, il faut être capable de distinguer l'essentiel du secondaire. Démêler le vrai du faux, reconnaître l'urgence quand elle se présente. Développer son sens critique et apprendre à ne pas raisonner seulement en termes de profit, avec comme seul critère de réussite l'atteinte d'objectifs matériels.

« Nous sommes entrés dans une époque où il faut commencer à aimer le changement, voire le souhaiter. » (Ian Duncan, Cegos)

Apprendre et enseigner la tolérance

Cofondateur en 1970 de l'agence de publicité TBWA, Uli Wiesendanger raconte volontiers qu'à son arrivée en France il fut fasciné par la beauté de certaines cathédrales. Au point de s'y intéresser de près, et de demander à un spécialiste de lui enseigner l'histoire de leur construction. La première chose que fit son professeur fut de lui montrer une carte de l'Europe constellée de petits points rouges. Des petits points et des plus gros, qui symbolisaient l'emplacement des principales cathédrales européennes. Les petits points représentaient les moins belles et les moins intéressantes. Les gros les plus belles, et celles dont l'histoire était la plus riche. L'étonnement du publicitaire fut immédiat. Les gros points se trouvaient presque tous au carrefour des nationalités, là où les hommes avaient uni leur force et leur talent pour construire ces monuments à la gloire de Dieu.

Juxtaposer les cultures

Les Etats-Unis d'aujourd'hui ne constituent nullement aux yeux de Roger Haddad un melting-pot dont l'Europe devrait s'inspirer. « La langue anglaise est le seul lien réel entre les différentes cultures qui cohabitent sur le continent nord-américain. Mais les différentes ethnies n'y pratiquent pas le respect de l'autre, condition pourtant indispensable à toute construction. » Optimiste quant à l'attitude des Européens à cet égard, il perçoit aujourd'hui les signes d'un certain renouveau. « Nous commençons enfin à être curieux des autres. A aller voir en dehors de nos frontières ce que font nos compétiteurs et nos partenaires avant de lancer des projets nouveaux. » Toujours à l'affût d'idées nouvelles, il voyage beaucoup (« je passe 60 % de mon temps en vadrouille »), visite chaque semaine un pays européen, et s'étonne. Il n'est plus le seul à penser ainsi, comme en atteste le discours que prononçait récemment à Venise Lorenzo Necci, de Enimont SpA. « La nouvelle Europe

---

« Nothing fails like success. » (John Humble)

n'est pas un melting-pot comme les Etats-Unis. La nouvelle Europe est une mosaïque, dans laquelle de nombreuses cultures anciennes et profondément enracinées ont appris à collaborer comme jamais auparavant. Et cela en conservant leur propre identité. Dans l'environnement économique qui se globalise, cette dimension interculturelle va devenir un atout déterminant. »

Être chez soi dans le monde entier

C'est en regardant en dehors des frontières que l'on prend la meilleure mesure de ce que l'on doit devenir. « Voyager. Métisser les savoir-faire. L'ère coloniale du monopole de la connaissance est révolue. Les guides indigènes d'hier sont devenus nos pairs. Avec eux, nous inventons au Japon et à Dijon. Nous produisons à Taïpei et en Vendée. Nous vendons depuis Amsterdam, Brest-Litovsk ou Singapour », écrit Jacques Chaize dans *Dirigeants,* le magazine du Centre des Jeunes Dirigeants (CJD). Il faut dire que le voyage fait partie intégrante de la vie de ce jeune patron humaniste toujours en mouvement. Son entreprise de robinetterie industrielle, qui vend 80 % de sa production en dehors du marché français, lui fait passer quatre jours par semaine à sillonner le monde. Nomade des années 90, il confie volontiers que la première image qui lui vient à l'esprit lorsqu'il pense à son bureau est celle d'un hublot et d'une tablette de siège d'avion. « Connaître, c'est être chez soi dans le monde entier. Aujourd'hui, c'est une ambition pour l'entreprise. Demain, ce sera une condition de survie. » Convaincu des vertus du métissage, il en explique ainsi la nécessité : « J'ai souvent observé que les gens qui ont peu voyagé ont très peu de respect pour les cultures locales, ou pour les pratiques différentes des leurs. La raison me paraît évidente. Habitués à appartenir à une majorité — raciale, linguistique, culturelle, économique, etc. —, la plupart de nos compatriotes n'ont jamais été mis dans une situation où

« Je me méfie des approches théoriques. » (Bernard Attali, Air France)

cette fierté d'appartenance devenait subitement minoritaire. Quiconque n'a jamais été largué tout seul en plein centre d'Osaka sans la moindre assistance linguistique n'a jamais ressenti ce que cela signifiait que d'appartenir à une minorité... Quiconque n'a jamais été un marginal ne peut pas comprendre ce qu'est le métissage. Or, il faut voyager pour avoir été un marginal. Il s'agit en effet d'une expérience indispensable pour apprendre à accepter l'autre. A respecter ses particularismes. » Quiconque n'a jamais tenté de comprendre ce que ressentent et ce que vivent les personnes handicapées serait bien inspiré de s'asseoir, ne serait-ce que quelques minutes, dans une chaise roulante, et de s'y aventurer dans un lieu public. En quelques secondes seulement, il comprendra combien le regard de « l'autre », celui qui est « normal », peut être pesant, voire blessant. Convaincu que la réussite de l'intégration européenne passe par les jeunes générations, Jacques Chaize propose de remplacer les traditionnelles « classes de neige » par des « classes d'Europe » : « Il faut donner aux jeunes l'envie de l'Europe. Au lieu d'envoyer les enfants de Brest aux Arcs ou à Val-d'Isère, pourquoi ne pas les envoyer à Düsseldorf ou à Birmingham ? » Dans le même ordre d'idées, Daniel Jouve suggère que chaque pays européen offre un EurailPass gratuit à tous les jeunes de moins de vingt-cinq ans, afin de libérer les rigidités qui entravent encore leur façon de comprendre l'Europe. « Ils s'apercevraient alors que les Allemands adorent le Boursin, de la même façon que les Français rêvent de Mercedes et de BMW... »

Au moment où la plus grande confusion règne sur le véritable apport des divergences culturelles européennes et mondiales, il n'est pas inutile de s'en remettre aux réflexions d'un philosophe comme Lévi-Strauss pour nous éclairer. « L'attitude la plus ancienne, et qui repose sans doute sur des fondements psychologiques solides, puisqu'elle tend à réapparaître chez chacun de nous quand nous sommes placés dans une situation inattendue, consiste à répudier purement et simplement les

---

« Les dirigeants perdent souvent leur pouvoir — ou leur droit de diriger — parce qu'ils refusent de changer. » (Bob Galvin, Motorola)

formes culturelles : morales, religieuses, sociales, esthétiques, qui sont les plus éloignées de celles auxquelles nous nous identifions, écrit-il dans son essai *Race et Histoire.* “ Habitudes de sauvages ”, “ cela n’est pas de chez nous ”, “ on ne devrait pas permettre cela ”, etc., autant de réactions grossières qui traduisent ce même frisson, cette même répulsion en présence de manières de vivre, de croire ou de penser qui nous sont étrangères. On préfère rejeter tout ce qui ne se conforme pas aux normes qui dictent nos vies et guident nos actions. »

On ne peut plus considérer l’autre comme une colonie

« On a trop fait état de toutes les propriétés. Phénicienne pour l’écriture. Chinoise pour le papier, la poudre à canon, la boussole. Indienne pour le verre et l’acier..., poursuit-il. Ces éléments sont moins importants que la façon dont chaque culture les groupe, les retient ou les exclut. Et ce qui fait l’originalité de chacune d’elles réside plutôt dans sa façon particulière de résoudre des problèmes, de mettre en perspective des valeurs, qui sont approximativement les mêmes pour tous les hommes. Tous les hommes sans exception possèdent un langage, des techniques, un art, des connaissances de type scientifique, des croyances religieuses, une organisation sociale, économique et politique. Or, ce dosage n’est jamais exactement le même pour chaque culture. »

Visionnaire à sa façon, l’ethnologue décrivait ainsi au début des années 50 le monde dans lequel le prochain millénaire nous propose de vivre. « La civilisation implique la coexistence de cultures offrant entre elles le maximum de diversité, et consiste même en cette coexistence. La civilisation mondiale ne saurait être autre chose que la coalition, à l’échelle mondiale, de cultures préservant à chacune son originalité. » Vision que partage Paul Dubrule : « L’Europe a la chance de posséder une extraordinaire diversité de cultures,

« J’ose à peine regarder vers l’arrière de peur d’être pris de vertige. » (Philippe Defrenois, Ogilvy Defrenois)

estime-t-il. Si l'on cherche à les uniformiser, on y gagnera peut-être à court terme, mais on y perdra certainement à long terme. Notre métier nous permet de travailler au contact de toutes les nationalités. Notre ambition est de parvenir à toujours respecter les cultures locales des pays où nous nous implantons. La force des Européens sera de gérer au mieux ces ambiguités. De faire en sorte qu'aucune culture ne prenne le pas sur les autres. Je suis convaincu que nous y réussirons, à condition toutefois d'y aller pas à pas. »

A chacun sa liberté

La tolérance permet le respect de la différence. « Chez nous, tout le monde ou presque se tutoie et s'appelle par son prénom. Mais ce qui compte avant tout, c'est de rester naturel. Il faut à tout prix éviter de tomber dans des automatismes de comportement qui ne permettraient pas d'intégrer telle ou telle personne, sous prétexte qu'elle ne parvient pas à tutoyer ses collègues. Il est important que chacun fasse ce avec quoi il est le plus à l'aise », explique Michel Ferrebœuf. A son comité de direction, qui se compose de diplômés aussi bien que d'autodidactes, il aime présenter une carte d'Europe datant du XIVe siècle et n'indiquant aucune frontière, afin que ses collaborateurs puissent libérer leur imagination et concevoir la meilleure façon d'aborder ce marché à l'aube du XXIe siècle. « Cela nous aide à imaginer l'Europe des régions qui ne manquera pas de se former, et aux besoins desquels nous devons nous préparer à répondre. Au XVe siècle, Séville rayonnait sur toute l'Europe dans le domaine religieux. L'Europe de demain va sans doute elle aussi se découper en zones de compétences, dont les tracés n'auront plus qu'un vague rapport avec les frontières nationales que nous traversons aujourd'hui. »

Chaque pays, chaque groupe humain possède sa propre culture et, la plupart du temps, sa propre langue.

« On ne peut bien comprendre demain qu'en expliquant hier. » (Jacques Séguéla, RSCG)

Une langue qu'il faut s'interdire d'utiliser comme un obstacle. Il n'a jamais été nécessaire en effet de parler allemand pour apprécier Freud, ni de connaître le grec pour s'inspirer de Platon. Les années qui s'ouvrent vont nous forcer à trouver un nouvel équilibre entre la défense de notre patrimoine (esthétique, culturel, linguistique, etc.) et l'acceptation du patrimoine des autres. En mettant ses richesses en commun, et en veillant à ce que tous ses citoyens puissent goûter à la diversité de ses cultures, l'Europe pourrait bien faire un pas décisif vers la modernité.

Penser autrement pour innover en permanence

Le communisme est mort de son obstination à incarner une vérité immuable, à travers un modèle « scientifique » figé une fois pour toutes. Mort de n'avoir pas su s'adapter à l'imprévisibilité de l'histoire. « Le capitalisme lui est très inférieur en tant que doctrine, écrit Jean Boissonnat, à ceci près qu'il n'en est pas une. Malléable, vulnérable, contestable, il se prête beaucoup mieux à toute transformation, justement parce qu'il ne se pense pas comme un ensemble logique et cohérent. Il s'est même révélé capable d'absorber la dose de socialisme utile à la fabrication des anticorps qui le guérissent de ses propres virus : droit de grève, syndicats, Sécurité sociale, Etat providence... » Par manque de curiosité, de volonté ou de tolérance, le communisme n'a pas su évoluer ou innover. Il faut parfois des années à certains d'entre nous pour s'habituer à vivre au présent, et la plupart sont incapables de voir demain autrement qu'hier. « La première des batailles, c'est avec nous-mêmes que nous devons la livrer, lance Bernard Attali à ses collaborateurs au cours d'une journée Air France. Tout change autour de nous. Nous-mêmes devons en permanence nous remettre en question, dans nos méthodes de travail, dans nos modes

---

« Entreprendre, c'est toujours plus ou moins casser l'ordre établi. » (Jacques Barraux, L'Entreprise)

de pensée. Nous ne devons plus jamais faire quelque chose pour la simple et unique raison qu'on a toujours fait comme ça. »

Pour maintenir sans cesse une longueur d'avance sur ses concurrents, il convient donc de générer en permanence de nouveaux projets, quitte à ce qu'un petit nombre d'entre eux seulement voie le jour. Habitués à fonctionner — et à réussir — d'une certaine façon, la plupart d'entre nous en concluent qu'il s'agit là de la meilleure façon de faire. Et s'avèrent incapables de penser autrement. Plutôt que de changer leur propre façon de penser et de réfléchir, de nombreuses entreprises incriminent l'incompétence de certains de leurs collaborateurs, et décident de les remplacer. Jean Brousse, directeur marketing de GSI, reconnaît que les questions de management ne doivent pas être laissées aux seuls spécialistes. « Nous avons porté la plus grande attention, il y a quelques années, à des conférences d'Orson Welles sur son travail de metteur en scène. Il faut accepter d'élargir sans cesse ses références. »

Quand « le monde devient pierre, comme l'écrivait Italo Calvino, il faut s'envoler dans un autre espace. Non pas s'enfuir, mais changer d'approche, considérer le monde avec une autre optique, une autre logique, d'autres moyens de connaissance et de contrôle ». Réfléchir à la façon de produire, vendre, emballer, livrer, facturer « autrement » ? Une stratégie bien plus efficace que d'essayer de faire la même chose qu'avant, ... la vitesse en plus. A l'image d'un moteur que l'on ferait tourner trop vite, les hommes et les procédures risqueraient autrement de chauffer, ... et d'exploser.

Aller contre l'ordre établi au risque de choquer

Bercés par le confort de nos habitudes, nous tombons vite dans le conformisme. Nos convictions nous sont familières, et nous nous sentons si bien en leur compagnie qu'il nous est très difficile d'en changer. Il

---

« Le passé n'est pas dangereux par lui-même, il le devient lorsqu'il fait retour dans la modernité et s'empare de son formidable arsenal. » (Jean-Marie Domenach)

faut donc en permanence se faire violence, conserver sa capacité à « penser autrement ». Rester capable de faire quelque chose de scandaleux, d'imprévu, d'incohérent. Ne pas forcément ressembler à ses collègues « IBMers », sous prétexte que le costume bleu marine et la chemise blanche sont bien vus chez Big Blue. Aller contre l'ordre établi, au risque de choquer. Enfermés dans notre éducation, sclérosés par nos valeurs et effrayés par le jugement des autres, combien d'entre nous sont encore capables de se livrer en public à un acte idiot, souvent drôle, mais interdit par la représentation qu'ils se font de leur propre image ? Sans tenir compte de l'avis et du jugement des autres. La liberté de penser est à ce prix. Notre capacité à innover aussi. Parce qu'ils se permettent d'y être ridicules en apprenant le tennis, l'informatique ou l'anglais, et de se sentir libérés du regard et du jugement de leurs voisins, de leurs chefs de service, ou de leur belle-famille, des milliers de vacanciers ont fait du Club Méditerranée un succès mondial. Qu'ils se livrent au rituel des signes démentiels sur une chanson de Gilbert Montagné ou qu'ils participent à l'un des innombrables jeux idiots qui provoquent inévitablement les sarcasmes des « anti-Club Med », ils oublient, l'espace de quelques jours, leurs préjugés, leurs blocages et leurs valeurs. On surmonte sa peur de l'étranger, on saute la barrière des langues.

Les pionniers sont des hommes qui ont eu raison seuls et avant tout le monde. Les entrepreneurs ne doivent jamais l'oublier. Savoir que l'inattendu est capable de plaire et de mobiliser. Que leurs collaborateurs sont capables de se dépasser pour quelque chose qui n'est pas programmé. Dans le monde entier, chaque salarié de 3M (Minnesota Mining & Manufacturing, dont l'un des collaborateurs a inventé, par hasard, le « post-it ») peut consacrer jusqu'à 15 % de son temps de travail à faire ce que bon lui semble. Dès lors qu'il s'agit d'améliorer des produits maison ou d'en créer de nouveaux. Président et fondateur de « Imagination » (quel plus beau nom pourrait-on donner à une société ?),

---

« Découvrir consiste à voir comme tout le monde et à réfléchir comme personne. » (Albert Szent-Györgyi)

l'entreprise qu'il a créée à la fin des années 70 en Angleterre, Gary Withers fait incontestablement partie de ces pionniers visionnaires. Il a même fait de ce talent un métier, puisque ses deux cents collaborateurs — parmi lesquels des architectes, des écrivains, des techniciens, des producteurs, etc. — exercent aujourd'hui celui — encore trop peu répandu — qui consiste à inventer des façons de faire auxquelles personne n'avait jamais pensé auparavant.

Des mémoires mortes aux mémoires vives

Chez General Electric, Jack Welch a mis en place une technique qu'il a lui-même baptisée du nom de « Work-Out » (remise en question) pour obliger ses 300 000 collaborateurs à changer comportement et mode de pensée. L'objectif pratique du Work-Out est d'apprendre à se débarrasser des milliers de mauvaises habitudes accumulées depuis la création de l'entreprise, il y a... 114 ans. « Imaginez, dit souvent le président à ses collaborateurs, la façon dont vous organiseriez votre déménagement après 114 années passées dans la même maison. Pensez à tout ce que vous trouveriez dans vos placards. Il nous faut aujourd'hui jeter tout cela aux toilettes et recommencer de zéro. Emménager dans une nouvelle maison avec des placards vides. » L'objectif intellectuel du Work-Out est de demander aux principaux dirigeants de l'entreprise de réunir leurs équipes par groupes d'une centaine de collaborateurs environ huit fois par an, et d'écouter ce qu'ils disent de l'entreprise, de la façon dont elle utilise leur temps, ce qu'ils aiment chez elle, ce qu'ils n'aiment pas. Des émotions, des sentiments et des impressions plutôt que des théories et des rapports d'audit. Pour Jack Welch, l'aboutissement naturel de cette démarche est la remise en cause quotidienne des dirigeants par leurs collaborateurs. « Pourquoi me faites-vous faire autant de choses inutiles ? Pourquoi ne me déléguez-vous pas davantage de

« Qui ne bouge n'apprend rien. Oui, pars, divise-toi en parts. » (Michel Serres)

pouvoir, afin de disposer vous-même de plus de temps pour inventer et créer ? »

Changer ses propres structures mentales. Voir les choses autrement. Les sentir, les écouter avec des sens renouvelés. Spécialiste de la pensée latérale (qui consiste justement à voir les problèmes sous un angle nouveau), Edward de Bono prend souvent l'exemple du chercheur d'or pour illustrer son propos. S'il creuse un trou d'un mètre cinquante sans rien trouver, l'une des stratégies possibles est de creuser un trou deux fois plus profond. Mais si l'or se trouve en réalité un mètre plus loin, à quoi cela sert-il ?

Apprendre à déplacer l'objectif de sa caméra

Regarder ses problèmes par-derrière, par-dessous ou par-dessus, et non plus seulement en face. Nous racontons souvent, au cours de nos conférences, l'histoire de l'ascenseur situé dans un immeuble de bureaux proche de notre siège parisien. Sa lenteur extrême provoquait chaque jour les sarcasmes des utilisateurs. Devant une telle levée de boucliers, un appel d'offres fut lancé pour remplacer l'ascenseur par un appareil moderne, rapide, mais... trop cher ! Effrayée par le coût exorbitant de ce chantier, la direction de l'entreprise fut obligée de « déplacer sa caméra », et mit en place une solution alternative fort peu coûteuse. Elle consista simplement à faire installer des miroirs dans l'ascenseur. Une décision qui mit un terme immédiat aux critiques, certains collaborateurs de l'entreprise allant même jusqu'à se féliciter que l'on ait enfin changé le maudit appareil. Or, qu'avait-on fait, si ce n'est donner aux gens qui l'empruntaient quelque chose à faire dans cet ascenseur ? Les femmes arrangeaient désormais leur coiffure, et les hommes resserraient leur nœud de cravate...

De la même façon, combien fait 8, divisé par 2 ? 4, répondront sans hésiter la plupart d'entre vous. Et

---

« Il est possible, contrairement aux craintes légitimes exprimées dans de nombreux pays, de conserver sa spécificité culturelle tout en s'ouvrant à la modernité. » (Alvin Toffler)

pourquoi pas deux lettres « o » superposées, que l'on aurait dissociées ? Dans une heure, y a-t-il trois fois vingt minutes ou vingt fois trois minutes ? Dans son livre *La stratégie de la créativité dans l'entreprise et ses tactiques,* Louis Timbal-Duclaux suggère le petit exercice suivant pour réveiller la créativité d'une équipe ou d'une réunion. Imaginez ce que pourraient être les titres du journal télévisé de vingt heures en l'an 2050. Et laissez aller votre imagination... Un homme de soixante-dix ans donne naissance à des quintuplés. Aucun survivant dans le terrible accident aérien d'Europe Airlines, qui a fait plus de 10 000 morts. Une femme de cent cinquante sept ans sauvée par une greffe du cerveau. Le départ du premier vol touristique sur satellite lancé par Ariane a été un succès complet, avec plus de 500 vacanciers à son bord. La liste serait longue des idées folles que l'on pourrait inventer.

L'Europe sera ce que nous déciderons d'en faire

Question. Comment faire connaître aux Allemands de l'Est la gamme des véhicules Citroën ? Pas facile, dans un pays où les plans médias souffrent encore d'une réelle carence de supports adaptés, mais pourtant vital quand on pense à tous ceux qui voudront bientôt remplacer leur bruyante et poussive « Trabant ». Solution adoptée par Citroën. Embarquer tous les modèles de la gamme à bord de camions spécialement affrétés. Traverser 38 villes de RDA de mai à juillet 1990. Résultat. Près de 100 000 personnes ont visité la caravane, 800 ventes fermes ont été conclues. 91 engagements ont été pris en vue d'ouvrir des concessions exclusives permettant la mise en place rapide d'un réseau de vente couvrant tout le territoire. Dans le même temps, certains constructeurs européens s'interrogent encore sur la meilleure manière de pénétrer les marchés de l'Est, et convoquent des comités.

L'imagination est ce qui sépare la réalité de la fiction. Elle est aussi l'avenir de l'Europe, qui sera ce que nous déciderons d'en faire. « Dans la vie, disait George Bernard Shaw, il y a deux catégories d'individus : ceux qui regardent le monde tel qu'il est, et qui se demandent pourquoi. Ceux qui imaginent le monde tel qu'il devrait être, et qui se disent pourquoi pas ? ». C'était sa façon à lui d'affirmer que le progrès vient toujours de ce qu'il appelait « l'homme déraisonnable ». Pour lui, l'homme raisonnable est celui qui s'adapte au monde, tandis que l'homme déraisonnable essaie de faire en sorte que le monde s'adapte à lui. De la même façon, Charles Handy estime que nous sommes entrés dans « l'âge de la déraison », et que c'est à nous de décider de ce que sera notre avenir.

Dans les années à venir, un Américain sur cinq changera d'emploi chaque année. Un sur douze de profession. Chacun d'entre nous, qu'il vive à Edgware, Lacchiarella ou La Garde Adhémar, doit se préparer à changer plusieurs fois dans sa vie, non seulement d'entreprise, mais aussi de métier, de secteur, et sans doute de pays. L'époque où l'on finissait automatiquement ses jours dans la ville qui nous avait vu naître, et sa carrière dans l'entreprise qui nous avait offert notre premier job, est définitivement révolue.

« Passer au marbre » régulièrement

Lorsqu'il pleut et qu'il fait froid dans la ville où il habite, chacun d'entre nous a un mal fou à penser qu'il peut faire beau et chaud à quelques centaines de kilomètres de là. Partant du principe que sa situation constitue la « norme », il estime inconsciemment qu'il n'y a aucune raison pour que le reste du monde ne subisse pas, lui aussi, les mêmes conditions météorologiques. Quelques heures après, pourtant, le temps peut changer à nouveau, et le soleil remplacer la pluie. Quelques minutes après l'apparition des premiers rayons de soleil, il aura tout autant de mal à croire qu'il peut faire mauvais et froid ailleurs. Cet exemple illustre l'incapacité dont nous faisons tous preuve à accepter facilement l'existence de plusieurs façons de penser, de se comporter ou d'agir. Si certains véhicules endommagés par un accident de la route doivent passer « au

---

« Le pessimisme n'est pas un état. C'est une hygiène pour l'action. » (Alain Minc)

marbre », pour remettre d'aplomb leur équilibre et leur stabilité, certains patrons nous ont avoué ressentir parfois, eux aussi, le même besoin de passer « au marbre », afin d'éliminer les faux plis et les mauvaises habitudes que la routine leur a fait prendre. « L'entreprise doit acquérir le réflexe de mettre en cause sa vocation, sa structure, ses procédures », confie au magazine *Fortune* René Sautier, fondateur de Sanofi. « Pour cela, le patron doit cultiver sa méfiance envers des organigrammes et surtout leur pérennité. Professer une égale méfiance à l'égard des idées premières de type « vocation de l'entreprise » ; substituer au contrôle des moyens celui des objectifs. » Persuadé que la recherche ne peut plus être considérée comme un « budget », mais comme une activité stratégique majeure, il estime que « l'adaptabilité est avant tout l'aptitude à se mettre en cause soi-même. C'est affaire de caractère plus que de connaissances. »

Fondateur de Polaroïd, société qui a révolutionné le marché de la photo à développement instantané, Edwin Land affirmait que tout progrès significatif dans un domaine « est réalisé par un individu qui s'est libéré de la manière de penser d'amis ou de collaborateurs peut-être plus intelligents, plus diplômés, plus disciplinés, mais n'ayant pas maîtrisé l'art de jeter un regard frais et nouveau sur un savoir ancien ». « Il est important que les dirigeants sachent écouter sans idées préconçues ni prétendre tout savoir. Il faut des gens à l'esprit ouvert, capables d'avoir une vision globale et de déceler les aspects positifs des expériences d'autrui, explique Percy Barnevik, P-DG d'ABB. Tout cela demande beaucoup de talent. Bien plus qu'il n'en faut pour être un bon dirigeant en temps normal. » Président de la Cegos, Yves Cannac avoue volontiers une certaine habitude de considérer la même question en se plaçant simultanément sous des angles très différents.

Générer des usines à idées neuves

Ken Ohmae raconte dans son livre *The Borderless World* que Konosuke Matsushita lui a confié un jour l'une de ses expressions favorites : « Torawarenai sunaona kokoro ». Littéralement « l'esprit qui ne colle pas ». C'est-à-dire qui ne s'attache pas aux valeurs du passé ou aux idées toutes faites. Qui facilite ainsi la créativité. Les Japonais désignent par le mot « Kaizen » toute pratique d'amélioration permanente à laquelle participe chaque acteur de l'entreprise. « Notre objectif n'est pas d'améliorer une chose de 1000 %, mais plutôt d'améliorer mille choses de 1 % », rappelait Jan Carlzon, président de SAS, qui définissait en ces termes sa propre conception du Kaizen. Une autre définition pourrait être d'encourager la créativité de tous au quotidien. Mieux vaut en effet que chacun remette en cause ses gestes, ses habitudes et ses automatismes quotidiens, qu'il en améliore les détails, plutôt que d'attendre du seul département Recherche & Développement le salut créatif de l'entreprise. Bien sûr, l'un n'empêche pas l'autre. La création de produits nouveaux doit être non seulement maintenue, mais accélérée, compte tenu du raccourcissement de la durée de vie des produits . « Un marché de niches, cela nécessite d'avoir constamment un portefeuille d'idées important. En fait, pour rester leader, il faut avoir 150 idées par jour, car trois sur quatre sont des échecs », reconnaît Karl-Erik Sahberg, P-DG du groupe chimique suédois Perstorp.

L'entreprise des années 90 doit devenir une véritable usine à idées neuves, dont aucun des acteurs ne devra détenir l'exclusivité, mais dont chacun pourra revendiquer la paternité. D'après une étude menée par le bureau néerlandais de McKinsey basé à Amsterdam, 70 % des emplois européens nécessiteront en l'an 2000 des talents cérébraux plutôt que manuels. Dans un tel contexte, la structure de l'entreprise et la mission de ses managers vont être bouleversées en profondeur. Dans l'entreprise shamrock, cette mission va être d'offrir à un noyau dur de gens peu nombreux mais très compétents des conditions favorables à l'innovation. Après avoir appliqué avec profit la technique du BBZ (ou « Budget Base Zéro », qui permet de concevoir le budget d'un

---

« Aime l'autre qui engendre en toi une troisième personne, l'esprit. » (Michel Serres)

produit existant ou d'une activité ancienne en ne tenant aucun compte des contraintes du passé ou des difficultés existantes), les Européens doivent aujourd'hui apprendre à pratiquer la technique de la CBZ, ou « Création Base Zéro ». A scruter l'horizon en permanence, pour pouvoir changer de cap au moindre retournement de situation.

Bannir les mots patrons, employés et subordonnés

Cette « Création Base Zéro », Charles Handy l'appelle l' « upside-down thinking », que l'on pourrait traduire maladroitement par la « pensée renversée », ou encore la « pensée sens dessus-dessous ». Quand on interroge les Européens sur les personnalités qui ont le plus marqué le xxe siècle, il est frappant de constater que les hommes et les femmes qui ont fait évoluer notre façon de penser arrivent régulièrement devant ceux qui ont mené des guerres ou provoqué des génocides. La rapidité des changements qui nous attendent ne pourra pas se satisfaire d'ajustements de principe. Elle suppose que nous révisions entièrement notre façon de penser, d'agir, voire de parler. Certains mots, en effet, devraient rapidement être éliminés de notre vocabulaire. Exporter par exemple, qui perd toute signification dans le village planétaire, et auquel il faudra trouver un remplaçant. On pourra au passage rebaptiser, ou mieux, dissoudre, le Centre Français du Commerce « Extérieur » (CFCE) et autre Direction des Relations Economiques Extérieures (DREE), dont la disparition, à en croire certains exportateurs français, ne devrait pas avoir beaucoup d'effet sur le volume de nos ventes en dehors des frontières nationales. D'ici à quelques années, la notion de « commerce extérieur » aura probablement disparu (elle ne suffit déjà plus à mesurer l'efficacité réelle des entreprises), tout comme d'ailleurs le franc (dont il faut souhaiter la disparition au profit d'une monnaie unique), la « balance des paiements » (avec le marché unique, les « exportations » intra-CEE ne seront plus comptabilisées), les notions de « parts de marché » (délocalisation industrielle oblige...) et de « nationalité d'entreprise ».

On pourrait aussi bannir définitivement les mots

« patron », « employé » et « subordonné », qui continuent à donner l'illusion du pouvoir à certains petits chefs, mais ne correspondent plus en rien à la réalité de l'entreprise conquérante du XXIe siècle. Tout comme d'ailleurs les mots de « maîtrise » (qui est le maître, qui est l'esclave ?) et « d'encadrement », dont il est surprenant qu'ils n'aient pas encore été contestés, tant ils révèlent une structure organisationnelle désuète. Pour parvenir à cette révolution de l'esprit, il convient tout d'abord de voir dans les changements à venir une mine d'opportunités à saisir, plutôt qu'un réservoir de difficultés à affronter. Il faut ensuite être curieux de tout, et particulièrement des autres. Contrairement à ce qu'affirme le dicton, la curiosité n'est plus un « vilain défaut ». Elle pourrait même figurer très vite au hit-parade des valeurs vedettes des « années métissage ». Etre curieux du passé bien sûr, pour comprendre ce qui, dans l'Histoire, a bien ou mal fonctionné, et pourquoi. Mais être aussi curieux de l'avenir. Cette capacité à voir les choses, les situations et les gens avec un œil neuf, de les placer dans une autre perspective ou un autre contexte, de considérer les problèmes comme une occasion d'inventer plutôt que comme un problème supplémentaire à résoudre, font désormais partie de la panoplie gagnante du leader européen. Les compagnies pétrolières creusent parfois neuf puits vides avant d'en découvrir un qui fasse jaillir le précieux combustible. De la même façon, on considère parfois que les entrepreneurs lancent en moyenne neuf projets infructueux avant d'en voir un réussir. A une époque où il va falloir apprendre à maintenir un équilibre harmonieux entre la nécessité de fonctionner de façon « globale » tout en adaptant ses produits aux particularismes locaux, la créativité de tous constituera un élément déterminant du succès.

Tenir compte de la réticence au changement

Innover. Changer son mode de pensée. Autant de nécessités européennes, mais qui supposent que soit remplie une condition sine qua non : la prise en compte des résistances au changement que manifestent toujours les hommes qui n'y sont pas préparés. Changer un peu fait mal. On le voit bien autour de nous, telle cette fondée de pouvoir d'une banque qui venait d'être rachetée et qui nous expliquait qu'elle allait « toucher » son nouveau patron le lendemain. « Il va falloir à nouveau faire ses preuves, séduire, déménager de bureau. On ne sait pas où on va. Aucune ligne directrice. Des licenciements en perspective. C'est le flou le plus total. »

Changer beaucoup plus ne fait pas beaucoup plus mal. L'essentiel est de savoir où l'on va. Ce qui compte, lorsque l'on demande aux gens de changer, c'est de leur annoncer l'objectif (la vision ?), afin qu'ils ne se demandent pas à chaque instant « What's next ? » (qu'est-ce qui va suivre ?). Tel un ressort que l'on tend, chacun d'entre nous revient immanquablement à sa position de départ lorsqu'on lui demande de changer. Défense naturelle de protection. En matière de changement, l'efficacité vient donc plus de la façon dont on organise le voyage que de celle dont annonce la destination. Lorsque l'on demande aux gens de changer — et la période qui s'ouvre va nous y contraindre au quotidien — la plupart d'entre nous se contentent de fixer des objectifs et d'en mesurer l'atteinte — ou la non-atteinte. Il faut pourtant savoir y ajouter un troisième élément : le « day-to-day coaching » (l'accompagnement au quotidien). A savoir un support personnel permanent permettant d'accompagner le changement, et de procurer la réassurance dont ont généralement besoin ceux à qui l'on demande de changer. Le rôle d'un leader est désormais de créer de nouvelles bases de stabilité, afin de permettre à ses collaborateurs de supporter au mieux un environnement devenu de plus en plus instable.

Métisser se traduit dans l'entreprise par la nécessité de faire réfléchir et travailler ensemble des gens qui n'y sont pas habitués, parce que leurs modes de pensée, leurs horaires, leurs langues ou leurs cultures diffèrent. « Apprendre ensemble et plus vite fonde maintenant la compétitivité de l'entreprise, écrit Jacques Chaize. Le savoir-faire n'est plus solitaire et linéaire. Il ne s'enrichit plus en s'accumulant, mais en se combinant à celui des autres. Il ne survit plus en se protégeant, mais en se transmettant en permanence. Les nouvelles stratégies de l'échange enrichissent tous les protagonistes. Nous en pratiquons déjà quelques-unes : dialogue social et participation, partenariat client-fournisseur, ouverture entre l'entreprise et la société. » Reste maintenant à les pratiquer toutes.

5

Oneness does not mean sameness.

Paradoxe n° 5

Être local et mondial à la fois

Ce sera redéfinir le concept de « nationalité » d'entreprise. S'intéresser aux différences culturelles en tenant compte des styles de vie. Créer des marques mondiales en adaptant son système de production. Et en communiquant universel.

On raconte qu'au paradis les humoristes sont anglais, les amants français et les techniciens allemands. Et qu'en enfer les humoristes sont allemands, les amants anglais et les techniciens français... Derrière la blague perce une réalité complexe, qui n'en finit pas de diviser les hommes de marketing et les publicitaires qui planchent aujourd'hui sur le thème du « client européen ». Et si les Anglais étaient vraiment plus sensibles à l'humour que ne le sont leurs compatriotes européens ? Les Français plus sensibles au charme, et les Allemands à la technique ? Ce client européen, que toutes les entreprises globales appellent de leurs vœux, existe-t-il vraiment ? Et après lui, le « client mondial » ? Et si son heure n'est pas encore venue, viendra-t-elle un jour ? En attendant, quels produits faut-il créer pour lui ? Comment faut-il lui parler, le convaincre, le séduire, et surtout le fidéliser ?

Redéfinir le concept de « nationalité » d'entreprise

« Pour faire l'Europe, il faut en sortir. » A quarante et un ans, Christian Boiron, président des Laboratoires Boiron, a le sens de la formule. Parce qu'il a été écrit en Europe, à un moment où il se passe sur le « vieux » continent d'innombrables événements de nature à influencer le cours du troisième millénaire, ce livre s'intéresse plus particulièrement aux Européens et à leurs entreprises. Mais il ne faudrait pas en conclure pour autant qu'il nie l'importance de ce qui se passe à travers le monde. « L'Europe n'existe pas ! C'est pour cela qu'il faut la créer, nous dit Linh Nuyen, P-DG de Picogiga, un « start-up » français de l'informatique. En attendant, envahissons le Japon et les USA, c'est un bon entraînement. »

Utiliser l'Europe pour conquérir le monde

A trop observer l'Europe, le risque est grand, en effet, d'oublier qu'elle n'est qu'un élément — certes puissant et non négligeable — d'un monde de plus en plus global, dans lequel nous devons d'ores et déjà prendre nos nouvelles habitudes. Paradoxalement, la défense du marché européen ne s'organise pas en Europe, mais au Japon, en Corée et aux Etats-Unis. « Quand les gains ne s'effectuent que sur les marchés européens et au détriment des proches voisins, sans contribuer à améliorer la position relative de l'Europe, tout le monde y perd », estiment Gérard Lafay et Colette Herzog dans *La Fin des avantages acquis*. Même son de cloche chez Saint-Gobain, dont le P-DG Jean-Louis Beffa affirmait récemment « qu'il faut faire de l'Europe une base solide pour la conquête des marchés mondiaux ». Savoir s'appuyer sur un marché « national », puis sur un marché « domestique » européen, pour mieux rebondir et attaquer les autres continents. Un peu comme au football. On participe à la coupe de

---

« Je ne suis pas né dans un petit coin de terre. Ma patrie, c'est le monde entier. » (Sénèque)

France avant de participer à la coupe d'Europe, puis à celle du monde.

La globalisation des marchés et l'évolution des législations rendent inévitable une approche nouvelle du concept de « nationalité d'entreprise ». IBM emploie 18000 Japonais au Japon. Premier exportateur japonais d'ordinateurs, cette compagnie peut-elle encore être considérée comme une entreprise américaine ? Aux Etats-Unis, les firmes étrangères créent actuellement plus d'emplois que les entreprises américaines. Les Japonais achètent — et gèrent — des vignes dans le Médoc aussi bien que des équipes de base-ball américaines. Autant d'activités qui n'ont, a priori, rien de particulièrement japonais. Le hollandais Philips exporte désormais vers le Japon des téléviseurs made in USA. L'Oréal est contrôlé en partie par le suisse Nestlé. Valéo, le premier équipementier automobile français (second européen), est contrôlé par Cerus, le groupe de Carlo De Benedetti. LVMH, premier groupe mondial du luxe, est étroitement lié à Guinness. Béghin-Say, premier groupe sucrier européen, est contrôlé par Ferruzzi. Roussel-Uclaf est une filiale de Hoechst. La Radiotechnique une filiale de Philips, etc. Renault est le deuxième importateur automobile français derrière le groupe Volkswagen. La production à l'étranger se substitue peu à peu aux exportations, et la logique des entreprises correspond de moins en moins à celle des comptes des nations.

Investir hors frontières

Fort de sa réputation mondiale, « Sa Majesté Hayek » (c'est ainsi qu'on surnomme parfois en Suisse Nicholas Hayek, le patron de SMH, numéro un mondial de l'horlogerie avec Omega, Longines, Tissot, et surtout Swatch) vient de lancer le téléphone Swatch aux Etats-Unis, et prépare dans le plus grand secret le lancement d'une voiture Swatch totalement révolutionnaire. Il refuse pour le moment — espionnage japonais oblige —

« La générosité est la seule façon de réussir sans susciter la jalousie. » (Proverbe chinois)

d'en communiquer le cahier des charges, mais on sait déjà qu'elle devra se vendre dès 1993 à l'échelle planétaire, plaire aux Américains autant qu'aux Asiatiques ou aux Européens (de l'Ouest, et plus tard de l'Est). « Nous ne sommes pas là pour faire de la théorie, aime-t-il répéter. Les Américains sont en train de perdre le goût et le don de produire ; ils préfèrent travailler à Wall Street. Il ne faut jamais oublier que la production et le savoir-faire sont essentiels. » Bâtisseur dans l'âme (« J'ai bâti un empire, sans racheter de compagnies, sans jouer en Bourse, en restant un industriel et en créant de nouveaux produits »), il rejette l'idée qu'un entrepreneur fasse de l'argent sans créer de nouvelles richesses. Libéré de tout sentiment d'infériorité à l'égard des Américains ou des Japonais, il sait aussi se montrer sévère à l'égard de ses compatriotes helvétiques : « L'époque où vous aviez le gazon le plus vert, la neige la plus blanche et les Banhoffstrasse les plus belles est révolue, lance-t-il dans une interview au *Figaro*. Les Suisses se sont endormis sur leurs lauriers, alors que les autres les rattrapaient, voire les dépassaient. »

Un jeune Suédois qui achète une montre Swatch à Göteborg se moque éperdument de savoir qu'il s'agit d'un produit de nationalité suisse. Comme de savoir si elle a été conçue dans le QG de la Dreikönigstrasse, à Zürich, montée à Hong Kong à partir d'un boîtier made in USA et d'un mécanisme fabriqué dans le Jura. Il achète du rêve — un rêve qui, en plus, donne l'heure à tout moment ! — et surtout un ticket d'entrée dans le club des « jeunes branchés du monde ».

De la même façon, une femme portugaise qui s'offre un pull Benetton n'a que faire de la nationalité des capitaux de l'entreprise italienne. C'est pourquoi les gouvernements vont devoir entièrement réviser le mode de calcul des performances économiques de leur pays. Comment faut-il en effet prendre en compte dans la balance commerciale espagnole la vente de matériel médical ibérique fabriqué au Japon à partir de composants made in Germany, et vendu en Espagne ? Doit-il

---

« Il arrive parfois que celui qui dépense soit le sage, et celui qui économise le fou. » (Proverbe chinois)

être considéré comme du matériel japonais, ... ou espagnol ? De la même façon, la France doit-elle considérer la « Bluebird », produite par Nissan en Angleterre avec des subventions du gouvernement de Sa Majesté comme un véhicule britannique, ... ou japonais, et donc soumis à des quotas d'importation ? Certains observateurs et analystes souhaiteraient même voir leur gouvernement réviser le mode de fonctionnement de sa fiscalité. Ils estiment en effet qu'une entreprise qui fonde son développement sur les marchés étrangers et y décentralise sa production ne mérite pas de bénéficier des mêmes avantages fiscaux qu'une entreprise se développant à l'intérieur des frontières nationales. Une philosophie dont la logique conduirait à faire bénéficier d'importants avantages les entreprises étrangères qui décident d'investir dans ce pays.

Savoir exercer sous d'autres cieux

Les conditions qualifiées de « mirobolantes » offertes par la France à Eurodisneyland pour le décider à s'implanter à Marne-la-Vallée plutôt qu'en Espagne avaient à l'époque suscité d'innombrables polémiques hexagonales. Accusé de livrer la France à « l'impérialisme culturel » américain, le gouvernement d'alors avait pourtant simplement joué le rôle nouveau d'un gouvernement moderne dans une économie globale... On ne peut plus être obsédé par la nationalité des entreprises. Si demain l'industrie « anglaise » de l'automobile devient entièrement japonaise, tant mieux pour l'Angleterre. Ses habitants en profiteront davantage (en termes de valeur ajoutée et de revenus) qu'ils ne tireront profit de certaines industries 100 % britanniques... et 100 % malades ! Les entreprises du monde entier se ruent vers l'Espagne, dont le retard technologique, industriel et entrepreneurial pris par des années de dictature n'a d'égal que l'extraordinaire volonté de ses habitants de le rattraper au plus vite. Il est utile de rappeler qu'aucun

---

« Entreprendre, c'est avoir une idée par jour, prendre un risque par jour. » (Bernard Peloux, Citroën)

Espagnol ne se formalise de cette « colonisation ». Bien au contraire. Le gouvernement comme les entreprises rivalisent de séduction et offrent leur fougue, leur sens de la fête et leur jeunesse pour attirer dans la péninsule autant de capitaux et d'entreprises que possible. Persuadés d'avoir tout à apprendre. Déjà s'affirme une nouvelle race d'entrepreneurs. Au premier rang desquels José « Pepe » Barroso, qui dirige à vingt-six ans la chaîne de vêtements Don Algodon. Enrique Bernat, qui vend dans 83 pays ses sucettes et ses bonbons Chupa Chups. Jose Ferrer Sala, P-DG de Freixenet, dont les vignobles s'étendent de l'Espagne à la Californie et au Mexique, et bien sûr le banquier Mario Conde, qui incarne à la tête de la Banesto le renouveau du capitalisme espagnol.

Côté français, c'est en Alsace que la présence étrangère est la plus forte. Le taux de croissance le plus élevé, et le chômage le plus bas. Pour sa part, BASF, lassé de l'opposition écologique aux recherches en matière de bio-technologie qu'elle menait en Allemagne, a préféré transférer à Cambridge, Massachusetts, toutes ses activités de recherche sur le cancer et les systèmes d'immunité. Une entreprise peut désormais déménager vers des cieux plus cléments si ses dirigeants estiment que les conditions d'exercer leurs activités offertes par leur gouvernement ne sont pas optimales. Surtout si elles sont plus attirantes ailleurs. Les entreprises globales choisissent désormais pour s'implanter les pays dont les infrastructures et les conditions fiscales et sociales sont les plus hospitalières. Mais aussi ceux dont la main-d'œuvre est la plus qualifiée, le climat social le plus stable. Une véritable révolution. Inévitablement, les dirigeants politiques du monde entier vont devoir en tenir compte. Les entreprises ne sont plus en effet les seules à se battre pour faire mieux que leurs compétiteurs. Les pays vont également entrer en compétition. Leur succès se mesurera à leur capacité d'attirer des

---

« Dans les périodes de stabilité, les Allemands sont les meilleurs. Mais dans les périodes où ça bouge, il faut de la flexibilité, de l'imagination, de l'intuition. Les Latins, Italiens, Espagnols et Français sont les meilleurs. » (Carlo De Benedetti, Olivetti)

entreprises étrangères sur leur territoire national. Ceux qui ne parviendront pas à créer un environnement favorable pour toutes les entreprises qui choisiront d'inventer, de produire et de vendre sur leur sol courront le risque de voir leur niveau de vie et leur santé économique affectés beaucoup plus rapidement qu'ils ne le pensent.

L'argent, les produits, les hommes, l'information, les idées voyagent aujourd'hui librement à travers — presque — tous les continents. Les quelques gouvernements qui continuent à voir dans cette liberté une menace seront un jour ou l'autre contraints de céder la place, sous le poids de l'information... et de l'image. N'oublions pas en effet que l'une des principales différences entre la révolution roumaine de 1989 et la mise au pas sanglante des étudiants chinois, survenue place Tiananmen quelques mois plus tôt, tient à la façon dont ces deux événements ont été — ou non — diffusés sur tous les postes TV de la planète. Tous les postes, ou presque ! Car si la chance des Roumains a été d'être largement équipés de télévisions, la chance du gouvernement chinois a été l'extrême pauvreté du parc de téléviseurs susceptibles d'informer le pays.

Domestique ou globale ?

Avant d'aller plus loin, apportons ici quelques précisions linguistiques. Elles pourront aider nos lecteurs à faire la différence entre les entreprises « domestique », « exportatrice » « internationale » ou « globale ».

L'entreprise « domestique » opère dans son pays d'origine, avec des fournisseurs locaux, pour des clients locaux. L'entreprise « exportatrice » s'aventure à l'étranger. Mais avec des schémas et un fonctionnement qui restent très nationaux. Elle utilise souvent des distributeurs et des agents, possède peu d'informations sur les marchés « extérieurs », et se développe en

---

« Il n'y a pas de marque, de produits ou de service, où que ce soit, qui ne soit à l'abri de l'arrivée inopinée de concurrents à stratégie globale. » (Théodore Levitt, Harvard Business School)

saisissant des opportunités plutôt qu'en anticipant les tendances et les événements qui conditionnent son succès. L'entreprise « internationale » ou « multinationale », que nous ont notamment léguée les Américains, ajoute à sa distribution internationale une fabrication locale. Elle transforme souvent ses filiales étrangères en organisations locales, et exporte sa technologie aussi bien que sa fabrication ou son savoir-faire logistique. Elle a généralement une vision stratégique internationale et conserve la haute main sur l'allocation de ses ressources au plan mondial. Tout en laissant la prise de décisions, la qualité du service, le marketing, la vente, etc., à l'initiative de ses filiales. Ces dernières étant souvent en fait « multi-domestiques », car de nombreuses filiales agissent de façon très autonome sur leur propre marché, bien que la nationalité et l'origine du pouvoir soient toujours clairement identifiables. Dans un numéro de *L'Expansion* entièrement consacré aux changements qui affectent le monde, Gilles Coville décrivait en ces termes la nouvelle logique multinationale : « Elle ne repose plus sur la simple nécessité de sauter par-dessus les barrières douanières ou de reproduire de pays à pays le modèle national d'origine. Le contact avec les milieux scientifiques et universitaires, le partage des risques financiers, le mélange des talents et des cultures d'horizons différents — autant d'ingrédients qui font les vraies sauces multinationales. Le pouvoir au sommet n'est pas pour autant dilué. Mais au lieu de décider verticalement, il est de plus en plus amené à arbitrer horizontalement entre les appétits de croissance — et donc de ressources financières — de centaines de filiales. Les multinationales sont traversées par les mêmes forces contradictoires que les Etats-nations : d'un côté la force fédérative qui conduit les pays à se regrouper (et les entreprises géantes à fusionner), de l'autre la force décentralisatrice qui conduit à laisser le maximum d'autonomie aux provinces ou aux filiales. » L'entreprise « globale », qu'incarnent déjà de nombreuses entreprises européennes, se doit d'offrir des

---

« Il est dangereux d'observer le monde à partir de son bureau. » (John Le Carré)

produits innovateurs et adaptés à l'ensemble des marchés mondiaux, fabriqués dans les pays les plus compétitifs, avec les ressources managériales les plus appropriées, sans tenir compte a priori de l'endroit où se trouvent l'argent, les hommes, les ressources et la technologie.

Bien sûr, on ne peut pas demander à une entreprise employant trois personnes d'être globale. Cela suppose d'atteindre une taille critique minimale qui n'est pas à la portée de tous. Cela ne serait pas forcément souhaitable. Il ne faudrait cependant pas conclure trop vite que l'entreprise domestique, par exemple, est automatiquement condamnée à mort par la globalisation des marchés. « Nous entrons dans une Europe à deux vitesses », nous explique à ce sujet Michel Biégala, qui dirige à Paris l'antenne française de la britannique 3I (Investors In Industry), l'une des plus grosses entreprises mondiales de capital-risque. « Il y aura d'un côté les entreprises véritablement globales, et de l'autre une myriade de petites entreprises solidement et régionalement implantées sur des niches de marché, qui pourront fort bien se satisfaire de marchés locaux. Celles qui souffriront le plus seront les entreprises qui se positionneront entre ces deux stratégies. »

Créer des entités locales

Avril 1990. Ouverture à Londres du siège européen de Honda. Cent personnes dont trente Japonais, trente Anglais et trente-cinq Européens non-Anglais. Les Japonais seraient-ils plus européens que les Européens en Europe ? « Autrefois, nos ingénieurs étaient d'abord des producteurs, explique au *Nouvel Economiste* Edouard de Royère, président de L'Air Liquide, qui analyse en ces termes une évolution qui touche toutes les entreprises. On vendait la même chose au Japon et en Europe. Donc, vous pouviez envoyer des Français dans tous les pays. Aujourd'hui, nous exerçons un métier

« Les barrières douanières sont aux économies ce que les anabolisants sont aux sportifs. Sur le court terme, elles font gagner, mais à la fin, elles disqualifient. » (Robert Allen, AT&T)

d'application. Il faut d'abord détecter le besoin sur place, puis mettre en œuvre les applications avec le client. Il faut être plongé dans le tissu économique d'un pays. Cela, seuls des " locaux " peuvent le faire. Chaque marché a sa spécificité. Vous ne pouvez pas aborder le marché coréen comme le marché japonais, le marché allemand comme le marché espagnol. Par exemple, au Japon, il faut tenir compte du système de distribution très particulier. En Espagne, si vous êtes en Catalogne, il vous faut absolument quelqu'un qui parle catalan. Nous mettons donc de plus en plus de " locaux " aux postes à responsabilités. Nous définissons des objectifs de croissance, de ratios, etc., pour le groupe, poursuit Edouard de Royère. Après, chaque directeur d'entreprise a les coudées franches pour les atteindre. Il propose son propre plan. Par la suite, il ne vient pas au siège pour passer un examen, c'est nous qui nous déplaçons dans son pays. Il nous fait des propositions. A partir du moment où elles ont notre accord, c'est sous sa responsabilité que chacune des filiales tient son pari. A charge, pour nous, de lui donner éventuellement les moyens nécessaires. » Même philosophie chez le géant suédois ABB. Notre objectif est d'être un acteur important dans chaque pays où le groupe opère, explique Percy Barnevik. Bien sûr, nous sommes une société mondiale, et nous avons l'image d'une société sans frontière. Mais, dans chaque pays, ce qui compte, c'est la production sur place, l'emploi, la recherche-développement et les exportations de la firme locale. On se soucie assez peu de l'aspect européen. Il est donc important de créer de fortes entités locales qui coopèrent au sein de la famille ABB. Voilà pourquoi nous agissons au travers d'Italiens en Italie, d'Allemands en Allemagne, etc. »

L'entreprise caméléon est née

Ceux qui s'intéressent à la botanique ont peut-être un jour regretté, au cours d'un voyage lointain, que certaines variétés de plantes ne se développent pas sous toutes les latitudes. Quel dommage en effet de ne pas pouvoir s'offrir une part de rêve américain en faisant croître un palmier de Beverly Hills dans un jardin de

Villeneuve-d'Ascq ! Mais essayez donc de faire pousser du mimosa en Savoie, ou un bouleau en plein désert... Quand on plante un arbre ou une fleur, il faut évidemment porter une attention extrême à tous les facteurs qui facilitent ou qui handicapent sa croissance. Climat, exposition, nature du sol, température, précipitations, etc. Mais il convient surtout de choisir une plante qui soit en adéquation avec ces divers éléments. En sanctionnant immédiatement toute erreur d'appréciation et d'adaptation, la nature nous apporte la preuve quotidienne du « principe d'adéquation » qui doit désormais s'appliquer à l'ensemble de nos décisions. A l'image des plantes qui sont rejetées par certains environnements, nos produits doivent désormais tenir compte de l'ensemble des caractéristiques culturelles, sociales et économiques des environnements dans lesquels nous comptons les développer. Tel notre caméléon qui change de couleur dès qu'il change de décor, l'entreprise des années 90 saura elle aussi changer de langage, de culture, de méthode ou de stratégie dès lors qu'elle opérera dans une région du village planétaire. Parce que les attentes et les habitudes des clients différeront de son environnement propre. Une approche contradictoire avec la globalisation des marchés mondiaux, et particulièrement du marché européen ? Nullement. Plutôt un paradoxe supplémentaire des « années métissage ». Qu'elles affirment être « at home the world over » (comme le fait l'anglaise Ingersoll Rand, en signature de ses publicités) ou maîtriser « the Art of being local worldwide » (comme ABB), la plupart des entreprises globales ont fait de ce nouveau concept leur nouvel art de vivre. Découvrons-en ensemble les mécanismes.

Apprendre à connaître les différences culturelles

« Je suis français, donc doté d'un savoir-vivre mondialement salué. Ancien élève de Polytechnique, donc capable de concevoir des produits qui vont conquérir la

---

« L'Italie est une province, l'Europe un pays. » (Raul Gardini, Ferruzzi)

planète. Diplômé de Harvard, donc rompu aux principes universels d'une bonne gestion. Bref, je suis capable de m'exporter, sous n'importe quel climat, et de concevoir en collaboration avec n'importe quel ressortissant de n'importe quel pays du globe des gammes de produits et services mondiaux..., écrit Catherine Coroller en introduction d'un article du *Monde* consacré aux différences culturelles. Bardé de ces principes, et contraint par la globalisation croissante des marchés et l'accentuation de la compétition mondiale de m'internationaliser, je pars à la conquête du monde, et... je me casse le nez. Le personnel d'une filiale étrangère récemment acquise me déclare la guerre, je me vois contraint de rappeler prématurément un cadre expatrié et sa famille, je rate une négociation délicate en Extrême-Orient, je ne parviens pas à intégrer dans mon équipe des ingénieurs venus de pays en voie de développement... »

Compétence nordiste contre hédonisme sudiste

Syndrome typiquement français, ou phénomène universel ? En 1986, le géant alimentaire Mars prend la décision de vendre sous le nom unique de M & M's à travers toute l'Europe des bonbons au chocolat que les Français achetaient jusqu'alors sous le nom de Treets. N'ayant pas compris qu'il s'agissait du même produit, les clients déboussolés — et désolés de ne plus trouver leurs bonbons favoris — se détournèrent de la marque au profit de produits concurrents. Tout d'abord persuadés « qu'un skieur est un skieur », les responsables de la station de ski des Arcs avaient de leur côté décidé de lancer une campagne paneuropéenne pour vanter les mérites de la célèbre station sportive. Jusqu'à ce que des études de marché démontrent que les vacanciers allemands et britanniques étaient surtout sensibles à l'étendue et à la variété du domaine skiable. Tandis que les Français étaient très attachés à la qualité des activités « d'après-ski ». Dans le même temps, Renato Opezzi, qui dirige la station de ski italienne de Sestriere (pro-

« Même les silences n'ont pas le même sens d'un pays à l'autre. » (Georges Seingry, Editions Delta)

priété de la famille Agnelli), débloque des budgets pour que ses collaborateurs apprennent les langues européennes... et le japonais. Procter & Gamble quant à lui joue l'émotion, et profite du succès du film *Trois hommes et un couffin* pour promouvoir ses couches à travers l'image d'un père qui prend soin de son enfant. Ça marche en France mais, en Allemagne, de tels arguments émotionnels laissent de marbre les jeunes mamans, qui préfèrent qu'on leur explique comment les couches en question permettent de mieux absorber les maladresses de leurs chérubins.

Côté électro-ménager, les différences sont plus grandes encore. C'est ainsi que 80 % des Français plébiscitent des machines à laver chronométriques (lavant le linge selon une unité de temps — et à chargement par-dessus) tandis que les Allemands les préfèrent thermostatiques (fonctionnant selon une unité de température — et à chargement frontal). Les Italiens apprécient particulièrement les cuves en inox (tandis que le reste de l'Europe préfère l'émail), et une majorité d'Espagnols préfère le lavage à froid (70 % d'entre eux lavent leur linge à moins de 40 °C) tandis que 70 % des Allemands lavent le leur à 60 °C...

Chez Moulinex, on a abandonné pour le moment l'idée d'une friteuse européenne unique, tant les difficultés techniques d'harmonisation des besoins rendait impossible toute production de masse. Les Allemands y font frire des fruits. Les Italiens de la viande, et les Belges des pommes de terre, « leurs » frites ! Le poids des habitudes culturelles peut également jouer un rôle important. Par exemple, la fête des mères, qui fait l'objet de nombreuses campagnes publicitaires en France, est quasiment inconnue en Allemagne.

Etre là où sont les consommateurs

Georges Lecailler, vice-président de BSN, n'hésite pas à affirmer que « dans l'alimentaire il y a de plus en plus métissage des habitudes de consommation. A l'heure actuelle plutôt en faveur des goûts du Sud, qui remontent vers le Nord. Nous tenons à être là où vont nos consommateurs. En vacances, ils doivent rencontrer des produits BSN. » Pourtant, les habitudes culinaires de la femme hollandaise sont très éloignées de celles de la femme grecque. L'alimentaire offre ainsi un étonnant concentré de cet éclectisme, tant le comportement des Européens à l'égard de la nourriture est induit par de très anciennes habitudes. Des études sociologiques montrent qu'en Italie les amateurs de pâtes constituent un marché vieillissant, milieu de gamme et peu enclin à l'aventure. En Angleterre au contraire, ce même marché est jeune (surtout depuis qu'Ivan Lendl a un beau jour déclaré qu'avant un match il mangeait des pâtes !), haut de gamme, et ses protagonistes toujours prêts à relever des défis nouveaux. Bonduelle, le leader européen de la conserve, propose à ses visiteurs une vitrine où sont exposées les boîtes de conserve qu'il commercialise à travers le continent. Elles attestent la mosaïque des goûts européens, qu'il faut savoir satisfaire. En six générations, la famille Bonduelle avoue avoir été incapable de créer une macédoine de légumes européenne. Même approche chez le géant Nestlé, qui confesse quant à lui 300 arômes pour le seul Nescafé, et chez Jacobs Suchard, dont le décaféiné Night & Day porte le même nom et le même emballage partout, bien qu'ayant cinq goûts différents à travers l'Europe…

Tenir compte du style de vie et non de la nationalité

Les différences culturelles affectent également les activités de service. « Chez nous, c'est différent ! » C'est ainsi qu'il est toujours extrêmement difficile pour les responsables de formation d'utiliser des images vidéo d'origine américaine pour former des Européens. Une secrétaire de Madrid ou un cadre de Berlin s'identifient mal à une assistante de direction californienne « façon Dallas » ou à un jeune loup « façon Wall Street ».

Invités par un confrère parisien à assister à la présentation de la version européenne d'un nouveau séminaire de formation d'origine américaine, nous

---

« Moins de contenant et plus de contenu ; moins de signes et plus de sens ; moins de forme et plus de fond. » (Jacques Séguéla, RSCG)

avions été surpris des réactions négatives émanant des responsables de formation invités par ce cabinet. Pourtant tout avait été fait pour ne pas tomber dans le piège des différences culturelles. Afin d'éviter tout phénomène de rejet, et surtout de réaliser des économies dans la production des vidéos, cet organisme américain avait décidé de produire une vidéo unique, avec des acteurs européens. Le pays choisi fut l'Allemagne, tout simplement parce qu'elle possède la langue la plus « lente » d'Europe. Celle qui offre donc le plus grand confort de doublage. L'ensemble des vidéos fut ensuite traduit et doublé en français, pour être commercialisé dans l'Hexagone. « On dirait La Cinq ! » Ce cri du cœur, prononcé dès la fin de la projection par le responsable de la formation d'un grand groupe industriel français, venait de résumer l'étrange impression que lui donnaient ces images. Celle d'un feuilleton dont les dialogues et les situations sonnaient faux !

En voulant réaliser un film de marketing direct paneuropéen en 1988, American Express avait rencontré des difficultés analogues, malgré le soin apporté à chaque détail de sa réalisation. Le pays choisi était cette fois le Portugal qui, outre des coûts de tournage attractifs, offrait la possibilité d'employer des acteurs dont la morphologie se rapprochait le plus de la « morphologie moyenne européenne ». Autant d'inconvénients que le développement inévitable des programmes de télévision par satellite devrait gommer en permettant une plus grande uniformisation des messages et des visuels.

L'Européen moyen commence à pointer le bout de son nez

Interrogé par *Les Echos,* Jean-Michel Carlo, président pour l'Europe de Young & Rubicam, reste toutefois prudent : « Le consommateur ne changera pas ses comportements et ses croyances au 1er janvier 1993. Pour le convaincre, il faudra toujours être meilleur. La dimension européenne peut le permettre, en abaissant

« Si votre message est bon, vous pouvez vous faire entendre d'une nation entière. » (Jan Carlzon, SAS)

les coûts ; en augmentant la qualité et l'innovation ; en améliorant la distribution ; en bâtissant une marque forte... C'est la tâche qui nous attend : faire de l'intégration de cette dimension une nouvelle compétitivité. Et d'ajouter : Face à cette réalité, le terme " marché unique " est trompeur. Il renvoie à une homogénéité de la demande qui est loin d'être acquise et ne le sera jamais pour certains biens et services. Pour être présent auprès du consommateur, il faudra souvent continuer à s'adapter d'un pays à l'autre. La force des entreprises et des marques dépendra bien de l'équilibre entre leur volonté globale et leur capacité de réponse sur le terrain. C'est aussi ce qui se passera en communication. Si la dimension européenne ne permet pas à une marque d'acquérir une nouvelle puissance et une dynamique au moins aussi attractive pour le consommateur, pourquoi se lancer dans l'aventure d'une publicité unifiée ? La règle publicitaire sera pour les marques celle de l'adaptation darwinienne : le capital génétique de la marque — son identité, ses valeurs, sa relation au consommateur — restera le même à travers l'Europe. Mais la forme publicitaire variera, s'il y a nécessité d'adaptation au terrain : les mêmes chromosomes, pas toujours une unique apparence. »

Une préparation d'autant plus utile que l'on commence à déceler aujourd'hui çà et là un certain nombre de tendances communes. La constitution de groupes partageant les mêmes valeurs et les mêmes aspirations. Ce qui prouverait que les différents pays occidentaux évoluent dans les mêmes directions : vieillissement de la population, accroissement du temps libre, rapprochements des modes de vie, etc. Du coup, la perspective de vendre un produit unique de façon unique à un « Européen moyen » commence à se dessiner dans certains secteurs (yaourts, jeans, parfums, etc.). Mais nous sommes encore loin du compte. Pour mieux appréhender ces évolutions, agences de publicité et sociétés d'études multiplient les méthodes d'analyse.

« L'Europe culturelle ne pourra être que polyculturelle. » (Ricardo Petrella, directeur du programme FAST)

Une stratégie caméléon

Selon Bernard Cathelat, qui a analysé les styles de vie européens pour le Centre de Communication Avancée (CCA), c'est dans 78 régions, et non dans 15 pays, que se pratiquera demain le marketing européen. Bien sûr, il semble aujourd'hui exister entre elles un dénominateur commun suffisamment puissant pour justifier une stratégie marketing européenne, à base d'un produit dont la production et le positionnement seraient standardisés. Il sera néanmoins fondamental dans un premier temps d'adapter ce produit aux particularismes régionaux (goût, couleur, packaging, poids, format, mode d'emploi, communication, etc.). Pratiquée de façon intuitive par bien des entreprises à travers le monde entier, cette stratégie « caméléon » porte désormais un nom, qui risque fort de marquer la décennie qui s'ouvre : « Be local worldwide », ou bien encore « Glocalize », que l'on pourrait traduire, comme le fait ABB en France, par « l'art d'être local dans le monde entier ». Réaliser des économies d'échelle tout en répondant aux spécificités de chaque marché. Une tâche difficile, quand on imagine combien il est malaisé pour un chef d'entreprise milanais de connaître les particularismes culturels hollandais ou grecs. Et pourtant le seul moyen de prendre de vitesse les entreprises américaines ou japonaises, dont certaines ont fort bien compris comment moduler leur approche du marché européen.

Redessiner la géographie européenne

Les sociologues de la société RISC ont détecté sept paramètres qui font évoluer les mentalités des Européens : l'expression personnelle, le plaisir, l'opportunisme, les échanges, le goût du risque, la spiritualité et le besoin d'appartenance. Il n'existe pas un client européen, mais des clients qui, à travers l'Europe, se ressemblent de plus en plus confusément. A redessiner la géographie européenne en fonction des typologies de

« Il n'y a pas d'exportation, il y a des marchés. » (Michel Ducros, Ducros)

clients, on risque par exemple de créer des régions bizarres, dont certaines pourraient regrouper toutes les villes de plus d'un million d'habitants ayant des besoins et des goûts très voisins. Demain, vivre seul à Londres, Amsterdam ou Milan constituera peut-être pour les hommes de marketing une indication plus précieuse que d'être simplement anglais, hollandais ou italien. Etre un étudiant de vingt-deux ans en dira peut-être davantage sur ses attentes que le fait d'habiter en Espagne ou en Allemagne. Etre un homme d'affaires de quarante ans occupant des responsabilités dans une entreprise de plus de 1 000 salariés sera peut-être suffisant pour que l'on puisse communiquer efficacement avec lui et être « en phase » avec ses besoins. Une ligne directrice qui ne doit pas pour autant exclure la prudence. C'est ainsi qu'un produit consommé en Belgique peut ne pas être du tout apprécié en Espagne, ou même en France. C'est ainsi aussi que certains produits, conçus pour répondre à des besoins exclusivement locaux, ne sortiront jamais de leurs frontières, tels les appareils à peler les tomates ou à torsader les pâtes vendus par Moulinex en Italie. Ou tout simplement les quenelles cuisinées par BSN, mais dont le succès ne dépasse guère la région lyonnaise. Phénomène qui fait dire à Georges Lecailler, vice-président de BSN, « qu'il y a moins de différences entre Saint-Jean-de-Luz et San Sebastian qu'entre Saint-Jean-de-Luz et Strasbourg ». Il existe de grandes zones de consommation, et il restera dans les années à venir des produits régionaux qui dépasseront les frontières politiques et des produits internationaux. Qu'ils le veuillent ou non, de nombreux fabricants seront contraints de jouer la carte européenne et de mondialiser leurs produits.

L'info non-stop a changé le cours de l'Histoire

Les pratiques culturelles des Européens se sont transformées profondément depuis quelques années. Les innovations technologiques (câble, satellite, com-

---

« Nous voulons une Allemagne européenne, et non pas une Europe allemande. » (Hans-Dietrich Genscher)

pact discs, radios FM, vidéo-clips, etc.) y sont pour beaucoup. Il faut savoir que c'est la télévision qui a permis d'unifier la langue italienne, constituée jadis de trente-cinq dialectes régionaux. En utilisant son propre langage, la musique s'est toujours jouée des frontières et des barrières linguistiques. L'accès à l'émotion semble ainsi s'être déplacé de la lecture à l'image, et à la musique. Ces dernières occupent désormais une place centrale dans notre champ culturel. En les mariant, et en lançant MTV Europe, diffusée par satellite à travers tout le continent, le groupe Time a donné aux jeunes Européens le média qu'ils attendaient. Un trait d'union leur offrant une culture musicale commune, mais aussi et surtout une personnalité, voire un « look » européen commun. Bien sûr, la musique traversait déjà l'Atlantique ou la Manche. Mais en lui ajoutant l'image, MTV constitue un outil puissant d'harmonisation du goût européen, et sera bientôt un support incontournable des média-planners... Tout comme CNN, dont Ted Turner vient de fêter le dixième anniversaire. Cette chaîne incarne plus que toute autre dans le monde l'évolution de nos sociétés vers le village global dont rêve depuis toujours l'ancien skipper de l'America's Cup. « Je freine lorsque je vois un papillon »... L'autocollant figurant sur le pare-brise arrière de sa voiture résume assez bien « l'humaniste » qui a récemment fait passer une note à l'ensemble de son personnel lui interdisant d'utiliser à l'antenne ou hors antenne le mot « étranger » (« foreign »), et lui demandant de le remplacer par « international », sous peine d'une amende de cinquante dollars ! Un avertissement en forme de symbole pour les années métissage... Déjà disponible dans plus de 90 pays grâce à ses satellites, CNN devrait couvrir bientôt le monde entier. Qu'on la surnomme « l'intercom du monde », comme le fait l'un de ses anciens reporters, ou le « Valium Vidéo », comme cet ancien réalisateur qui soulignait ainsi son rôle de trait d'union et le réconfort moral qu'elle apporte à tous ceux qui vivent loin de leur pays ou dans des régions isolées, CNN a plus marqué la décennie qu'on ne le pense habituellement en Europe. La chaîne a en effet changé les règles du jeu politique. Par ses scoops (et notamment sa couverture de la guerre du Golfe), elle est devenue un acteur incontournable de notre époque. A l'aube de sa conquête européenne (bien implantée en Belgique et en Grèce, elle rencontre des difficultés avec les câblo-distributeurs allemands), et après avoir incarné un journalisme audacieux et courageux, il lui faut maintenant trouver un souffle nouveau, et ne pas tomber dans les travers de l'establishment auquel son succès risque de la mener.

Après les jeux sans frontières, les télés sans frontières

Le succès de CNN a donné des idées à Rupert Murdoch, qui s'est largement inspiré de son format en lançant en Angleterre la chaîne d'informations Sky News. Elle aussi diffuse par satellite 24 heures sur 24. Chaque mois, des journalistes de onze chaînes de télévision se réunissent et élaborent de leur côté un magazine de quarante-cinq minutes, aussi hétéroclite que polyglotte, baptisé Alice. De Bruxelles à Milan, via Barcelone, Moscou, Berlin, Budapest, Riga, Strasbourg, etc., le courant passe. Constitué d'un « bout-à-bout » de reportages culturels de cinq à sept minutes, ce magazine est ensuite diffusé à une heure tardive sur les chaînes de chacun des pays participants. Alice ne figure pas encore en tête des « Audimats », mais cela constitue assurément un premier pas vers une culture télévisuelle européenne. Depuis février 1990, « l'Eurojournal » quadrilingue diffusé par FR3, et composé des journaux télévisés comme ceux de ARD (Allemagne), Sky News (Grande-Bretagne), TVE (Espagne) et la RAI (Italie), réveille intelligemment la France chaque matin. Fort de son extraordinaire succès hexagonal (elle est la chaîne à péage la plus rentable du monde, et son succès est tel qu'elle a dû suspendre la commercialisation de ses abonnements au cours de l'été 1990, faute de décodeurs), Canal Plus a la chance de ne pas se demander comment gagner de l'argent, mais plutôt comment le

---

« Le jour où l'on pourra combiner la force de travail des Espagnols, l'esprit volontaire des Français, le sens de l'organisation des Allemands, le talent artistique des Italiens, alors nous serons imbattables. » (Wolfgang Stein, Telemundi Group)

dépenser. Du coup, « Canal » s'installe en Espagne, après la Belgique et avant l'Allemagne. Non pas pour y imposer son format, mais pour y inventer une télévision totalement espagnole, belge ou allemande. « La créativité de ces chaînes enrichit, en retour, l'équipe française, explique Pierre Lescure, directeur de Canal Plus au journal *Le Monde.* La télévision doit rester près des gens, respirer l'âme d'un pays. [...] La seule réalité de la télévision européenne, c'est un réseau de professionnels qui sont capables de se mettre rapidement d'accord pour financer des œuvres fabriquées par un seul pays. » En cinq ans, il y a eu autant de chaînes créées sur le vieux continent que dans toute l'histoire de la télévision. Tous types de satellites confondus, il existe actuellement en Europe une soixantaine de chaînes tombant du ciel, qui tentent toutes d'imposer de nouveaux formats et de gagner de précieuses parts de marché sur le fabuleux gâteau publicitaire européen. De l'anglaise BSB (British Satellite Broadcasting) à l'américaine CNBC (Consumer News and Business Channel), en passant par le réseau Sky, Super Channel, Filmnet, TV5, Sat 3, etc., la bataille de la télévision sans frontières fait rage. Elle ne fait pourtant que commencer.

Gutenberg pas mort pour autant

A trop décrire la puissance des télévisions mondiales ou paneuropéennes, il ne faudrait pas négliger le rôle que va également jouer la presse écrite. Numéro un pour les encyclopédies et la presse magazine dans le monde (il n'est devancé en Europe que par l'allemand Bertelsmann), le groupe Hachette a ouvert la voie d'une presse mondiale à travers ses nombreux journaux et magazines. Au premier rang desquels le magazine *Elle.* Avec seize éditions en treize langues, diffusées aux Etats-Unis (où le journal a fait une percée extraordinaire sur un marché déjà très encombré), en Allemagne, en

---

« Etre un bon Européen, cela veut dire être un bon Français en France, un bon Italien en Italie, etc. » (Étienne Davignon, Société Générale de Belgique)

Chine, en Espagne, au Portugal, en Italie, au Japon, en Suède, etc., le magazine-star de la mode française contribue à sa façon à modeler le « look » du village global. En fédérant au sein d'Eurexpansion huit quotidiens, quatorze hebdomadaires et de nombreux périodiques émanant de douze pays, Jean-Louis Servan-Schreiber est parvenu à construire en un an le premier groupe de presse d'information économique de la grande Europe. « Une idée qui vient à point s'impose sans efforts », écrit-il pour justifier ce succès. « In the global village, decision makers read the local paper », affiche le magazine anglais *The Economist.* L'éditeur allemand Springer vit lui aussi un véritable rêve européen, grâce à son magazine *Auto Bild,* qui a déjà donné naissance à cinq petits frères. Tous plus doués les uns que les autres. Qu'il s'agisse d'*Auto Oggi* en Italie (publié en association avec Mondadori), d'*Auto Plus* en France (Les Editions Mondiales), d'*Auto Express* en Angleterre (United Newspaper), d'*Auto Extra* en Hongrie (Axel Springer Hongrie, qui en diffuse, un an après sa création, quelque 100 000 exemplaires, dans un pays où le parc automobile ne dépasse pas deux millions de voitures !) ou d'*Auto Nytt* en Norvège (groupe Allers), tous les membres de la famille développent le même concept gagnant : « offrir au lecteur un magazine familial à un prix très raisonnable, et faire moins un magazine technique qu'un magazine d'assistance et de conseil ». Les résultats publicitaires sont excellents, et toute la petite famille nous prépare un grand concours pour désigner le meilleur conducteur européen. Une réussite qui a peut-être inspiré les cinq éditeurs européens (Le Seuil, Basil Blackwell, C.H. Beck, Critica et Laterza) lorsqu'ils ont décidé d'unir leur force, et de publier simultanément, à partir de 1992, les livres d'une collection d'ouvrages historiques qu'ils concevront ensemble. L'union fait la force...

« La grande série, l'économie d'échelle ne sont plus des lois de l'industrie. » (Alvin Toffler)

Créer des marques mondiales

Dans les pays arabes, les chaussures Nike sont interdites à la vente, le nom évoquant le sexe dans la langue d'Allah. Lorsque Martini Bianco voulut exporter d'Angleterre vers l'Italie son slogan « It's our thing », la marque s'aperçut vite que sa traduction littérale, « Cosa nostra » (le nom donné à la Mafia dans la péninsule) était inacceptable. En lançant en France les « Leibniz Butter Keks », Bahlsen comprit rapidement, lui aussi, l'importance primordiale de trouver désormais un nom compréhensible et acceptable par les clients du monde entier. Avant de lancer la Clio, Renault a imaginé 3 500 noms différents.

« Construire une marque coûte trois millions de francs par point de notoriété, explique Yves Peirotes, directeur général des produits blancs chez Electrolux à Loïc Grasset, du magazine *L'Usine Nouvelle.* Lors de son rachat, Arthur Martin jouissait de 90 % de notoriété. Pourquoi gaspiller 200 à 300 millions de francs pour recréer une nouvelle marque ? » Chaque fois qu'il a racheté une marque européenne, le géant suédois a ainsi conservé les marques existantes et a concentré ses efforts de rationalisation sur la production plutôt que sur le marketing. Après ses fusions successives avec Thomson, puis ITT, Alcatel a passé au crible près de 4 000 noms pour n'en retenir finalement qu'un seul, prononçable partout dans le monde et protégé légalement dans tous les pays : Alcatel. En France, le cabinet Nomen a mis au point une banque de données (Pangloss) des 1 300 mots communs aux sept principales langues européennes. Il a ainsi pu créer pour Garnier la marque Grafic, utilisable en allemand, en anglais, en espagnol et en néerlandais. De plus en plus, la difficulté vient de contraintes liées à la propriété des marques, dont la gestion européenne devient un véritable casse-tête. C'est ainsi que Persil appartient au néerlandais Unilever en France, en Irlande et au Royaume-Uni. Elle est la propriété de son rival allemand Henkel partout ailleurs, qui l'avait déposée en France et en Allemagne dès 1906. Cette copropriété a d'ailleurs toujours été une source de friction entre les deux géants. Au point que sous l'occupation allemande, pendant la Seconde Guerre mondiale, la marque est retournée sous le giron allemand, avant d'être rendue à Unilever... après la Libération ! Même scénario pour Findus, propriété d'Unilever en Italie, mais celle de Nestlé dans le reste de l'Europe.

Twix ou Raider ?

« Dans le milieu des années 90, on trouvera dans les rayons des grandes surfaces 50 % de produits portant des marques européennes ou mondiales, 35 % de régionales ou nationales, et 15 % seront des nouveautés », pronostique Hervé Ludin, directeur général en charge du développement de l'agence MGTB Ayer. Toutes les lessives de Procter & Gamble (Ariel, Bold, Dash, etc.) sont déjà vendues sous le même nom à travers l'Europe. A l'inverse, l'empire Unilever reste un imbroglio de marques nationales, résultat d'acquisitions datant de la première moitié du siècle. Par exemple, suivant le pays, le même nettoyant liquide s'appelle Cif, Jif, Vif et Vis. La nourriture pour chats Munchies est devenue Brekkies, et Mr. Dog, Cesar. La barre chocolatée Raider va pourtant retrouver le nom qu'elle porte partout ailleurs, Twix. La barre anglaise Marathon a, quant à elle, opté pour la manière douce, puisque ses nouveaux emballages portent déjà la mention « connu dans le monde entier sous le nom de Snickers ». Dans certains cas, le nom peut varier en utilisant un symbole commun. C'est ainsi qu'est apparu sur tous les écrans de télévision européens le même capitaine au long cours, avec un nom différent selon les pays : Birds Eye, Findus, Iglo, etc.

Certains, comme Gillette, pratiquent la standardisation à outrance. Le même spot de publicité, conçu et réalisé à New York, traduit en une dizaine de langues, a servi à lancer le nouveau rasoir Sensor simultanément aux Etats-Unis et dans dix-huit pays. Les habitudes de rasage sont tellement similaires que cette approche paneuropéenne présente très peu de dangers. Raymond

---

« L'Allemagne réunifiée est une chance pour l'Europe, car une Europe sans frontières est la meilleure protection que l'on puisse souhaiter. » (Otto Wolff Von Amerongen, DIHT)

Perrier, d'InterBrand, le leader britannique de l'industrie naissante des « noms de produits », confirme à *International Management* : « Aujourd'hui, tous nos clients veulent donner à leurs nouveaux produits des noms paneuropéens. Même s'ils n'ont pas l'intention d'utiliser le nom hors de leur pays d'origine, ils le protègent pour s'assurer de sa disponibilité éventuelle dans le futur. » « Pour être efficace, un nom doit communiquer l'image, le positionnement et la valeur du produit à une vitesse fantastique, reprend David Adams, du cabinet Brand New Product Development, basé à Londres. Mais surtout, le nom doit être prononçable, et compris facilement. Sinon, il risque l'oubli. »

« Baptiser » européen n'est cependant pas chose aisée. Chez Brand New, David Adams mélange des phonétiques de différentes langues européennes pour créer des « euro-noms », et déboucher peut-être un jour sur un « euro-langage ». A titre d'exemple, ces trois noms inventés pour une nouvelle spécialité fromagère danoise : DanskGyld (Danois d'Or), FesteBord (Morceau de Fête) et FriskSommer (Eté Frais). Après de nombreux tests, ces trois noms correspondent bien à l'image de qualité et d'héritage danois. A rajouter aux 600 000 marques nouvelles enregistrées chaque année. Dans ce domaine, le cordonnier est parfois le plus mal chaussé. Raymond Perrier, d'InterBrand, raconte en effet : « Obtenir les droits internationaux sur une marque relève souvent de l'exploit. Nous en avons nous-mêmes fait la malheureuse expérience lorsqu'il s'est agi de développer nos activités en Europe. Auparavant, nous nous appelions NovaMark. A notre grande surprise, nous nous sommes aperçus que ce nom était déjà utilisé ailleurs. Il nous a fallu changer de nom pour conserver une identité commune. Nos clients bénéficient aujourd'hui de cette leçon magistrale. »

« La globalisation du marché mondial signifie moins de produits différents pour davantage de pays. » (Helmut Maucher, Nestlé)

Adapter son système de production aux nouvelles contraintes du marché

Il est plus simple de livrer des voitures dans le sud de l'Italie par bateau depuis le Portugal, que de les faire descendre de Douai pour les embarquer à Marseille. Face à l'impératif européen, faut-il désormais centraliser la production, ou au contraire la délocaliser au maximum ? Si les réponses varient (il faut en effet tenir compte à la fois des coûts d'acheminement et de main-d'œuvre), une tendance naturelle semble se dessiner. Elle pousse les industriels à spécialiser chaque usine sur un produit, et à y produire l'ensemble des versions européennes, voire mondiales. Les mêmes machines à laver fabriquées par Electrolux à Revins, dans les Ardennes, sont ensuite labellisées Arthur Martin ou Faure pour le marché français, et Bendix pour le marché anglais. Le choix des sites d'implantation n'est jamais le fruit du hasard. La France constitue le premier débouché pour les machines à chargement par le dessus ? Electrolux s'implantera à Revins ! L'Allemagne constitue le premier débouché européen pour les berlines de luxe ? Ford Europe y construira son usine de véhicules haut de gamme ! Pour rationaliser leur production, les industriels européens adoptent en outre la stratégie du noyau décrite par Pascal Mourier et Didier Burgaud dans leur ouvrage *Euromarketing*. Son principe ? Faire suivre un « tronc commun » aussi long que possible à l'ensemble des produits au cours de leur fabrication, et ne personnaliser qu'en fin de parcours, pour leur donner un caractère local. C'est ainsi que les roulettes, les poignées et autres « accessoires européens » des valises Delsey ne sont assemblées qu'en bout de course. De la même façon, un énorme effort de rationalisation permet désormais à Citroën de faire suivre un tronc commun de production proche de 95 % à l'ensemble de ses véhicules européens. Y compris à ceux destinés au marché britannique, dont la conduite à gauche influe pourtant sur de nombreux paramètres. Chez Rank Xerox, chaque usine européenne a une mission particulière, et alimente le reste du continent. Les copieurs bas de gamme sont produits à Mitcheldean, au pays de Galles, tandis que les copieurs milieu de gamme sont fabriqués à Venray, en Hollande, et le matériel bureautique à Neuville-en-Ferrain, près de Lille. Du coup, Rank Xerox a renforcé sa logistique de livraison, et inauguré un centre européen de distribution occupant 250 personnes à Ostrum, en Hollande. « Autrefois, on faisait la somme des besoins et des capacités pour chaque pays, et l'on prévoyait les ajustements a posteriori. Aujourd'hui, on commence par évaluer la demande au plan européen, produit par produit, et l'on en déduit la configuration souhaitable des investissements », soulignent les experts de Saint-Gobain.

Le retour des euro-régions

En devenant une règle plutôt qu'une habitude, cette pratique de la délocalisation va sans doute faire évoluer l'identité et le fonctionnement des différentes régions européennes. Mais aussi leur découpage et leur façon de travailler ensemble. L'heure n'est plus aux querelles interrégionales, mais bien à la solidarité transfrontalière pour partir ensemble à la conquête du monde. Il ne faut pas exclure en effet que se créent à terme de véritables régions européennes, réinventant une citoyenneté de proximité, transcendant les frontières nationales et dessinées en tenant compte des particularismes linguistiques et culturels. L'Alsace pourrait ainsi constituer une grande région économique avec le Bade-Wurtemberg, tandis que Montpellier ferait partie d'une région englobant Barcelone, que la Sarre s'associerait à la Lorraine et au Luxembourg, que l'Andalousie se positionnerait comme le carrefour de l'Europe, de l'Afrique et des Etats-Unis. Lille se rapprocherait de Bruxelles. Trieste aurait un pied dans la botte, l'autre en Europe centrale, et l'Ecosse renaîtrait de ses cendres. Tournant le dos à l'hégémonie des grandes capitales européennes, chacune de ces régions a commencé à tisser des relations transfrontalières. Elles devront désormais rivaliser d'imagina-

---

« Le plus court chemin qui conduise à soi-même nous mène autour du monde. » (Hermann von Keyserling)

tion pour acquérir une dimension internationale et séduire les investisseurs.

Ne pas heurter les susceptibilités

Certaines entreprises globales analysent chaque jour l'ensemble des contraintes qui affectent leur production pour décider au mieux de l'allocation de leurs ressources. Une entreprise globale peut faire appel aux meilleures compétences là où elles se trouvent. Otis a ainsi développé en un temps record (deux ans au lieu de quatre), et à des coûts défiant toute concurrence (10 millions de dollars d'économie), un nouveau modèle d'ascenseur industriel très performant, baptisé « Elevonic 411 », grâce à l'intervention de six centres de recherche répartis dans cinq pays. Etats-Unis, Japon, France, Allemagne et Espagne ont collaboré au projet, chaque pays apportant ses compétences sur une partie spécifique.

Lorsqu'il a été question d'automatiser les filiales bancaires d'American Express dans les trente-neuf pays où la banque était implantée, il y a de cela une quinzaine d'années, la tentation était grande d'imposer un matériel équipé d'un logiciel conçu de manière centralisée aux Etats-Unis. Au lieu de cela, les responsables ont préféré expédier le matériel aux banques des pays indispensables au succès du projet. Chacune s'est vu confier la responsabilité d'une partie. La comptabilité financière à l'Allemagne, l'échange de devises au Royaume-Uni, la comptabilité des immobilisations à la France, etc. Par la suite, dès qu'un nouveau pays s'intégrait au système, une partie du projet lui était confiée. De cette manière, chacun avait la sensation d'utiliser « son » système, car il en avait inventé une partie. Peut-être une clé du succès à méditer, au moment où chacun doit apprendre à construire le village planétaire en heurtant le moins possible les susceptibilités.

« Ce qui nous intéresse, c'est davantage la mentalité que la nationalité. » (Helmut Maucher, Nestlé)

Communiquer universel

On ne compte plus en Europe les colloques consacrés à l'harmonisation de la communication au plan européen, voire mondial. Cela suppose toutefois que soient réunies plusieurs conditions. La première d'entre elles : l'existence des mêmes marques et des mêmes produits à travers tout le continent européen. Cela dans des conditions à peu près identiques de conditionnement, de distribution et de consommation.

La deuxième est de travailler avec une agence de publicité disposant d'un solide réseau européen. Longtemps absentes de la scène internationale, les agences françaises ont totalement intégré ce nouvel enjeu. Elles étendent chaque jour le champ de leurs activités à de nouveaux territoires. Décidées à ne pas laisser l'exclusivité de la création mondiale et de l'achat d'espaces à Londres (où Martin Sorrell a pris, avec WPP, le relais des frères Saatchi à la première place européenne), Tokyo (d'où Dentsu, Hakuhodo et Asatsu sont partis il y a longtemps déjà à la conquête du monde), New York et Chicago (dont les agences qui ont échappé aux appétits britanniques doivent aujourd'hui se battre sur un marché extraordinairement compétitif), des agences comme Publicis, Eurocom, RSCG et BDDP multiplient les rachats et les associations. De la sorte, on estime que 55 grandes entreprises ont ainsi fait le choix d'un réseau paneuropéen. Philips quitte 15 agences pour un réseau unique, Nivéa 45 agences pour trois réseaux, etc. Au total, 335 agences ont été abandonnées pour douze réseaux. Comme l'affirme Jean-Paul Treguer, directeur général de MGTB Ayer : « Si les annonceurs veulent jouer dans la cour des grands, ils sont obligés d'harmoniser leur communication. Nous n'avons plus le luxe du temps. Il faut arriver vite et bien. »

Troisième condition à remplir : apprendre à tenir compte des obstacles juridiques qui continuent à handicaper une communication véritablement universelle. Entre les pays qui interdisent la publicité comparative (France, Italie, Belgique, Allemagne) et ceux qui l'autorisent (Grande-Bretagne, Danemark, Pays-Bas), ceux qui interdisent d'utiliser la prestation d'un enfant ou la notion de vitesse pour vendre une voiture (France) et ceux qui bannissent toute discrimination des sexes sous quelque forme que ce soit (pays scandinaves), la communication globale prend parfois en Europe des allures de parcours du combattant.

Quatrième et dernière condition : les annonceurs paneuropéens doivent être déterminés et patients dans leur volonté de communiquer « global ». Les déceptions risquent d'être nombreuses avant que n'émerge vraiment une sensibilité européenne en la matière. La première est de ne pas commettre d'erreurs psychologiques irrattrapables. On peut en effet s'interroger sur les chances d'un Père Ducros européen en Angleterre, face à un personnage légendaire rapportant d'Inde de savoureuses épices, ou en Italie, face à une « Mamma » joviale et rassurante. En supposant néanmoins que soient réunies ces conditions, on observe actuellement trois grands scénarios de communication et d'organisation.

N'est pas Benetton qui veut

Le premier cas de figure consiste dans la centralisation par une seule agence (généralement de même nationalité que celle de l'annonceur, sauf lorsque l'on mondialise une campagne créée par une agence étrangère, comme ce fut le cas pour la campagne française Benetton, conçue par Eldorado) de toute la communication universelle d'une marque. Les campagnes sont simplement traduites, les films doublés, et diffusés tels quels dans tous les pays concernés. Ce type d'organisation centralisée peut s'appliquer à des produits dont seul le nom varie d'un pays à l'autre (par exemple Cajoline, qui utilise la création de Lintas Paris pour vendre Kuschelweich en Allemagne, Coccolino en Italie, Mimosin en Espagne et Snuggle aux Etats-Unis, avec le petit ourson symbole universel de douceur). Mais elle suppose que l'européanisation, voire la mondialisation du

---

« On ne bâtit pas l'Europe en parlant italien. » (Raul Gardini, Ferruzzi)

produit, soit déjà largement entamée. Danielle Barr, responsable du budget Dim chez Publicis, raconte : « Nous avons tourné un seul spot musical montrant une jeune femme belle, libre et insouciante en toute occasion dès lors qu'elle porte des collants Dim. Ce film fut utilisé en Europe et au Canada. Il nous a suffi de changer la voix. La cible des clientes des collants Dim est constituée de jeunes femmes aimant la mode et appréciant la qualité, mais pas prêtes à payer trop cher pour autant. La cible était donc homogène en Europe, et une seule exécution du concept était suffisante. » Une bonne idée, plus souvent visuelle (le tigre Esso, la pomme Apple, une couleur ou un code graphique, etc.) ou musicale (la musique Dim) que verbale peut permettre une campagne européenne, voire mondiale. Malgré les réticences provoquées par certaines campagnes récentes et malgré le fossé qui sépare encore certaines communautés raciales dans des pays comme les Etats-Unis, le succès de l'approche Benetton illustre à sa façon l'évolution qui s'esquisse.

Le Vietnam à Cincinnatti

A leur façon, les mannequins du monde entier annoncent l'avènement du « village global ». Aux Etats-Unis, la « femme la plus inoubliable », choisie par Revlon en 1989, s'appelait... Mary Xinh Nguyen. Une Américaine d'origine vietnamienne, âgée de vingt ans. Un choix risqué, penseront peut-être ceux de nos lecteurs qui s'efforcent toujours de présenter à leurs clients des visages, des situations ou des personnages auxquels ils peuvent facilement s'identifier. Et si ce visage aux couleurs et aux traits « différents » avait désormais plus d'impact sur la ménagère banlieusarde de Cincinnatti que l'éternelle « Bunnie » blonde aux yeux bleus et aux seins plantureux façon Playboy ? De la même façon, que penser de l'extraordinaire succès des campagnes françaises Schweppes — qui mettent en scène de magnifiques danseuses et danseurs brésiliens — ou Orangina — réalisée sur l'air de la Lambada — mais aussi de la montée en puissance de la musique africaine sur les scènes et sur les radios du monde entier ? A mesure que le monde rapetisse, sous la double influence des voyages et des technologies d'information, la communication « globale » gagne du terrain, et annexe de nouveaux territoires. Une telle communication était bien sûr techniquement possible auparavant. Les années 90 lui offrent enfin un large public.

Un positionnement commun, oui.
Non à une publicité commune

Deuxième cas de figure, beaucoup plus répandu : l'utilisation d'un concept unique, mais modulé différemment d'un pays à l'autre. « Renault, les voitures à vivre. » Le Français ou l'Allemand (« Autos zum Leben », également utilisé en Autriche et en Suisse) qui vient de passer commande d'une Clio sait-il que le slogan de la marque se décline aujourd'hui à travers toute l'Europe ? « There is more to life with Renault » en Angleterre devient ainsi « Muoversi Oggi » en Italie, « Renault, Ao ritmo da vida » au Portugal, « El placer de vivirlos » en Espagne, et « Vive la vie en Renault » en Belgique. La stratégie de l'ancienne Régie, récemment transformée en société anonyme, est de cibler chaque marché, le plus souvent au niveau national, en tenant compte du caractère global du marché européen. Une façon habile d'éviter une « Europe du plus petit dénominateur commun », qui contribuerait selon Mario Canavesi, directeur de la publicité du constructeur (qui compte parmi ses membres un Tchèque, un Belge et un Suisse), à cumuler tous les inconvénients.

Bertrand Siguier, vice-président de l'agence Publicis (qui gère au niveau mondial la publicité de Renault), décrit au magazine *International Management* les différentes déclinaisons de la campagne au moment du lancement de la Renault 5 en Europe. « La priorité était de positionner le nouveau véhicule de manière similaire à travers l'Europe. De lui donner une personnalité conviviale, énergique, voire avec une pointe de snobisme en raison de son prix et de ses attributs hors du commun. » Tout en restant fidèle à ce concept, les déclinaisons furent différentes selon les principaux pays. En France, la R5 faisait partie de la famille, au même titre qu'un animal familier. La campagne britannique, intitulée « La vôtre, comment s'appelle-t-elle ? » poussait les clients à donner un prénom à leur R 5, comme à un partenaire intime. La pub italienne mettait en valeur le côté amical du véhicule, à l'attention des conductrices. Seule l'Espagne se démarqua de la norme. La R 5 était filmée dans une course sur autoroute, donnant l'impression virile de vitesse et de puissance. Car les différences culturelles continuent d'exister, surtout pour les produits présents de longue date sur le marché européen. Clarins développe ainsi partout le même concept de marque, mais les produits et les mannequins varient d'un pays à l'autre. Même approche pour le déodorant Rexona. L'axe commun tourne autour du sport, mais fait appel dans chaque pays à des sportifs connus localement, pour développer son capital de notoriété. En 1990, le Club Med lançait lui aussi sa première véritable campagne européenne, coordonnée par RSCG à partir du concept « Le bonheur couché — Le bonheur debout » utilisé en France. « Felicità come ti va. » « Das Glück zu tun oder lasse. » « Whatever your inclination. » Le bonheur, si je veux, en somme !

Pas inventé chez nous

Troisième approche : la localisation presque totale des créations et des campagnes. Elle s'applique surtout aux produits dont les habitudes de consommation diffèrent largement d'un pays à l'autre. En effet, il est beaucoup plus difficile de « communiquer universel » pour des bières ou pour du chocolat (considéré comme une gourmandise en Europe du Sud, et comme une nourriture en Europe du Nord) que pour des produits de réputation mondiale, tels Coca Cola, Adidas, American Express, McDonald's, Levi's ou Marlboro.

Le degré de décentralisation choisi influence bien sûr les relations qu'entretiennent les annonceurs avec leurs agences. Pour profiter de la créativité de chaque

---

« La nation, oui, mais sous le gouvernement de la raison. » (Alain Minc)

culture, certains choisissent de mettre en place une « task force » européenne, qui présente cependant l'inconvénient d'une certaine lenteur et d'une relative complexité de gestion à cause du nombre élevé d'interlocuteurs. D'autres préfèrent miser sur un pays et une agence leaders. Ils assurent sans doute une meilleure cohérence à l'ensemble, mais cela présente un risque majeur : l'apparition du syndrome NIH. Si vous ne connaissez pas encore la signification de ces trois lettres mystérieuses, sachez qu'elles signifient « Not Invented Here » (pas inventé chez nous). Cette expression apparue récemment pourrait bien nous accompagner tout au long de la décennie. En présence d'un monde qui se réduit et se transforme peu à peu en village universel, les risques sont en effet de plus en plus grands que certains quartiers du village (entendez certains pays ou certaines régions) rejettent une façon de faire, de vendre ou de communiquer sous prétexte qu'elle suppose une atteinte à l'indépendance de ses habitants, un appauvrissement de leurs responsabilités ou une remise en cause de leurs capacités personnelles ou professionnelles.

Ici, ce n'est pas pareil

Livrons-nous à un bel exercice de traduction. Not Invented Here : « Cela ne nous intéresse pas, ou bien cela ne marchera pas, puisque cela ne vient pas de chez nous. » Ou bien encore : « Ici, ce n'est pas pareil ! Ce n'est pas parce que les Anglais ou les Japonais font comme cela que nous devrions en faire autant. » Au cours des nombreuses conférences que nous donnons en France et en Europe, nous nous efforçons toujours de communiquer à nos interlocuteurs les expériences que nous observons à travers le monde. Il se trouve presque systématiquement une personne au moins victime du « syndrome NIH ». Incapables de prendre notre discours pour ce que nous essayons qu'il soit — à savoir une information aussi large et objective que possible, permettant d'ouvrir de nouveaux champs de réflexion et d'action, certains se sentent attaqués personnellement par nos propos. Combien de fois avons-nous ainsi entendu le fameux « Vous voulez nous faire devenir des

Japonais ! Cela montre bien que vous ne connaissez pas le taux de suicide chez les jeunes Nippons... », qui témoigne d'un amalgame aussi réducteur que simpliste ? Souvent confronté aux mêmes réactions dès qu'il évoque l'exemple japonais, Jacques Lesourne s'explique en ces termes : « Je ne propose en rien que la France copie l'exemple japonais. Je crois simplement que ce qui est utile, c'est de réfléchir à partir de ce qui arrive dans d'autres pays, et de retrouver ses propres voies. Chaque pays essaie d'aller vers un certain résultat par ses propres moyens, avec ses propres avantages et ses propres inconvénients. La France a d'autres mérites. » Robert Waterman raconte l'histoire suivante dans *Les Champions du renouveau.* Carlo De Benedetti voulait amener les responsables d'Olivetti à voir comment travaillaient les entreprises informatiques de la Silicon Valley. Il espérait qu'ils en retireraient des idées nouvelles, de nouveaux modes de fonctionnement. « Ils étaient tous contre moi. Avec des réflexions du genre : Olivetti n'est quand même pas comparable. Comment peut-on nous comparer à un garage de Cupertino ? »

Dans le choix qu'ils feront d'une stratégie plutôt qu'une autre, les dirigeants devront donc bien sûr tenir compte systématiquement de l'effet psychologique du « syndrome NIH », et faire en sorte que ces trois lettres signifient plutôt « Now Improved Here » (maintenant amélioré par nous). Mais si l'Europe veut accéder rapidement au rang de grande puissance économique et politique, il faudra que chaque Européen accepte l'idée qu'il a tout à gagner à s'inspirer des idées des autres. Une telle curiosité ne constitue en rien un aveu de sa propre faiblesse. « Les bons artistes imitent. Les grands artistes volent », disait Pablo Picasso...

Localiser ou globaliser ?

Personne ne peut aujourd'hui affirmer avec certitude quelle est la meilleure de ces trois stratégies. Ni

---

« Penser international, penser futur, penser avant les autres. Et agir de même. » (Robert Maxwell)

offrir une quelconque généralisation du problème, compte tenu de la complexité des environnements sociologiques et concurrentiels de chaque produit. En Angleterre, les aventures de deux grand-mères jalouses d'une Mamie Nova imaginaire ne font rire personne, comme en atteste une étude réalisée par l'agence Alice et l'institut de sondage IPSOS. En Espagne, le film de Dim mettant en scène un toréador féminin aux jambes galbées pour vendre les bas Diam's a dû être amputé du plan montrant des toréadors spectateurs affublés de masques de minotaures. Au pays de la corrida, un homme corné est en effet un homme cocu ! Entre une publicité locale (qui risque d'aboutir à un véritable patchwork publicitaire européen), et une communication globale uniforme et peu créative (faute de chercher à éviter les faux pas culturels plutôt qu'à anticiper les nouveaux courants culturels), il convient aujourd'hui d'analyser en permanence l'évolution des attentes et des sensibilités des clients européens.

Cinq critères pour passer d'une stratégie à l'autre

En utilisant le temps mis par une marque pour s'imposer sur ses différents marchés, il est possible de passer d'une stratégie à une autre, en tenant compte de cinq critères clés, recensés par le magazine *Communication C&B News*.

La culture d'entreprise et la structure organisationnelle de l'annonceur, tout d'abord. Plus l'entreprise est décentralisée, plus grandes sont les chances que sa communication européenne soit elle aussi décentralisée. La cible à laquelle s'adresse le produit, ensuite. Plus elle est restreinte et spécifique, et plus le besoin qu'elle exprime est homogène, plus la communication peut être globale. Le secteur de marché du produit est le troisième élément à observer. La communication de secteurs tels que le luxe, le tabac, l'hygiène beauté, l'automobile et certains services (compagnies aériennes, cartes bancaires, etc.) a pris une incontestable avance européenne.

« Universel veut dire : ce qui, unique, verse pourtant dans tous les sens. » (Michel Serres)

Le niveau de concurrence sur les différents marchés détermine également le type de coordination à privilégier. Plus la concurrence est homogène, plus il est efficace de prôner partout le même discours, tandis qu'un marketing plus ciblé est nécessaire s'il existe de fortes distorsions. L'héritage socioculturel du produit, enfin. Un produit totalement nouveau, ou répondant à un besoin nouveau, ne s'inscrit dans aucune tradition culturelle. Il crée ses propres habitudes de consommation, et le terrain vierge qu'il explore permet plus facilement de véhiculer un message publicitaire unique, et de développer rapidement une identité européenne, voire mondiale. La protection de l'environnement, par exemple, va sans doute constituer l'une des données permanentes de cette fin de siècle. Le boom des produits verts et autres articles allégés que connaît la France depuis quelques années ne se limite pas aux seules frontières de l'Hexagone. Papier toilette fabriqué à partir de papier recyclé, piles sans mercure, sacs-poubelle biodégradables, lessives sans phosphates, changes pour bébé non blanchis au chlore, aspartam et produits « light » ou « diet » envahissent les rayons de Monoprix autant que ceux de Sainsbury, d'Aldi, d'Inno ou de Migros. La plupart des Européens sacrifient désormais au rite du yaourt au bifidus actif. Il est — heureusement — difficile partout de trouver aujourd'hui un produit cosmétique ou domestique qui n'affiche pas fièrement le logo « Protège la couche d'ozone ». L'exemple récent de Tenglemann, numéro un allemand de la distribution, déréférençant les laques de L'Oréal, numéro un mondial des cosmétiques, pour cause de présence excessive de CFC, est à cet égard significatif. Partout en Europe, on commence enfin à comprendre que « nous n'avons pas reçu la terre de nos parents, mais que nous l'avons empruntée à nos enfants », comme l'écrit Hubert Reeves.

Jouer l'émotion plutôt que la technique

Ces multiples contraintes rendent absolument indispensable une connaissance approfondie des différents marchés, de leurs attentes et de leurs spécificités. Pour révéler les interactions entre attitudes et émotions, pays par pays, et valider des territoires de communication et des concepts créatifs véritablement européens, Hervé Ludin a mis au point en collaboration avec Insight la Trans-Euro-Communication. Elle s'appuie sur les convergences entre Européens plutôt que sur les divergences. Partant du principe que communiquer n'est pas répondre aux attentes des consommateurs, mais connaître et évaluer ce qu'ils sont capables d'accepter. « Nous avons voulu dépasser la querelle du qualitatif et du quantitatif, en travaillant plus sur la notion d'imaginaire européen », explique au magazine *C & B News* Georges Guelfand, codirigeant d'Insight. « Nous avons donc choisi d'exposer les consommateurs européens aux différentes publicités de cinq pays d'Europe — Grande-Bretagne, Allemagne, France, Italie et Espagne — pour dépasser les empreintes culturelles laissées par leurs propres pubs et ouvrir l'esprit à de nouveaux discours publicitaires. Deux approches complémentaires ont été utilisées : l'analyse sémiologique et le focus group projectif. » Appliquée au café, cette méthode révèle, on s'en doute, des différences nationales importantes, et trois axes de communication spécifiques. L'axe bénéfice-produit tout d'abord (le café « réveil » séduit les Italiens, les Français et les Espagnols, tandis que le « café détente/dégustation emporte l'adhésion des Anglais et des Allemands), qui ne permet pas une forte personnalisation de la marque, et qui bénéficie d'un pouvoir fédérateur limité. L'axe de la culture-produit ensuite (son histoire, sa richesse et son authenticité), qui lui confère un aspect noble et pur, autorisant un fort pouvoir fédérateur. L'axe de l'imaginaire enfin (qui met en avant l'invitation au plaisir ou au rêve sur fond de sensualité, de séduction et d'exotisme), qui autorise quant à lui une forte personnalisation de la marque, et emporte l'adhésion d'une majorité d'Européens. Une typologie qui ne doit pas faire oublier un quatrième axe, qui regroupe des valeurs européennes communes : le mystère, partagé par tous et toutes.

Un exemple à méditer. Soucieux de développer sa notoriété à l'extérieur de l'Hexagone et de mieux vendre son image, Rhône-Poulenc, le géant français de la chimie, a développé à travers sept visuels une campagne européenne axée sur un message universel de bienvenue : « Bienvenue dans un monde… de santé, de progrès, plus sûr, plus propre, etc. » Face au travail que représente la recherche d'un concept capable de transcender les clivages locaux, de nombreux annonceurs paneuropéens essaient ainsi de s'inscrire dans des territoires de communication qui exploitent des valeurs universelles, et de jouer l'émotion plutôt que l'humour ou la technique. L'eau d'Evian incarne l'équilibre, le Club Méditerranée le bonheur, Benetton l'antiracisme, Marlboro l'aventure, Orangina la latinité.

Les années 80 sont bel et bien terminées. L'époque où il suffisait aux chefs de produit de réunir quelques clients nationaux au sein d'un focus group, et aux créatifs des agences de publicité de se faire plaisir en créant un slogan franco-français appartient au passé. Quelles que soient la taille de l'entreprise et la nature de ses produits ou de ses activités, il est désormais impossible de faire abstraction de l'avènement du village global. Tous les éléments de notre stratégie vont s'en trouver affectés. A commencer par notre perception des autres, et de leurs différences.

6

Dis-moi, et j'oublie. Montre-moi, et je peux me souvenir. Inclus-moi, et je comprendrai.

Proverbe chinois

Paradoxe n° 6

Affirmer sa culture à travers celle des autres

Ce sera apprendre une autre langue pour défendre la sienne. Offrir à ses collaborateurs une « vision ». Former mieux — Former autrement. Dissiper les malentendus. Mélanger les nationalités. Avoir une pensée bilingue. Et favoriser le brassage dans l'entreprise.

Connaissez-vous l'histoire de Maman Souris qui se promène dans la maison avec ses petits souriceaux, et qui rencontre un grand chat noir ? Ce dernier prend l'air menaçant, affiche un sourire carnassier, et s'approche lentement mais sûrement de la petite famille terrorisée. Ne perdant pas ses moyens, Maman Souris regarde le chat dans les yeux, prend une grande inspiration et se met à... aboyer ! Effrayé et surpris, le chat prend la poudre d'escampette. Maman Souris rentre alors tranquillement à la maison, et explique à ses petits la morale de cette histoire : « Dans la vie, leur dit-elle avec fierté, il faut être bilingue. »

Pourquoi les Italiens s'avèrent-ils incapables de parler anglais couramment et sans accent ? Pourquoi les Allemands se montrent-ils si inflexibles ? Pourquoi les Français perdent-ils autant de temps à discuter et à réfléchir ? Pourquoi les Anglais sont-ils si réfractaires à l'idée d'intégration européenne ?

Les Européens se côtoient sans se connaître. S'observent sans se comprendre. Et passent à côté des différences qui pourraient les enrichir. La liste des questions qui reflètent nos incompréhensions pourrait à elle seule alimenter notre livre. Notre objectif n'est pas ici de répondre à chacune d'entre elles. Mais d'éviter de se les poser encore dans cinq ans. Face à la globalisation de nos économies, les stratèges et les dirigeants d'entreprise multiplient les projets de développement qui les poussent hors de leurs frontières naturelles. Tant mieux. Mais combien d'entre eux peuvent affirmer parler — même un peu — la langue des pays où ils souhaitent se développer ? Combien peuvent prétendre y avoir déjà passé un week-end, quelques jours de vacances, invité par un ami ou par un proche originaire de ce pays ? Combien ont eu l'occasion d'expérimenter au quotidien la façon dont on y traite les affaires ? Combien y ont fait leurs courses dans un supermarché, pour comprendre comment on s'y nourrit ? Combien sont allés voir un film dans un petit cinéma de quartier d'une ville de banlieue ? Au cours des nombreux voyages que notre métier nous amène à faire aux quatre coins du monde, nous sommes toujours frappés de constater combien une poignée de main, une façon de dire « bonjour » ou de signifier sa gratitude à un interlocuteur sont révélatrices des habitudes et des valeurs d'une société. Combien il est important de respecter celles de ses interlocuteurs, plutôt que de leur imposer les nôtres. Malheureusement, la plupart d'entre nous considèrent systématiquement leur environnement culturel comme évident. « Vérité en deçà des Pyrénées, erreur au-delà », disait déjà Blaise Pascal.

Au Moyen Age, les intellectuels communiquaient dans une langue dérivée du latin, la « lingua franca ». Au XVIe siècle, le Hollandais Erasme s'affrontait à l'Allemand Luther en latin. A l'aube du troisième millénaire, les différences linguistiques continuent de constituer un obstacle à l'idée même d'identité européenne. Mais la construction européenne nous offre une chance unique de remettre de l'ordre dans tout cela.

Côté pile, la France. 95 % des Français ne parlent aucune langue étrangère. Interrogées fin 1989 par la société CMS, près d'un tiers des entreprises françaises reconnaissent être totalement incapables de traiter un appel téléphonique ou un courrier en langue étrangère. Un patron français sur deux ose avouer ne pas dépenser un seul centime pour y remédier. Il y a quelques années, Michel Polac dans un « Droit de réponse » qui fit date démontrait que plus de la moitié des standardistes des grands groupes français étaient incapables de s'exprimer en allemand ou en anglais. Pis encore : 14 % seulement des patrons interviewés par CMS jugent leur entreprise capable de travailler en allemand (contre 45 % pour l'anglais). Alors même que l'Allemagne est le pays avec lequel ils déclarent travailler le plus souvent.

Côté face, l'Allemagne. Selon un sondage effectué auprès d'un panel de jeunes managers (vingt-cinq à quarante ans), pour l'hebdomadaire économique *Manager Magazin*, 87 % d'entre eux affirment parler l'anglais couramment. Les deux tiers possèdent en outre une langue supplémentaire. Une force qui résulte de l'année passée par nombre d'entre eux aux Etats-Unis avant leur baccalauréat, ou de l'enseignement d'une première langue étrangère dès la neuvième.

« No English, no promotions... »

Imaginez votre réaction si l'entreprise dans laquelle vous travaillez appliquait la méthode « no English, no

---

« L'histoire n'en finit pas de ruser : à nos risques et périls. » (Alain Minc)

promotions ». Pratiquée par certaines sociétés japonaises, elle force leurs cadres à apprendre la langue de Shakespeare... Imaginez aussi votre réaction, si l'on vous annonçait que l'un de vos jeunes collaborateurs vient d'être nommé au poste de directeur du marketing (poste que vous convoitiez pourtant depuis plusieurs années) au seul prétexte qu'il est de tous les cadres celui qui maîtrise le mieux l'anglais et l'allemand... Imaginez enfin votre rage de ne pas faire partie du voyage organisé en Italie par votre P-DG pour y rencontrer les responsables du groupe auquel votre entreprise vient de s'associer... Plus prévoyants que vous, certains collègues avaient eu la sagesse de se mettre à l'italien il y a un an déjà ! Chez Thomson, à La Défense, tous les mémos sont rédigés en anglais. Et pas uniquement pour faire plaisir à l'Américaine Denise Silber, directrice du marketing... Dans toutes les filiales européennes de l'américain Procter & Gamble, l'anglais est la langue de travail interne.

« J'élimine directement les CV évoquant seulement des " notions " d'anglais », explique Jean-Charles Jubault, directeur des Relations humaines de Carnaud, rebaptisé CMB après la fusion avec le britannique Metal Box. Pour apprendre aux 160 membres du comité opérationnel et à leurs secrétaires à rédiger leurs notes internes, mémos et rapports dans cette langue que peu d'entre eux maîtrisaient, il a lancé en 1989 l'opération « Tailor : cent cinquante jours pour gagner la Manche ! » Quelque peu déroutés mais pleins de bonne volonté, leurs homologues britanniques se sont mis au français...

« *No pain, no gain...* »

Pas de résultat sans effort. Certains ont la chance de pouvoir s'exprimer aisément dans plusieurs langues. Tel Derik Herning. A cinquante-huit ans, ce célibataire qui enseigne l'allemand et le norvégien dans un lycée des îles Shetland vient de gagner le premier concours « Le

---

« La peur est essentielle. » (Jean-Michel Jarre)

Polyglotte d'Europe », récemment organisé en Belgique. Avec, tenez-vous bien, vingt-trois langues à son actif (l'anglais, le français, l'espagnol, l'italien, mais aussi, par exemple, le danois, l'islandais, le russe, le polonais, le tchèque, le bulgare, le serbo-croate, le grec moderne, etc.). De quoi vous donner des complexes. Au printemps 1990, il s'est mis à l'ukrainien, « parce qu'il comptait passer deux semaines en Ukraine l'été suivant »...

« European spoken here. » (Ici, on parle européen.) Contrairement à ce qu'affiche le slogan publicitaire du magazine anglais *The Economist,* le vieux continent demeure une véritable mosaïque de langues riches d'histoire, qui ont résisté aux siècles et nous distinguent sans nous opposer. Une langue ne se réduit pas en effet à un simple code. Mais plutôt à une manière particulière d'appréhender la réalité, de la saisir, de s'exprimer. Comme l'écrit Maurice Allais, « la langue d'un peuple représente une partie de son âme, et un strict bilinguisme risque de compromettre son épanouissement. En réalité, ce dont nous avons tous besoin, nous Européens, c'est d'un plurilinguisme, au moins d'un trilinguisme ». Il va évidemment falloir apprendre à surmonter ce que cette diversité suppose d'inconvénients. Aller vers les autres au plus vite. En parlant comme eux. Plus on connaît de langues, mieux on peut défendre la sienne. Un vaste chantier européen pourrait nous y aider, où la coopération serait facilement réciproque. Un chantier qui viserait la maîtrise par chacun des citoyens de la Communauté de deux langues vivantes étrangères, et tiendrait compte des spécificités de chaque région européenne. C'est ainsi qu'il faudrait encourager en France l'enseignement de l'espagnol ou du portugais dans le Sud-Ouest dès l'école primaire. Celui de l'italien dans le Sud-Est. De l'allemand dans l'Est, et de l'anglais dans le Nord. Cette dernière langue devant faire partie des trois langues obligatoires. Il faudra pour cela bousculer pas mal d'habitudes, et vaincre de nombreuses réticences. « Ma patrie, c'est ma langue », s'écriait un jour le président portugais Mario Soares. L'éducation multilingue n'est pas un combat simple, et réveille bien des passions.

Heureusement, les comportements évoluent. Nous sommes loin des années 70, où les entreprises subissaient l'obligation de formation (le fameux « 1,1 % » français) plus qu'elles ne l'anticipaient. « Nous avions signé un contrat avec une société, se souvient Chantal Van de Casteele, aujourd'hui responsable de Polyphones Langues, et nous attendions désespérément les stagiaires. Ils ne sont jamais venus. Réponse de leur directeur : “ Vous avez eu l'argent. Vous ne voulez pas, en plus, des élèves ! J'en ai besoin au bureau ! ” » Au Crédit Mutuel d'Artois-Picardie, tous les guichetiers du réseau en contact avec des touristes, principalement anglais, suivent désormais une formation spécifique. Chez Esydel, une petite entreprise française fabriquant des distributeurs de tickets de péage pour autoroutes, les 200 salariés savent aujourd'hui qu'il faut au moins 150 heures de cours (et au moins autant de travail personnel) pour apprendre les 2500 à 3000 mots indispensables pour comprendre et s'exprimer dans une langue étrangère. Il faut dire que, rachetés par les Britanniques, ils n'ont pas vraiment eu le choix, au moment où l'usage de l'anglais devenait obligatoire dans la maison.

Shakespeare pas mort

Partout, la langue anglaise fait figure de grand méchant loup. En 1985, certains journalistes français à la pointe de la modernité avaient quitté la salle de conférences du Salon du Bourget parce que le président de l'Aérospatiale, Bernard Lathière, avait commencé son discours dans la langue de Mickey. Toujours à l'avant-garde, des élèves de l'ENA avaient quant à eux refusé en 1987 de travailler sur des documents traitant des relations commerciales entre la France et les Etats-Unis, sous le seul prétexte qu'ils n'avaient pas été traduits dans leur langue. De quoi frémir, quand on imagine l'ouverture d'esprit qu'une telle attitude suppose de la part de nos futures « élites »... Plus pragmatiques, les hommes d'affaires scandinaves font systématiquement imprimer

---

« Il ne faut jamais prendre les voies autorisées . » (Jean Cocteau)

leurs cartes de visite en anglais, et certains Danois estiment que leur langue (parlée par cinq millions de personnes seulement) devrait être officiellement... remplacée par l'anglais. « Dans le monde des affaires, aime dire Jean-Louis Beffa, s'il faut nommer trois langues à apprendre, c'est très simple. L'anglais, l'anglais et l'anglais. Il faut la maîtriser totalement. Une connaissance partielle peut, en effet, provoquer des drames, conséquences de malentendus. » Une conviction qui ne l'a pas empêché d'imposer le français pour les réunions du groupe à New York, Singapour ou Genève. La maîtrise de l'anglais par les cadres des entreprises est en effet devenue une question de survie. Mieux vaut annoncer la couleur aujourd'hui. 80,6 % des entreprises considèrent l'anglais comme la priorité numéro un (contre 43,7 % pour l'espagnol et 41,1 % pour l'allemand). Près d'un milliard et demi d'individus dans le monde s'expriment en anglais. Même si ce n'est la langue natale que de 400 millions d'entre eux. Qu'on le veuille ou non, elle sert de sésame dans l'Europe des affaires. Paradoxalement, la langue anglaise se trouve menacée sur son propre terrain. Par exemple aux Etats-Unis, où la montée en puissance de l'immigration hispanique a poussé des Etats comme la Californie ou la Floride à la protéger au plan légal. Ces États ont ainsi imposé deux langues officielles : l'espagnol et... l'anglais !

L'importance de l'anglais n'exclut nullement l'apprentissage des autres langues européennes. N'oublions jamais que l'on achète peut-être en anglais, mais que l'on vend plus facilement dans la langue de son client. C'est ce qui est ressorti des travaux d'un colloque international sur le bilinguisme, tenu en 1990 dans la ville italienne d'Aoste. Un lieu hautement symbolique, puisque les langues des deux versants des Alpes y ont droit de cité. En vertu du statut spécial qui régit cette province autonome depuis 1948, le français et l'italien doivent en effet y être placés sur un pied d'égalité dans tous les domaines de la vie publique. Face au danger

---

« Les immigrants apportent à l'Europe le sang nouveau qu'elle n'arrive plus à produire. » (Edgar Morin)

d'un unilinguisme, anglais notamment, qui appauvrirait la diversité, les experts réunis ont proposé aux gouvernements un projet fondé sur deux grands principes. En plus de leur langue maternelle, les écoliers devraient, très jeunes, en apprendre une deuxième qui ne serait pas enseignée uniquement en tant que telle, mais utilisée comme véhicule de différentes disciplines. Une troisième langue serait en outre rendue obligatoire dès l'entrée en secondaire. Un projet qui révolutionnerait bien des habitudes, quand on sait que seuls les Pays-Bas et le Luxembourg enseignent une langue étrangère dès l'école élémentaire. Dans l'Europe de demain, toutes les entreprises auront une langue commune, l'anglais, qui se superposera aux langues locales, ... et au langage de l'entreprise.

« *Sprechen Sie Deutsch ?* »

A moins que l'allemand ne devienne peu à peu demain la langue de l'Europe, comme l'affirme Daniel Bernard, responsable à quarante-cinq ans de la direction internationale des activités commerciales de Metro International. Selon lui, on s'achemine vers une Europe du Centre, construite autour de Berlin et de Vienne. Dans une CEE forte de douze pays et de neuf langues différentes, après la réunification de l'Allemagne et au moment où l'Europe de l'Est se rapproche de l'Europe de l'Ouest, la langue allemande pourrait fort bien constituer une rivale sérieuse à l'hégémonie de l'anglais. Etre trilingue aujourd'hui devient une ambition raisonnable. Fortement implantée en Allemagne, Sommer-Allibert doit une partie de ses conquêtes internationales à la philosophie qui anime Marc Assa, président du directoire, qui la résume en ces termes à François Roche, rédacteur en chef du magazine *A pour Affaires* : « Lorsque deux personnes de nationalités différentes se rencontrent, l'une au moins doit pouvoir s'exprimer dans sa langue maternelle. Lorsque les Français se rendent en Allemagne, ils doivent pouvoir s'exprimer en allemand. C'est très important. Et d'ajouter : Vous ne pouvez plus vous permettre aujourd'hui de communiquer avec des cadres ou des dirigeants allemands en anglais. Je vais plus loin. Il me paraît fondamental que les cinquante cadres dirigeants du groupe Sommer-Allibert puissent s'exprimer en quatre langues : anglais, français, allemand et espagnol. »

Passer d'une langue à une autre

En Belgique, une entreprise wallone avait affiché une banderole portant l'inscription suivante : « Ici, on parle français. » Une société concurrente, installée dans la partie flamande, lui avait répondu par banderole interposée : « Ici, on travaille. » Véritable laboratoire biculturel de l'Europe, la Belgique fait à cet égard figure de pionnier. Sa situation particulière mérite qu'on s'y arrête un instant. Peuplée au nord par six millions de Flamands (parlant hollandais, votant conservateur et de confession majoritairement catholique) au sud par quatre millions de Wallons (parlant français, votant socialiste et moins pratiquants), la Belgique est habituée depuis longtemps aux antagonismes linguistiques et culturels. Un Flamand n'acceptera de vous parler français que si vous n'êtes pas wallon. De la même façon qu'un touriste visitant Liège, capitale de la Wallonie, aura du mal à trouver quelqu'un parlant une autre langue que le français. Afin de rallier les points de vue et de ménager les susceptibilités, la plupart des managers belges passent aujourd'hui en permanence d'une langue à l'autre pendant leurs présentations ou leurs discours. Une gymnastique intellectuelle surprenante pour les non-initiés (que nous avons vécue par exemple lors d'une conférence que nous faisions devant tous les collaborateurs de Bull Belgique), mais qui se révèle fort utile à quiconque souhaite comprendre ce que sera l'Europe de demain.

Sept mots de trop...

« Cela va tellement loin que l'on me reproche parfois d'avoir prononcé sept mots de plus dans une

---

« Les inhibitions viennent de la peur du jugement des autres. » (Gilbert Trigano, Club Méditerranée)

langue plutôt que dans l'autre », nous expliquait récemment Raymond Vaxelaire, qui intègre le facteur biculturel dans chacune de ses décisions. Tout comme d'ailleurs le font la plupart des Européens peuplant les états-majors des innombrables entreprises américaines, japonaises ou européennes ayant élu domicile en Belgique. « Il est frappant de constater que les langues semblent avoir un impact sur le comportement professionnel des gens, explique l'un d'entre eux, basé à Bruxelles. Disciplinés, efficaces, soucieux du respect des délais, les Flamands ont un mode de fonctionnement proche de celui des Allemands, affirme-t-il. Les Wallons, à l'inverse, improvisent davantage " à la française ". Mais ils sont aussi plus chaleureux et plus décontractés. » Pierre Vinken, P-DG d'Elsevier, numéro deux de l'édition aux Pays-Bas, évoque quant à lui en ces termes les barrières frontalières, qui compliquent encore les difficultés linguistiques : « Les Pays-Bas et la Belgique flamande parlent une seule et même langue, le néerlandais, et pourtant les journaux nationaux néerlandais ne sont pas lus en Belgique flamande. Pas plus, d'ailleurs, que les quotidiens belges aux Pays-Bas… »

L'Europe va donc forcer chacun d'entre nous a parler trois langues européennes. Il faut bien sûr que chacun y mette du sien et éprouve pour sa langue une réelle ambition internationale plutôt qu'une banale fierté chauvine. « La France est parvenue à éliminer son agressivité et sa méfiance envers l'Allemagne », confie l'Anglais Théodore Zeldin, l'un des meilleurs observateurs de la société française, au magazine *L'Evénement du Jeudi.* « Je me demande pourquoi vous êtes incapables de faire cet effort avec les Anglais. Ce serait pourtant possible, car vous êtes obligés d'apprendre l'anglais. Ce qui vous gêne, c'est que nous n'apprenions pas votre langue. Vous devriez nous envoyer des institutrices. Faites-en une priorité. Mais cela implique que vous envisagiez les relations internationales de manière plus large. Vous êtes trop élitistes. Pour votre langue comme pour la cuisine. Celle-ci est appréciée par les

---

« Un espace européen unique n'est pas incompatible avec la diversité. » (Raul Gardini, Ferruzzi)

gens aisés. Mais vous avez perdu la guerre culinaire. Ce sont les Chinois qui l'ont gagnée chez nous, parce qu'ils ont fait de la restauration bon marché. » Un jugement éclairé qui mérite réflexion.

Offrir à ses collaborateurs une vision

« Quand vous demandez aux hommes d'aller dans les étoiles, ils y arrivent... » A sa façon, le Français Jean-Marie Descarpentries est peut-être un peu japonais, tant il semble avoir le temps pour lui... « Chacun d'entre nous aime partager un rêve impossible. Et plus c'est impossible, plus c'est facile », affirme-t-il sans hésitation. Lorsque nous l'avons rencontré pour la première fois à Paris en octobre 1989, au terme d'une présentation menée tambour battant en langue française à partir de transparents rédigés en anglais, il fut égal à lui-même : « Qu'on arrête de me parler du choc des cultures ! Rien ne sépare a priori davantage un Français d'un Anglais, et nous sommes pourtant en train de bâtir une success-story autour de nos réussites communes. Nous sommes incapables de nous mouler, à la japonaise, dans un seul et même rôle, et c'est sans doute ce qui fait la plus grande force de l'Europe. Les Espagnols resteront longtemps des Espagnols, les Allemands des Allemands, les Italiens des Italiens, et c'est très bien ainsi. Plus l'entreprise est décentralisée, moins les problèmes de culture se posent. Bien sûr, des tas de choses continuent de m'énerver chez nos amis britanniques... Quand je leur demande par exemple quelle est leur part de marché, ils me répondent presque systématiquement qu'elle est... significative ! Quand je leur demande si elle augmente ou si elle diminue, ils me répondent que cela dépend ! Il faut pourtant apprendre à s'en accommoder, et surtout ne rien imposer. L'Anglais excelle à utiliser le travail des autres, tandis que le Français croit être passé maître dans l'art d'utiliser sa propre intelligence. Tout cela va avoir de moins en moins d'importance. Mieux vaut avancer dans le désordre que piétiner dans l'ordre. »

Pour l'entité CMB nouvellement constituée, tout a commencé dans le désert jordanien, en 1989. Les trente membres de son état-major (pour la plupart anglais et français) ont été conviés à un voyage exceptionnel de huit jours. Après avoir laissé la « magie du désert » et les charmes de l'aventure rompre la glace pendant les cinq premiers jours (« On est parti sur les traces de Lawrence d'Arabie, on s'est perdu, on a parlé de tout sauf du business, on a bu, appris à s'estimer, à communiquer en deux langues du mieux que nous pouvions, mes collaborateurs m'ont vu me raser chaque matin à moitié nu, car j'avais oublié mon pyjama, etc. »), l'état-major de CMB a passé trois jours dans un hôtel pour tenter de définir la vision du groupe. Une vision qui englobait à son terme la planète tout entière : atteindre 100 milliards de chiffre d'affaires en 2001. Pour y parvenir, CMB devait néanmoins dans un premier temps choisir de se concentrer sur un continent prioritaire. Ce sera l'Europe, n'en déplaise à certains Anglais, désireux d'être tout de suite un groupe international. Une déception rapidement balayée par la suggestion de l'un d'eux, qui proposa la notion — unanimement acceptée cette fois — de « groupe européen à vocation internationale ». Après avoir comparé cette vision à la situation actuelle de l'entreprise (pour éviter d'être totalement déconnecté de la réalité), ils ont élaboré les objectifs prioritaires permettant de s'en rapprocher, et établi les règles du jeu à mettre en place. Lorsqu'on l'interroge sur la différence entre le concept de « vision » et le plan à cinq ans, Descarpentries s'enflamme : « Rien à voir ! Un plan, c'est établi pour une courte période. Cela manque d'ambition. Un projet, c'est déjà mieux, mais c'est limité dans le temps, et c'est souvent conçu par un homme seul, par exemple en vue du redressement d'une entreprise. Une vision, c'est un projet fou, aux limites de l'impossible, sans délais précis de réalisation, et qui oblige

---

« Lorsque les hommes travaillent ensemble, les montagnes se changent en or. » (Proverbe chinois)

l'entreprise à se dépasser, à adopter de nouveaux modes de fonctionnement. »

A bas les règles, vive les valeurs !

Après avoir hérité des années 60 les « managers » façon Harvard et General Motors, qui amenaient dans leurs bagages la direction par objectifs et une façon plus scientifique de gérer l'entreprise, l'Europe a plébiscité les entrepreneurs. Notamment les entrepreneurs propriétaires. Ceux qui avaient une vraie légitimité. Après avoir ensuite flirté quelque temps avec le concept du leader, l'Europe est en train de révéler une génération d'hommes et de femmes sans nom particulier, que certains se risquent toutefois à appeler des « catalyseurs ». Des charismatiques purs, dont la particularité est de savoir vous faire rêver, et vous faire croire qu'ensemble, vous irez dans les étoiles. Des hommes et des femmes dont la légitimité provient justement de leur capacité à entraîner ceux dont ils assument la responsabilité.

« La fusion fait la force… Quand derrière la fusion il y a une vision », proclame la campagne publicitaire lancée par Pinault et la CFAO au moment de leur fusion. « La vision, c'est savoir où il faut aller, et comment. C'est savoir ce qu'on peut attendre de son entreprise et comment la renforcer pour atteindre son but. » Bertrand Collomb, P-DG de Lafarge-Coppée, deuxième producteur mondial de ciment, remarque que, depuis des années, l'éthique commune du groupe, cette culture d'entreprise ne change pas. Elle est même contagieuse. Il confie à *L'Expansion* : « Il s'agit d'une transparence intérieure à tous les échelons, d'une façon chaleureuse de s'adresser la parole dans les couloirs, de rêver ensemble au long terme en quelque lieu de la planète où se trouvent dispersés les 30 000 collaborateurs du groupe. Ces valeurs dérivent-elles d'un fond culturel national ? Je constate qu'elles se sont enrichies à mesure

---

« Les hommes ne voient la nécessité que dans la crise. » (Jean Monnet)

que s'élargissait l'implantation mondiale du groupe, et que nos équipes américaines les adoptaient naturellement. »

Pour fonctionner, la vision doit répondre à un certain nombre de caractéristiques. D'abord être radicalement différente des projets déjà existants. Elle ne peut en aucun cas n'être qu'une réplique du passé. Elle doit apparaître comme évidente aux collaborateurs de l'entreprise. Sa formulation compréhensible par chacun d'entre eux. Incarnée personnellement par le dirigeant, elle doit leur offrir un réservoir d'enthousiasme et de volonté.

« Who's French ? Who's English ? Who cares ? » Cette accroche insolite est signée Matra Marconi Space, « première entreprise spatiale internationale ». « Nous avons une seule culture : l'espace. Pour nous, l'expertise compte bien plus que la nationalité. » Matra Espace et Marconi Space Systems enfoncent le clou ; le business contribue efficacement à gommer les frontières, à condition qu'il soit porté par une vision. Ce sera vrai demain pour toutes les entreprises européennes.

Septembre 1989. Airbus dévoile à travers la presse du monde entier sa nouvelle campagne de publicité, et en profite pour mettre en valeur l'état d'esprit « service » qui semble guider l'entreprise : « We fit aircraft to passengers, not passengers into aircraft. » Premier vrai produit européen et grand concurrent du géant américain Boeing, l'avion de ligne Airbus illustre brillamment la mondialisation de notre économie. Sa voilure est l'œuvre de l'anglais British Aerospace, son fuselage central et arrière celle de l'allemand MBB, son empennage celle de l'espagnol Casa, ses bords d'attaque sont belges, et ses réacteurs sont fabriqués en Angleterre par Rolls-Royce, ou aux Etats-Unis par un constructeur franco-américain. Le tout est assemblé à Toulouse, vendu à toutes les compagnies aériennes qui veulent bien l'acheter, et pourrait bien constituer un exemple à suivre, tant il a valeur de symbole ! Un symbole qui donne actuellement du fil à retordre à Boeing, son

---

« Accueillir l'autre, c'est s'élargir soi-même. » (Gilbert Trigano, Club Méditerranée)

principal concurrent, qui reste aujourd'hui tout-puissant mais chez qui l'on confie désormais à mi-voix : « Au début, vous nous amusiez. Dans les années 80, nous vous avons observés avec attention. Nous allons maintenant devoir vous craindre. » Les difficultés culturelles que rencontre parfois le GIE sont plutôt bien vécues par les « Airbusiens », qui semblent avoir conservé une âme de pionnier. Leurs deux grands thèmes fédérateurs — l'avion qu'ils produisent et l'Europe qu'ils construisent — ont jusqu'à présent laissé au second plan les obstacles culturels que rencontre la gestion des hommes. Une entreprise monoproduit, une industrie de haute technologie valorisante, un objectif clair et un concurrent américain tout-puissant. La culture d'entreprise, très forte, parvient ici à prendre le relais des cultures nationales.

L'éducation au tableau d'honneur européen

« Vous avez le choix, lance Théodore Zeldin aux Français. Ou votre pays se replie, se rétrécit sur ses dimensions hexagonales, ou il renoue avec ses traditions universalistes. La France a inventé la liberté pour tout le monde, pas seulement pour elle-même. Elle ne peut donc pas se contenter d'être un pays européen. Cela signifie qu'elle ne saurait se satisfaire d'implanter ici ou là de petites universités qui resteront de troisième ordre, mais qu'elle doit tisser un réseau international qui polarise tous les courants intellectuels du futur. La France est assez ambitieuse pour relever ce défi. »

La compétitivité d'une nation se mesure davantage à la qualité de sa matière grise qu'au volume de ses exportations, ou au niveau de son inflation. Côté pile, le rejet méprisant de l'apprentissage et l'admiration aveugle pour des universités qui fabriquent souvent autant de chômeurs que de diplômés. Côté face, 500 000 entreprises qui consacrent chaque année 70 milliards de francs à l'apprentissage de 440 métiers. Des étudiants qui passent 50 % de leur temps en entreprise pendant trois ans, et le reste au lycée, et un taux de chômage des jeunes trois fois moins élevé en Allemagne qu'en France (ces chiffres datent d'avant la réunification).

Des individus complets. Pas des crânes d'œuf

Le métissage des cultures rencontre d'autant moins d'opposition qu'on s'y prépare dès le plus jeune âge. Les expériences éducatives menées à travers l'Europe donnent ainsi de quoi réfléchir. A Bruges, le Collège d'Europe plonge chaque année 250 étudiants de 27 nationalités différentes dans une atmosphère étonnamment cosmopolite. « Un bouillon de cultures frémissant, au cœur de la Flandre occidentale », pour reprendre l'expression d'Agnès Baumier, qui lui consacrait récemment un article dans *L'Express* décrivant en ces termes l'objectif de l'école : « Créer une génération neuve d'Européens pure souche à partir de Turcs et de Grecs qui ne peuvent pas se voir, de Néerlandais et d'Allemands qui s'ignorent ostensiblement, de Castillans et de Catalans qui s'évitent. » Partout, on commence à secouer le melting-pot. Au lycée Lord-Grey de Milton Keynes (Grande-Bretagne), on redouble rarement, et les notes servent plus d'indicateurs que de couperets assassins. Les après-midi sont consacrées au sport et aux activités d'éveil. Des professionnels viennent parler de leur métier, et l'on apprend à utiliser un compte en banque aussi bien qu'un chéquier. On parle aussi sexe, drogue, alcool, racisme et religion. « On cherche à former des individus complets, pas des crânes d'œuf », affirme le proviseur, Stan Hugues. Privilégiant l'apprentissage plutôt que l'acquisition de connaissances livresques, les professeurs essaient toujours de partir de l'expérience des élèves pour les intéresser au monde extérieur. Les adolescents négocient avec leurs enseignants leurs objectifs, et un dossier établit la liste de leurs acquis.

Auparavant, les écoles opéraient des jumelages qui correspondaient au « maillage » des entreprises. Désormais, elles travaillent ensemble et métissent leur savoir-faire. C'est ainsi que trois écoles européennes — l'ESC (Ecole Supérieure de Commerce) de Lyon, l'Université

« Les années 90 seront celles de l'Europe dans le monde, et d'une Europe affranchie des totems et tabous anglo-saxons. » (Philippe Michel, CLM/BBDO)

Bocconi de Milan et l'ESADE (Escuela Superior de Administracion y Direccion de Empresas) de Barcelone ont créé Eurostart. Ce programme consiste à élaborer un enseignement commun en matière de création d'entreprise, et devrait habituer les futurs entrepreneurs à penser européen en s'enrichissant de leurs expériences respectives.

Stratégie européenne identique pour HEC (Ecole des Hautes Etudes Commerciales) et la CEMS (Community of European Management School) qui regroupent, en plus de l'ESADE et de la Bocconi, l'Universität zu Köln de Cologne (RFA), l'Erasmus Universiteit de Rotterdam (Pays-Bas) et l'Université catholique de Louvain (Belgique). Avec pour objectif de préparer un diplôme spécifiquement européen, Jean-Louis Scaringella, directeur du centre HEC-Isa, rêve également de créer « un homme nouveau de l'Europe ». Autre but de cette association : éviter une certaine concurrence entre écoles européennes lors de l'ouverture des frontières, et l'équivalence des diplômes en 1993.

S'atrophier ou s'épanouir

Pour développer les synergies et habituer les jeunes Européens à « penser européen », l'Ecole Nationale des Arts et Métiers et une université du Bade-Wurtemberg (probablement celle de Stuttgart ou de Karlsruhe) projettent de s'associer pour accueillir une promotion franco-allemande parfaitement bilingue dès 1992. Une tendance qui devrait s'accentuer, tant se multiplient les accords et les fédérations d'écoles et d'universités. Dernier en date, l'accord intervenu entre les universités de Strasbourg, Mulhouse, Fribourg, Karlsruhe et Bâle, qui va faire de ces cinq villes, toutes distantes d'une heure de voiture, un pôle important d'enseignement européen. Tout étudiant inscrit dans l'une des sept universités concernées peut déjà suivre et faire valider d'autres enseignements par les six autres. Carte d'étudiant unique, reconnaissance des diplômes, droits

---

sociaux équivalents pour ces étudiants migrateurs. « D'ici à 1995, nos étudiants seront astreints à parler et écrire couramment l'anglais comme l'allemand, déclare Gilbert Laustriat, directeur de l'université strasbourgeoise Louis-Pasteur. Tout examen de biologie, de médecine ou d'informatique comprendra alors des oraux et des écrits tout à la fois en anglais, en allemand et en français. » Au carrefour d'une géographie exceptionnelle, de deux langues vivantes et de cinq métropoles universitaires, les responsables de cette région dite du Rhin supérieur s'interrogent maintenant sur l'opportunité de resserrer plus encore leurs liens administratifs. Un exemple qu'il convient de méditer.

Tout comme l'expérience lancée à titre de test en 1989 par des entreprises allemandes (Siemens, Bosch, Mercedes-Benz, AEG, Bahlsen, Filmolux, etc.) pour développer la formation mixte. Vingt-sept jeunes bacheliers français, répartis en deux classes selon leur niveau d'allemand, préparent un double diplôme : un BTS comptabilité et gestion, et un « Industrie-kaufmann », assimilable à un bac + 2. « Notre objectif est clair, commente pour le journal *Le Monde* Luc Hervé, responsable du personnel de Robert Bosch France. Il s'agit de former un encadrement moyen polyvalent et très pragmatique. Le BTS français est trop théorique. Les étudiants ne passent que deux mois en entreprise. Notre système leur permet de se familiariser avec toutes les fonctions de gestion : achat, vente, marketing, etc. » Les résultats se révèleront peut-être décevants, mais des expériences comme celles-là prouvent qu'une nouvelle Europe de l'apprentissage et de la connaissance de l'autre est véritablement en train de prendre forme.

La fin des grandes écoles ?

Vice-président de Cegos, Jean Brilman met en garde les grandes écoles, dans une interview au journal *Le Monde* : « Les grands diplômes n'auront plus de

---

« Il est nécessaire que les gens aient l'espoir de progresser. » (René Brillet, Carrefour)

signification au-delà des frontières, car on n'aura plus les mêmes repères pour déchiffrer des curriculum vitae européens. Si les grandes écoles n'ont pas de stratégie internationale vigoureuse, elles auront de réels problèmes de notoriété. »

A en croire *A pour Affaires,* les business schools européennes sont malgré tout en train de « damer le pion » à leurs grandes « sœurs » américaines. Après s'être largement inspirés des méthodes de management enseignées outre-Atlantique, les Insead (Institut européen d'administration des affaires) à Fontainebleau, IMD (Institute for Management Development) à Lausanne et autres London Business School s'émancipent, et inventent une véritable formation internationale. « Aucune culture ne domine et ne sert de référence unique. Notre atout majeur, c'est la présence d'un corps professoral et d'un public estudiantin de nationalités les plus diverses », précise Jean-Pierre Salzmann, directeur de la communication de l'Insead. Trente nationalités y sont représentées parmi les élèves, et vingt parmi le corps professoral. Créée en 1959 à l'initiative de Saint-Gobain et de Péchiney (européens bien avant l'heure), elle compte parmi ses anciens élèves Lindsay Owen-Jones, le patron de L'Oréal. A l'IMD, on insiste beaucoup sur les risques d'obsolescence de la formation des futurs managers : « Les business schools doivent continuellement s'adapter, car il faut savoir que ce qu'elles enseignent aujourd'hui ne sera plus entièrement valable dans cinq ou dix ans », confirme Juan Rada, son directeur.

Former mieux. Former autrement

Dans les entreprises aussi, les habitudes en matière de formation évoluent. « Former mieux, former autrement. » Une devise que Gilbert Hyvernat, directeur de la formation et du développement social du groupe Rhône-Poulenc, applique au pied de la lettre depuis sa nomination en 1986. Chargé de « donner une dimension

---

« On ne prend plaisir à posséder un bien que si on le partage. » (Sénèque)

mondiale à la formation de Rhône-Poulenc », il s'efforce d'innover en matière de formation dans l'ensemble du groupe. Son dernier défi ? Former 15 000 cadres à l'esprit européen dans tous les pays d'Europe. « Il nous faut devancer 1992 », explique-t-il. Avec l'aide d'experts européens, Gilbert Hyvernat développe une formule de formation multimédia. Celle-ci aborde l'histoire et le fonctionnement de la CEE, à travers un film de 30 minutes et un document de 100 pages. Par ailleurs, elle replace la fonction de tous les cadres de Rhône-Poulenc au niveau européen. Une formation qui a l'avantage d'être dynamique. Les cadres peuvent appeler des experts pour obtenir des compléments d'information, et organiser des activités en prenant pour base les documents dont ils disposent.

En Angleterre, le Centre for International Briefing, basé au sud de Londres, prépare quant à lui ceux que leur entreprise destine à une carrière internationale et leurs conjoints à leur nouvel environnement. Une mission utile, à en croire une étude réalisée par Shell UK, qui révèle qu'un Européen sur sept, et un Américain sur trois, doivent être rapatriés en hâte, faute d'avoir su prévoir leur déplacement dans un autre pays que le leur. Neuf fois sur dix parce que l'épouse ou l'un des enfants n'a pas réussi à s'adapter. « Pour un Anglais, la Grèce est aussi exotique que le Chili », explique la directrice du centre, qui accueille des stagiaires d'entreprises aussi différentes que BP, Esso, Ciba-Geigy, Heineken, Rolls-Royce, Philips, Unilever, etc.

Dissiper les malentendus

« En Allemagne, tout ce qui n'est pas formellement autorisé est défendu. En Angleterre, tout ce qui n'est pas formellement défendu est autorisé. En Russie, tout est défendu, même ce qui est permis. En France, tout est permis, même ce qui est défendu. Et en Italie, tout est permis, surtout ce qui est défendu ! », ironisait le chansonnier français Jean Sablon. Vous avez dit malentendus ?

« Le problème des différences culturelles n'est pas

qu'elles provoquent des désaccords, confie Henri Lachmann, P-DG du groupe Steelcase-Strafor à Irène Rodgers, directeur associé d'ICM. En fait, elles produisent plutôt des malentendus. Contrairement aux désaccords qui sont visibles et que nous pouvons essayer de régler, le vice des malentendus est qu'en général nous ne savons pas qu'ils existent. » A observer le kaléidoscope d'attitudes que représente le continent européen, on comprend mieux les innombrables équivoques qui continuent de séparer — et parfois de diviser — ses habitants. C'est ainsi que l'on n'est pas forcément paresseux parce que l'on quitte son bureau à dix-sept heures chaque soir, ni forcément inefficace sous prétexte que l'on y reste jusqu'à vingt heures. Ignorants de la culture de l'autre, les Européens continuent trop souvent à conclure à l'incompétence mutuelle. De passage en Suisse, l'un de nos amis qui séjournait dans un grand hôtel de Genève avait été aussi surpris qu'agacé, au pays de la précision horlogère, de ne pas avoir été réveillé par la réception, à l'heure exacte demandée. Ayant fait remarquer au directeur de l'hôtel combien il était déçu d'un tel impair, compte tenu de la réputation helvétique en la matière, il s'était simplement fait répondre : « J'en suis désolé, Monsieur, mais voyez-vous, tous nos employés ne sont malheureusement pas suisses ! »

Malgré une extraordinaire évolution des mentalités, les malentendus persistent. Prenons l'exemple du couple franco-allemand. Côté France, des relations sociales extrêmement tendues. Côté Allemagne, des salaires en accord avec les qualifications, et un taux d'encadrement deux à trois fois inférieur à celui de la France. Ce qui permet une souplesse et une rapidité dont on verra plus loin combien elles sont précieuses. D'un côté une élite sortie des grandes écoles (X, Ena, Essec, etc.), dont l'ambition est plus souvent politique qu'entrepreneuriale. De l'autre des patrons nés avec une vision internationale des affaires naturellement inscrite dans leurs gènes. « Les Français en sont restés à Colbert, qui a

---

« Nous ne coalisons pas des États, nous unissons des hommes. » (Jean Monnet)

inventé les relations incestueuses entre Etat et économie, ironise dans le magazine *Challenges* le professeur Wolfgang Kartte, tout-puissant président de l'Office ouest-allemand des cartels. L'Allemagne va bien parce que tous ses ministres de l'économie depuis 1945 ont toujours respecté le marché. Et la France est à la traîne parce que, à force de fermer ses frontières à toute concurrence étrangère, ses entreprises ont pris un vrai coup de vieux. » Un jugement sans appel pour une mentalité de Ligne Maginot, largement répandu en Allemagne, où les initiatives françaises font plus souvent sourire qu'elles n'inquiètent. « Un jour, on nationalise. Le lendemain, on privatise. Puis, on arrête tout. Pour recommencer. Naturellement, ça donnerait le tournis à n'importe qui », confie le docteur Herdt, rédacteur en chef du quotidien de la Bourse *Börsen Zeitung*.

Se connaître soi-même pour comprendre les autres

Connaissez-vous l'histoire du petit garçon allemand prénommé Karl, dont les parents s'inquiétaient qu'il ne parle toujours pas à l'âge de trois ans ? Après avoir été rassurés par un médecin qui leur promit qu'il parlerait un jour, ils attendirent plusieurs années avant d'aller consulter à nouveau un grand professeur de médecine allemand. Le diagnostic fut rigoureusement identique. L'enfant parlera un jour... Effectivement, alors qu'il avait douze ans déjà, Karl s'adressa un jour le plus naturellement du monde à sa sœur, au cours d'un repas familial : « Ça manque de sel, peux-tu me le passer, s'il te plaît ? » Ne pouvant plus contenir leur joie, ses parents l'embrassèrent en criant : « Mais tu parles ! Pourquoi ne nous as-tu jamais rien dit ? » Et l'enfant de répondre : « Parce que, jusqu'à présent, tout était parfait ! » Perfection. Le maître mot !

Jean-Claude Cantet nous a raconté les difficultés qu'il avait eues à expliquer aux « barons » parisiens des Wagons-Lits la nécessité, pour le directeur d'Eurest en

---

« Une culture d'entreprise est souvent une culture contradictoire. » (Philippe d'Iribarne)

Allemagne, de posséder une voiture de fonction (première nouveauté !), et qui plus est une Mercedes. En Allemagne, pour des questions de statut, un chef d'entreprise ne peut pas en effet rouler dans n'importe quel véhicule. Dans un pays où même les jeunes punks traversent uniquement lorsque le feu passe au rouge, il faut être prêt à adapter ses schémas de pensée. « En France, on ne fait pas ce qu'on dit qu'on va faire, alors qu'en Allemagne on fait ce qu'on dit qu'on va faire », ironise Philippe d'Iribarne, chercheur au CNRS et auteur de *La Logique de l'honneur*. Le magazine allemand *Der Spiegel* relève avec la même ironie que la France s'enorgueillit d'être le premier producteur mondial de pantoufles. Tandis que Brigitte Sausay, l'interprète des sommets Kohl-Mitterrand, remarque que « l'Allemand aime le Français, mais ne le respecte pas, tandis que le Français respecte l'Allemand, mais ne l'aime pas vraiment ». « Savoir-faire germanique contre savoir-plaire latin », comme l'écrit Yasmina Saffar dans le magazine *Challenges*. Préjugés noir-rouge-jaune contre clichés bleu-blanc-rouge. Organisation et perfection teutonnes contre originalité et improvisation gauloises.

Ordre contre désordre

Toutes ces caractéristiques nationales, réelles ou supposées, revendiquées ou contestées, compliquent considérablement les relations professionnelles dans la plupart des sociétés franco-allemandes. Outre-Rhin, la communication est essentiellement écrite. Dans l'Hexagone, elle est le plus souvent orale. Conséquence : interrogés par JBB, 40 % des managers français et allemands considèrent que les réunions « mixtes » sont inefficaces. Le Français, jugé chicaneur, objecte, proteste, conteste, contredit, passe du coq à l'âne, et excelle à faire le contraire de ce qu'il avait décidé tout en trouvant à sa volte-face une explication rationnelle.

« L'incompréhension naît souvent de la méconnaissance. » (Bernard Attali, Air France)

« L'ordre et le désordre cohabitent simultanément, avec leur cortège de lois écrites et non écrites », explique Bernard Nadoulek, conseil en stratégie, lorsqu'on l'interroge sur les caractéristiques du modèle latin. « C'est la capacité de passer de l'ordre au désordre, de la loi écrite à la loi non écrite, qui caractérise la marge de manœuvre de l'acteur. C'est ce qui lui permet d'innover, d'improviser, d'acquérir une individualité plus forte, dans une relation ambiguë au pouvoir que l'on abhorre et que l'on vénère en même temps. » L'Allemand, de son côté, décontenancé par ces longues disgressions, tente de se raccrocher à un « Tagesordnung » (ordre du jour) préalablement défini, mais vite rendu caduc. Vue d'outre-Rhin, la flexibilité gauloise est perçue comme de l'instabilité. Vue de l'Hexagone, la rigueur germanique passe pour de la lourdeur.

Des rapports ambigus que résume la blague célèbre des deux taureaux, l'un allemand, l'autre français, qui discutent tranquillement dans un pré. Arrive un groupe de vaches. Très excité, le taureau gaulois attrape son confrère et s'écrie : « Dépêche-toi, on va en honorer quelques-unes ! ». Et l'autre de lui répondre : « Non, on va d'abord s'organiser, et on va les honorer toutes ! ». Un souci de l'organisation qui ne tolère pas les « pour la livraison, on verra bien... » qu'affectionnent tant d'industriels français amateurs du système D, dont la seule évocation suffit à faire fuir n'importe quel client allemand potentiel. La distance hiérarchique entre cadres diffère elle aussi largement. Daniel Bollinger, consultant à la Cegos et coauteur avec Geert Hofstede du livre *Les différences culturelles dans le management*, note que « dans les pays où le chef commande fermement (France, Belgique, Espagne, Italie, etc.), les subordonnés n'ont de respect que pour ceux qui prennent des décisions claires, sans hésitation, voire sans consultation. A l'inverse, dans les pays où la distance hiérarchique est plus courte (Allemagne, Scandinavie, etc.), les détenteurs du pouvoir doivent consulter, voire

---

« S'unir, c'est apprendre à partager. » (Richard von Weizsaecker, président de la République allemande)

discuter les directives avant de prendre une décision ». Pour eux, l'organisation d'une entreprise est le fruit du rapport entre le degré de distance hiérarchique et celui du contrôle de l'incertitude, dont dépend par ailleurs la formalisation des rôles dans l'entreprise, la description des postes, la standardisation des règles, la mise en place d'organigrammes détaillés, etc. Plus la mentalité d'un pays est tournée vers un fort contrôle de l'incertitude, plus les entreprises auront tendance à planifier à l'avance les procédures de travail et les relations entre individus.

« Il est encore là, sa veste est sur sa chaise... »

Il ne faudrait pas en conclure que les malentendus se résument aux seules relations franco-allemandes. Juin 1988. Capri, Italie. Invités par Carlo Verri, nommé peu de temps avant à la tête du groupe Alitalia (et qui est malheureusement décédé quelques mois plus tard dans un grave accident de voiture), à intervenir devant les quarante membres de son comité de direction sur le thème du service à la clientèle, nous enlevons spontanément nos vestes en début de réunion, et les posons sur le dos de notre chaise. Un geste naturel, bien qu'importé de nos nombreux séjours aux Etats-Unis. Deux heures après, aucun de nos interlocuteurs ne nous a suivis dans cette voie. Au point que nous redoutons d'avoir affiché une décontraction aujourd'hui courante en France. Peut-être nos vestes ainsi posées sur le dos d'une chaise rappelaient-elles trop à nos amis italiens cette tradition de la péninsule qui veut que l'on aille toujours au bureau avec... deux vestes. L'une que l'on porte, et l'autre qu'on laisse toujours négligemment posée derrière son bureau, et qui rend plus difficile toute accusation d'absentéisme... pour cause de sieste ! L'un de nous « se mord encore les doigts » de s'être laissé aller à s'asseoir sur le coin d'une table, au cours d'une présentation de nos activités à l'Isvor, le centre de formation de Fiat à Turin, où le management baladeur et décontracté ne semble pas encore avoir acquis totalement droit de cité.

Respecter la « dormita »

Les auteurs du livre *Les 12 tribus d'Europe* rappellent qu'en Grèce, pour dire oui (qui se dit « né »), il faut secouer la tête (un geste qui signifie « non » dans le reste de l'Europe) et, pour dire non, c'est le contraire. En Belgique, si un Bruxellois vous accueille et vous dit : « Mettez-vous », après vous avoir « donné une baise », sachez qu'il n'est pas forcément un dangereux maniaque sexuel ! Il vous a simplement embrassé et offert de vous asseoir... Si un Belge a « une fourche », ne soyez pas effrayés non plus. Cela signifie uniquement qu'il a un creux dans son emploi du temps, et qu'il peut donc vous rencontrer.

Amener les Européens à connaître et à intégrer leurs différences au quotidien ne peut qu'améliorer l'efficacité de leur collaboration. L'Europe a du mal à mettre ses pendules à l'heure. Et pas seulement en raison des deux heures de décalage horaire officiel entre la Grèce et la Grande-Bretagne... Entre les arrivées matinales des uns et les après-midi prolongés des autres, les plages horaires de vie professionnelle commune excèdent rarement deux heures trente, qui se situent approximativement entre 10 heures du matin et 12 h 30. Dur, dur, dans de telles conditions, de joindre à coup sûr ses interlocuteurs. On pourrait, pour résumer, dire que les Etats du Nord sont plutôt du matin. Ceux du Sud plutôt du soir. Novembre 1989. Madrid, Espagne. Nous entamons à 9 heures du matin une journée de travail marathon avec un partenaire auquel nous envisageons de nous associer. A 11 heures, pause obligatoire pour tout le monde (les Anglais affectionnent quant à eux le « tea-time » de 10 h 30). A 13 heures, alors que notre estomac habitué à des horaires français nous suggère bruyamment de faire une pause déjeuner, nous nous plions au rythme de nos hôtes, qui ont réservé un restaurant à... 15 heures ! Nous y passerons deux heures, avant de reprendre le cours de notre réunion, laquelle

« Si j'aime les marginaux — je préfère dire les poètes —, c'est parce qu'ils sont les porte-parole de la différence. » (Jacques Séguéla, RSCG)

s'achèvera à... 23 heures (à cette heure-ci, les speakerines de la télévision danoise disent bonsoir à leurs derniers téléspectateurs), autour d'un somptueux dîner, qui se terminera à une heure trente. A une distance éloignée de deux heures d'avion seulement, les Allemands ont déjà largement entamé leur nuit au moment même où nous quittons nos amis, qui nous disent bonsoir en nous déposant devant notre hôtel. Levé tôt et couché tard, le cadre espagnol est, au dire des médecins de la péninsule Ibérique, la cible privilégiée des infarctus. En Grèce, on vit deux journées dans une. La matinée dure jusqu'à deux heures, l'après-midi jusqu'à vingt-deux. La loi interdit de faire du bruit à partir de 2 heures du matin, mais aussi... dans la journée, de 15 heures à 17 heures ! En Italie également, la « penichella », le « pisolino » (petit assoupissement digestif) ou la « dormita » (la vraie sieste) sont également des institutions que nul ne songerait à remettre en cause. Certains Européens travaillent plus le week-end (les Allemands deux fois plus que les Italiens), d'autres consacrent un temps important aux réunions (il y a là une véritable divergence Nord-Sud) et aux rapports avec leurs collaborateurs. Aux Pays-Bas, il vaut mieux avoir dîné si l'on est invité chez un ami à 20 heures, car il y a fort à parier qu'il ne vous servira alors qu'un café. A Helsinki, les concerts commencent à 17 h 30. Le climat, le tempérament et l'éducation ne sont sans doute pas étrangers à ces divergences.

De la même façon, l'Europe a bien du mal à accorder les violons de ses jours fériés. De week-ends en ponts et de ponts en viaducs, les Espagnols cumulent quatorze fêtes dans une année, les Portugais douze, les Allemands onze, les Belges, Danois et Luxembourgeois dix. Le seul mois de mai 1991 offre ainsi un étonnant patchwork. Pour beaucoup, le 1er mai est férié. Mais les Anglais, en 1991, ont choisi le 6 mai. Les Français, mais aussi les Allemands, les Belges, les Danois, les Luxembourgeois, les Hollandais et les Suisses prennent la

---

« On peut vivre sans philosophie, sans musique et sans amour, mais pas aussi bien. » (Vladimir Jankélévitch)

relève le 9 avec l'Ascension, et le 20 avec la Pentecôte. Le 27, les Anglais fêtent le printemps, et les Espagnols la Fête-Dieu le 30.

Le prime time à 18 h 30... ou 22 heures?

Face à une telle mosaïque de comportements, des décisions apparemment simples prennent des allures de casse-tête. Si vous voulez utiliser des chaînes TV diffusant par satellite, où situez-vous le « prime time » ? « Au nord, le temps est généralement plus inflexible qu'au sud », affirme Edward Hall, anthropologue, dans son livre *Les Différences cachées.* L'Allemand procède par étapes, le Français les brûle toutes. Hall distingue ainsi « les pays anglo-saxons, dits monochrones, c'est-à-dire ne faisant qu'une seule chose à la fois, des pays du sud, dits polychrones, capables de mener de front et en même temps plusieurs activités ». Conséquence : le côté planifié, programmé et précis du temps des premiers contraste avec l'aspect brouillon et évasif des agendas méditerranéens. Il convient de rappeler ici qu'en anglais on « dépense » du temps (to « spend » time), tandis qu'en français, on en « passe »... Si, dans la montagne crétoise, on compte les kilomètres en cigarettes (une cigarette correspond à un kilomètre), les Allemands, au contraire, ont presque un chronomètre dans la tête.

Pour les Français, généralement polychrones (à l'exception peut-être de certaines régions comme l'Alsace, fortement influencée par son puissant voisin), et a fortiori pour les Italiens ou les Espagnols, le temps est une réalité moins tangible. La tendance à mélanger temps de travail et de plaisir s'accentue, donnant lieu au fameux « déjeuner d'affaires » qui n'existe ni en Allemagne ni aux Pays-Bas. On retrouve d'ailleurs, mais à un degré moindre, un certain type de décalage entre Paris (où il n'est pas rare d'arriver au bureau vers 9 h 30) et la province (où il est fréquent de commencer sa

« Il n'y a pas de place à Eurodisneyland pour les solistes qui ne comprennent pas qu'ils font partie d'un orchestre. » (Robert Fitzpatrick, Eurodisneyland)

journée dès 8 heures du matin). On constate le même phénomène en Italie.

« *Hold on, j' vous passe le poste !* »

Les divergences apparaissent aussi au téléphone. Belges et Français ont la fâcheuse réputation de continuer à discuter avec leurs collègues pendant qu'ils vous font attendre, et de vous passer vingt interlocuteurs différents. Les Italiens préfèrent raccrocher au nez de leurs interlocuteurs. Ils ne vous mettent pas en attente, ne transfèrent pas votre appel et ne vous rappellent pas. Les Espagnols s'autorisent un « momento » automatique avant de raccrocher, tandis que les Grecs... n'ont même pas besoin de raccrocher. Leur système téléphonique s'en charge pour eux. Finlandais et Norvégiens sont injoignables après 17 heures, tandis que les Allemands adoptent un comportement téléphonique rapide et efficace, qui semble trancher avec la mauvaise qualité de leurs équipements. Les Anglais, enfin, sont décrits comme des inconditionnels des musiques d'attente, au point d'en abuser plus souvent qu'il n'en faut...

Autres clichés. Demandez aux Européens l'image qu'ils ont de leurs voisins, et préparez-vous à un feu d'artifice de lieux communs. Souvent hanté par la peur de l'inconnu et motivé par le rejet de la différence, l' « homo europeanus » se moque de ce qui le préoccupe le plus lui-même. L'Italien ? « Il est chez lui là où il a mis son chapeau », dit le proverbe. Les Néerlandais ? Ils sont prêts à faire du camping sans dépenser une couronne à l'étranger. Les Anglais ? Leur vie tourne au calvaire dès qu'ils quittent leur île. Les Français ? Ils ressemblent aux Italiens, la mauvaise humeur en plus. Les Allemands ? Tous des militaires. Les Espagnols ? Chuuut. Ne parlez pas trop fort, c'est l'heure de la sieste.

Bien entendu, la fonction de dérision de ces « jugements » importe en fait bien plus que la pertinence de la

---

« A eux (les Européens) de découvrir, comme le laboureur de La Fontaine, le trésor caché dans leur champ. A eux de travailler et non de discourir, d'agir et non plus de délibérer. » (Guy de Carmoy)

caricature. Aucun peuple ne peut se résumer à un cliché. A recenser ceux qui s'accumulent à travers l'Europe dès que l'on évoque la diversité de ses habitants (en néerlandais, « faire un travail de merde » se dit par exemple « travailler comme un Français » !), on comprend vite en effet les blocages et les malentendus qui freinent l'intégration européenne. De pays à pays, on est presque toujours le « Belge » de quelqu'un. Les Anglais ont leurs blagues irlandaises, les Portugais leurs blagues espagnoles, tandis que les Danois et les Suédois se moquent volontiers des Norvégiens et des Finlandais... « En se moquant d'un voisin, écrit Emmanuelle Ferrieux dans le journal *Le Point,* les pays ont les mêmes motifs. Cimenter le consensus. Exorciser les démons, les frustrations économiques, politiques et les rivalités historiques. Exalter un certain sentiment de supériorité ou se soulager d'un complexe d'infériorité : le besoin de dénigrer se fait sentir dans les deux sens. Les mêmes blagues traversent les frontières et les océans au gré des mêmes circonstances : d'antifranquistes, elles deviennent anti-Pinochet ou antistaliniennes. » Il semble que les Européens en soient encore à s'observer les uns les autres, alors qu'ils auraient tant à gagner à observer ce qui se passe en dehors de leurs frontières... « Rire, c'est se gausser d'un rival, proche par la langue et la géographie, dont les différences exaspèrent d'autant plus qu'il est un cousin de la famille », poursuit Emmanuelle Ferrieux. Souvent hanté par la peur de l'inconnu et motivé par le rejet de la différence l' « homo europeanus » se moque, chez ses voisins, de ce qui le préoccupe le plus lui-même. Faute de les comprendre, il excelle à faire passer les différences de l'autre pour des défauts. A traiter par le mépris les différences qui pourraient l'enrichir, cette attitude explique sans doute l'apparition simultanée, partout en Europe d'un double phénomène. Poussée nationaliste et xénophobie.

La différence de rythme et d'habitudes entre Européens est souvent source de quiproquos et d'incompré-

---

« If you treat people as equals, you'll find that that's what they are. » (Esther Dyson, EDventure Holdings)

hensions. Des clichés qui, de retards de livraison en contrats annulés, peuvent coûter des sommes fabuleuses à ceux qui en sont les victimes. Des « victimes » qui n'ont que ce qu'elles méritent, s'empresseront sans doute d'ajouter certains... Il n'empêche. L'Europe ne parviendra sans doute pas de sitôt à faire se lever tôt un Espagnol, « perdre son temps » au cours d'un déjeuner d'affaires à un Allemand, apprécier un déjeuner-sandwich à un Français, arriver à l'heure un Italien et travailler un Grec en milieu d'après-midi. Mais le changement est en marche, soutenu par la fringale de voyages qui anime les Européens, et l'effervescence que suscite désormais la construction européenne, à mesure que s'approche la fameuse échéance du 1er janvier 1993.

Mélanger les nationalités à tous les niveaux de l'entreprise

Mélange de races, mélange de cultures, mélange d'expériences. Respect des autres. A sa manière, l'entreprise de demain saura tirer le meilleur parti de toutes les différences. Comment expliquer autrement l'accession à cinquante-quatre ans de Giuseppe Vita, Sicilien d'origine, à la présidence du colosse chimico-pharmaceutique allemand, Schering, qui réalise 80 % de son chiffre d'affaires hors d'Allemagne. L'intéressé — qui préfère passer sous silence la tempête médiatique et l'émoi des analystes financiers de la Bourse de Francfort déclenchés par sa nomination — se définit lui-même comme un Européen né en Italie, dirigeant une entreprise européenne. En le choisissant parmi sept autres « Scheringiens », tous d'origine allemande, les administrateurs de Schering ont anticipé des changements radicaux à la tête des entreprises allemandes. Il est généralement admis en effet que, dans les cinq prochaines années, la moitié des cent plus grandes entreprises allemandes seront amenées à changer de patron. Les nouveaux dirigeants seront habitués à travailler dans des équipes multinationales. Ils parleront plusieurs langues étrangères. Seront plus disposés à expliquer et à discuter qu'à commander et à imposer, et changeront plus facilement de ville, de style et de rythme de travail. Alors, à quand un Anglais à la tête du français Rhône-Poulenc, un Hollandais chez l'anglais ICI — Imperial Chemical Industry, et un Français dirigeant l'italien Montedison ?

Pratiquer la polyculture plutôt que la monoculture

Il ne faut pas croire que cela soit facile pour autant. « Lorsque j'ai nommé un Hollandais autodidacte à la tête de la branche Mobilier de bureau, la plus importante de notre groupe, mon choix n'a pas été compris par mes collaborateurs », confie à ce sujet Henri Lachmann, P-DG de Strafor. « Un petit truc : l'embauche de collaborateurs français ayant épousé une femme européenne non française facilite la compréhension et les ponts à établir entre les différentes cultures », conseille Michel Tinchant, P-DG de Virax. Jean Bénard a lui aussi compris qu'il était moins dangereux — et surtout plus enrichissant — pour Robeco France de pratiquer dans son recrutement la « polyculture » plutôt que la « monoculture ». De mélanger dans le temps et dans l'espace des personnes d'origine, d'ambition et de motivation différentes. « Le métissage humain crée parfois des orages et des conflits entre les gestionnaires méticuleux et soucieux, les informaticiens jeunes et créatifs, et les hommes de marketing structurés et méthodiques, confie-t-il. Le nouveau rôle du patron est d'en être l'arbitre, et de réexpliquer inlassablement la vision et les objectifs de l'entreprise. » Le magnifique bonsaï qui constitue l'unique décor de son bureau lui rappelle à chaque instant l'importance fondamentale qu'il y a à respecter les spécificités et le caractère des hommes dont on assume la responsabilité. « Cette plante torturée par les humains représente ce qu'il ne faut pas faire avec ses collaborateurs. Même si la tentation est grande de les forcer à devenir ce que l'on est déjà soi-même. On ne peut pas forcer un séquoia à être un arbuste, ni une petite haie à devenir un chêne », nous dit-il pour exprimer le respect que l'on doit porter à chacun dans l'entreprise.

« Ce n'est pas le doute, mais la certitude, qui rend fou. » (Nietzsche)

Et le facteur démographique dans tout ça ?

« Peu à peu, la classe managériale s'internationalise et s'homogénéise, déclare au magazine *A pour Affaires* Antonio Belloni, qui dirige à trente-neuf ans le groupe familial de transports Merzario. Bien sûr, nous y avons gagné en organisation, mais nous y avons aussi perdu en inconscience, en créativité. » Un jugement que nuance cependant Claudio Dematté, quarante-sept ans, doyen de la section business school de la Bocconi à Milan : « Le manager italien est plus créatif, plus flexible et surtout plus cultivé que son homologue américain. Il est moins analytique que l'Allemand. Plus proche du Français, en somme. » Chez Indosuez à Paris, l'Anglais David Grove est responsable du recrutement au niveau international. Chez Accor, le cap a été franchi en juillet 1989, avec l'arrivée à la tête des Ressources Humaines d'un Allemand trilingue de quarante ans, Volker Büring. Marié à une Française — donc familiarisé avec la mentalité et la culture hexagonales — il va devoir internationaliser le recrutement du groupe (au comité des opérations, qui réunit une quarantaine de cadres, les seuls étrangers sont les responsables locaux d'Accor en Allemagne, en Italie et en Grande-Bretagne), en tenant compte notamment du facteur démographique. D'ici à 1995 en effet, plus de 50 % de la force de travail en Europe sera constituée d'individus de plus de quarante-cinq ans ! Un début honorable pour le groupe dirigé par Paul Dubrule et Gérard Pélisson, mais qui ne doit pas masquer les progrès qui lui restent à accomplir dans ce domaine.

Airbus entre chorale et théâtre

Chez Airbus, le directeur commercial est anglais, celui de la production industrielle allemand, et le directeur des essais et de l'ingénierie français. Interrogé par le magazine *Tertiel,* Jacques Banière, directeur des relations humaines, estime que son rôle est de susciter chez le personnel le désir de connaître les autres. « Les activités extra-professionnelles peuvent y contribuer. Nous avons une équipe de football, un club de tennis propres à Airbus. Pour l'instant, les membres de chaque communauté se retrouvent entre eux. Les Allemands ont une chorale, les Anglais un théâtre. Quant aux Français, ils ne se voient pas en dehors de l'entreprise. Sous l'impulsion des Anglais et des Allemands, Airbus a organisé pour la première fois, en janvier 1987, une grande fête avec remise de médailles et d'un diplôme Airbus pour les quinze ans d'ancienneté dans la maison. » Et il ajoute : « En 1986 s'est tenu un séminaire pour les douze directeurs. On leur a posé deux questions : quels sont les points forts du groupe ? La réponse fut : nos différences. Et les points faibles ? Nos différences ! C'est significatif. »

Unifier les manières de penser

« Nous essayons de définir et de mettre en place la culture d'une entreprise européenne. Une entreprise où les gens ne seront pas liés à une nation spécifique. Nous essayons de prendre ce qu'il y a de mieux dans la culture de chacune des nations, et de l'amalgamer. Nous devons prendre de nos collègues allemands le concept de la précision. Les Italiens sont parfois plus rapides dans leurs processus de décision ; nous devons avoir la rapidité de l'Italie. Ce n'est pas un devoir pour une génération. C'est un devoir pour le prochain millénaire. » Giorgio Garuzzo, président d'Iveco, numéro deux du poids lourd en Europe après Mercedes, s'exprime ainsi dans le magazine *Business*. Il dirige cette entreprise depuis 1984, après avoir passé quelques années aux côtés de Carlo De Benedetti. Iveco a été constitué par la fusion de la division camions de Fiat sous les marques OM et Lancia, avec le constructeur français Unic et l'allemand Magirus, auquel s'est joint en 1986 l'anglais Ford UK. A sa manière, Iveco illustre parfaitement le métissage. L'italien et l'anglais sont les langues officielles. Les efforts pour imposer l'anglais comme langue commune ont en effet été abandonnés, même si

---

« Il n'y a pas d'apprentissage sans exposition, souvent dangereuse, à l'autre. » (Michel Serres)

la majorité des cadres le parle couramment. « Avant, nous avions chacun notre culture nationale », explique Guy Morvan, directeur des services techniques d'Unic, puis d'Iveco en France. « Maintenant, nous avons une culture européenne. Nous avons changé parce que nous sommes ouverts. Auparavant, nous étions fermés. » De l'avis de Giorgio Garuzzo, « ce qui est le plus difficile à réaliser sur le long terme, c'est d'unifier les manières de penser ». La force de l'entreprise est d'avoir su conserver dans chacun des pays un enracinement local, pour rester le plus proche possible de ses marchés et de ses clients en Europe. Lorsqu'ils possèdent une multinationale, les Américains sont perçus comme neutres. Jusqu'à présent, les entreprises européennes avaient beaucoup plus de mal à se défaire de leurs origines et de leur culture de base.

La chasse au « manager global » est ouverte

Chez Matsushita, les candidats aux postes d'envergure internationale sont choisis par leurs dirigeants au moyen d'une formule maison, baptisée SMILE. Chacune des lettres représente l'une des cinq qualités indispensables à leur réussite dans le village planétaire : maîtrise d'une Spécialité ; capacité à Manager les hommes ; flexibilité internationale ; capacités Linguistiques et Endurance. Une fois présélectionnés, l'entreprise essaie de leur inculquer une vision et des valeurs communes. Elargir leurs perspectives et leurs capacités managériales, développer leurs sens du contact. Des programmes analogues sont également mis en place chez Unilever, qui consacre à la formation des hommes, dispensée dans son université de Four Acres, les mêmes investissements qu'à la recherche et au développement.

« Pour savoir si un arbre est à l'aise dans sa terre, il vaut mieux regarder la longueur de ses racines que celle de ses branches », affirme le proverbe chinois. De la même façon, l'européanisation d'une entreprise ne se mesure pas seulement en chiffres d'affaires. Elle dépend aussi — et surtout — du recrutement de ses hommes, de l'implantation de ses usines, et de la composition de son capital. Est-elle prête à choisir un P-DG étranger ?

Décide-t-elle facilement d'implanter son laboratoire de recherche dans un pays voisin ? Va-t-elle chercher des actionnaires à Francfort aussi bien qu'à Londres, Paris ou Milan ? Bien sûr, l'Europe n'est pas une obligation absolue. Premier constructeur automobile européen, Fiat ne vend que 22 % de sa production hors d'Italie. La quasi-totalité de ses salariés travaillent dans la péninsule, et il n'y a que des Italiens dans l'état-major. Vous avez dit « européenne » ?

Bien sûr, le Who's Who ? des entreprises s'européanisent. Mais 66 % des états-majors européens sont encore strictement nationaux. Moins de la moitié confient systématiquement les postes de cadres confirmés à des étrangers. L'Europe commence toutefois à comprendre l'intérêt du métissage des cultures. A cinquante-six ans, l'Américain Jack K. Lemley, directeur général de Transmanche Link (consortium franco-britannique qui construit le tunnel sous la Manche), voit dans cette pluriculture un atout indéniable. « C'est un avantage d'être une troisième nationalité, dit-il. A la différence d'un Anglais ou d'un Français, on ne peut pas m'accuser de favoritisme. » A trente-deux ans, le Suédois Harold Bauer a quant à lui laissé tomber un poste important dans une grande entreprise suédoise pour prendre la responsabilité du contrôle financier des filiales d'Alcatel en Scandinavie, et dans certaines régions françaises. « Dans ce poste, le fait d'être suédois facilite grandement la communication, explique-t-il. Le style de management, ici, est encore très français, très hiérarchique. Avec le mélange des nationalités, cela devrait changer rapidement. »

Avoir une pensée bilingue

« Si nous voulons réussir comme industriel européen, il faut que notre encadrement soit composé d'hommes et de femmes ayant mentalement et intellec-

---

« Hécaton dit : « Je vais te donner un secret pour te faire aimer. Pas question de philtre d'amour, de plante magique, d'incantation de sorcière. Aime, et on t'aimera. » (Sénèque)

tuellement franchi leurs frontières nationales », explique Peter Westrick, président du directoire d'AEG France, à l'hebdomadaire *L'Express*. Il en va de même au sein d'une entreprise, lorsqu'on analyse son organigramme. Spécialisé dans le recrutement de cadres internationaux de haut niveau, François Carn raconte que le célèbre baron Bich aime comparer l'organigramme d'une entreprise à une voiture 4×4. A l'arrière, deux roues motrices ; production et recherche-développement. A l'avant, deux roues également motrices, mais qui sont aussi directrices ; direction commerciale d'un côté, administration financière et ressources humaines de l'autre. Au volant, la direction générale. De la même façon qu'aucune voiture ne peut rouler longtemps avec une roue trop — ou pas assez — gonflée, aucune entreprise ne peut selon lui survivre durablement si l'une ou l'autre de ces quatre directions prend le pas sur l'autre. Ce qui impose à chacun des responsables de ces directions de fonctionner en parfaite synergie avec les autres. En prenant ce modèle pour exemple, et sur la base de l'observation quotidienne qu'il fait des cadres européens, François Carn s'amuse parfois à imaginer le « 4×4 européen idéal ». A la recherche-développement un Français ou un Italien, dont le goût pour l'esthétisme et l'imagination sont mondialement reconnus. A la production un Allemand, pour son sens de l'organisation et de la planification. Aux finances un Anglais, passé maître de la technique financière. Aux ressources humaines un Suédois, pour sa tolérance et la recherche permanente de la qualité de vie qu'il incarne. Au commercial, un Hollandais, parce qu'il parle plusieurs langues, et que le commerce est chez lui une religion. Et au volant un Espagnol, car son imagination et son envie de rattraper très vite le temps perdu ne semblent pas avoir de limites.

Des jeunes + des vieux + des autodidactes + des inspecteurs des finances

« Si l'on veut qu'une entreprise soit vraiment internationale, ça commence par les hommes », renchérit Henri Lachmann, qui vient de céder la présidence de

Steelcase Strafor, sa filiale spécialisée dans le mobilier de bureau à Jan Janssen, un Hollandais. « Procter & Gamble est devenu un groupe plus international qu'américain », explique quant à lui Louis-Claude Salomon, directeur des ventes du fameux lessivier. Les deux vice-présidents exécutifs sont, l'un allemand, l'autre néerlandais. Le président de la division nettoyants pour l'Europe est allemand, celui de l'hygiène-beauté égyptien. Un Français est directeur général de la division hygiène en Espagne, et une Britannique préside aux destinées des savons en France. « Nous étions une société typiquement allemande, poursuit pour sa part Hans-Joachim Winter, directeur général de Bahlsen France. Nous avons éprouvé le besoin d'être vraiment européens. Et, cette année, nous avons mis en place un système de training pour les cadres supérieurs à l'échelle de l'Europe. Nous avons besoin, maintenant, pour travailler efficacement, de gens qui aient une pensée bilingue. »

Jean-François Dehecq nous confiait récemment que la réussite de son entreprise passe par trois idées simples. L'acharnement à entreprendre (en privilégiant les entrepreneurs par rapport aux gestionnaires, si bons soient-ils). La passion de réussir (qui passe obligatoirement par la qualité), et la joie de faire et de construire ensemble (en recherchant un mode de vie commun qui permette à chacun d'être bien dans sa peau). Il avoue préférer les organisations matricielles qui permettent de se rencontrer à chaque carrefour. « Dans les organisations pyramidales, les gens ne se rencontrent jamais, ne sont jamais en conflit, et sont donc moins créatifs. » Pour lui, l'entreprise est un corps social qui doit vivre en faisant travailler et produire ensemble des jeunes, des vieux, des autodidactes, des inspecteurs des finances, etc. Cette symbiose explique mieux que tout le succès de Sanofi. Pour Jacques Defforey, que nous avons rencontré quand il était encore à la tête de Carrefour, il est essentiel qu'un cadre qui aspire à avoir des responsabilités puisse passer quelques années dans un lieu ou un pays différent. « La difficulté de notre métier est de devoir évoluer constamment. Ceux qui n'ont jamais eu l'occasion de saisir la différence entre les lieux ne sont pas préparés à percevoir la différence entre les époques, et sont condamnés. »

Des chasseurs sachant chasser

Du coup, le marché des chasseurs de têtes (que les entreprises européennes regardaient naguère de haut) explose. « L'Europe est la région du monde qui va se développer le plus rapidement au cours des années 90. Plus vite même que la zone Pacifique », assure Lester Korn, président de l'américain Korn/Ferry International, numéro un mondial des chasseurs de têtes. C'est en Allemagne, où la chasse de têtes est restée interdite jusqu'à la fin des années 70, que le changement est le plus spectaculaire. « Les dirigeants sont de plus en plus souvent responsables de plusieurs pays, confie quant à lui au magazine *Fortune* Philippe de Backer, de Carré, Orban & Partners International. La clé, c'est leur capacité à discerner l'impact de chaque décision sur le reste de l'échiquier européen. » A cinquante et un ans, Jan Prising parle cinq langues et illustre parfaitement le renouveau de l'encadrement européen. Suédois de naissance, il dirige une société américaine installée en Italie, au bord du lac de Varèse. Un vétéran d'Electrolux débauché pour Whirlpool au cours... d'une chasse à l'élan ! Côté britannique, Thorn Emi (musique, software et électro-ménager) a transformé un encadrement un peu assoupi, habitué à l'emploi à vie, en une équipe d'entrepreneurs peut-être moins stables, mais nettement plus audacieux. Aujourd'hui, le cadre supérieur type a quarante-quatre ans et a changé trois fois de société, contre zéro fois il y a huit ans.

Par l'effet conjugué de l'impératif pluriculturel et des effets de mode, un cadre de haut niveau qui n'a pas tenu un poste de responsabilité dans un autre pays que le sien devient éliminatoire dans son recrutement. Au seul siège de Vevey, chez Nestlé en Suisse, cinquante nationalités se côtoient chaque jour. « Je m'efforce de garder des Suisses à la direction générale, car nous sommes une

---

« Une entreprise qui gagne est une entreprise qui a peur de perdre. » (Porsche)

société helvétique, déclare à *L'Expansion* Helmut Maucher, son président. Mais les six millions de Suisses sont en minorité par rapport aux cinq milliards d'habitants de la planète ! » Chez Bonduelle, un jeune Belge a récemment pris la direction d'un service agronomique au Portugal, et trois Français sont partis en Espagne. Pour mieux mélanger les cultures, on n'hésite plus aujourd'hui à tenir le traditionnel congrès annuel des cadres de l'entreprise dans un pays différent chaque année. En Italie, Lorenzo Sassoli di Bianchi, administrateur délégué du groupe alimentaire Buton, a récemment embauché un Anglais de trente-quatre ans, Nigel Brown, au poste de directeur export. Le précédent ne parlait que l'italien...

Favoriser le brassage dans l'entreprise

« La nature nous le montre tous les jours. Les plus beaux enfants sont les enfants métis, nés de parents de races différentes, constate volontiers Roger Haddad. Mon rôle est de travailler à la stratégie du groupe, afin de rendre possible le métissage des talents, des idées et des expériences. » Une stratégie qu'il applique également lorsqu'il recrute. « Entre deux candidats ayant des compétences à peu près identiques, je choisis toujours celui qui est le plus différent de moi, afin d'introduire une nouvelle culture dans l'entreprise. Je suis né à L'Arianna, un petit village situé au nord de Tunis, où nous vivions dans un immeuble modeste dans lequel cohabitaient Italiens, Français, et Arabes. Certains, juifs ou catholiques, d'autres musulmans. Il n'y avait à l'époque aucune difficulté relationnelle entre ces communautés. Je considère pour ma part qu'une communauté humaine s'enrichit de ses différences. », Richard M. Krieger appelle la philosophie de son président la « cooptation par paradoxe ». « S'il aime le vert, il choisira presque automatiquement quelqu'un qui aime le jaune, explique-t-il. Le secret du métissage made in Métrologie, c'est que tout le monde est autonome sans être jamais seul. » A la façon d'un aimant dont seuls les pôles opposés s'attirent, cette forme de recrutement

« par la différence » occupe une part de plus en plus importante dans la stratégie des entreprises européennes. Certains patrons parlent même de « pollinisation » — qui caractérise habituellement la fécondation végétale — permettant d'aller prendre des éléments positifs chez les uns et de les inoculer chez les autres.

Le principe des allées communicantes

La place Charles-de-Gaulle-Etoile à Paris est un souci d'étonnement permanent pour tous les touristes qui osent s'y aventurer à pied ou en voiture. Elle constitue en même temps un exemple unique au monde d'architecture urbaine. Douze avenues convergeant vers un point central permettant de choisir sa destination sur 360 degrés ! Réfléchissez un instant à votre entreprise. Essayez d'attribuer à chacune de ces douze avenues le nom de l'un de vos départements ou de l'une de vos directions. L'avenue des Champs-Elysées deviendrait ainsi l'avenue du Marketing. L'avenue de Wagram celle de la Finance. L'avenue de la Grande-Armée celle du Commercial. L'avenue Kléber celle de la Recherche et du Développement, et ainsi de suite. Toutes convergeant vers le cœur du dispositif, la place Charles-de-Gaulle-Etoile elle-même, que l'on pourrait rebaptiser la place Présidence-Direction-Générale. Une fois mis en place ce dispositif, imaginez des bataillons de chefs de produits, de contrôleurs de gestion, de vendeurs et d'ingénieurs remontant chacune de ces avenues tout au long de leurs prestigieuses carrières, avec pour principal objectif d'arriver un jour dans le saint des saints, et de s'y installer confortablement jusqu'à leur retraite. A quelques nuances près, d'innombrables entreprises ressemblent encore à cette description. Chacun travaille dans son coin, luttant avec ses collègues ou ses collaborateurs au sein de sa propre direction, et ne communique presque jamais avec les autres services ou les autres départements de l'entreprise.

« La terre nous en apprend plus sur nous que tous les livres. Parce qu'elle nous résiste. L'homme se découvre quant il se mesure avec l'obstacle. » (Antoine de Saint-Exupéry)

Briser les schémas établis ne signifie pas seulement faire travailler ensemble des cultures qui préféraient s'ignorer jusqu'alors. Cela passe aussi par le brassage des différents services de l'entreprise, ou la nomination à des postes clés d'éléments capables de « secouer le cocotier ». Telle Nicoletta d'Alesio, qui fut à quarante-cinq ans la première femme nommée à un poste clé — la direction des ventes — de Buton. Une promotion en forme d'événement au « pays du machisme ordinaire ». Un coup de pied supplémentaire envoyé par le fougueux Lorenzo Sassoli dans la fourmilière des traditions italiennes. Que penser en effet d'un chef d'entreprise qui n'a pas de bureau personnel, met un point d'honneur à se balader tous les matins pour discuter avec ses collaborateurs dans leur bureau, et ne s'assoit jamais en face d'eux, mais plutôt à côté d'eux ? « Dans un cadre vieux, on pense vieux », confie-t-il au magazine *A pour Affaires*. Dans un an, c'est juré, les locaux seront entièrement transformés !

Pour sa part, Michel Gaume s'est trouvé chargé de la délicate mission du déménagement du siège de Péchiney à La Défense. Il explique lui aussi pourquoi le groupe est devenu un fervent partisan du décloisonnement : « On a cherché l'écrasement des marques de respect. Quand on passe d'une culture individualiste à une culture plus souple, les structures et l'environnement doivent elles aussi changer. » De la même façon, lors de la conception de l'usine de Dunkerque (l'usine de production d'aluminium la plus moderne du monde) tout est fait pour éviter que ne se reconstituent les cloisons traditionnelles entre les différents secteurs. Fier d'un passé de 135 ans pendant lesquels le nom de Péchiney s'est identifié à l'aluminium, le groupe doit s'adapter à une situation où, en 1990, la production du précieux métal ne représente plus qu'un petit quart de son chiffre d'affaires. Dès son arrivée au siège, Jean Gandois, P-DG, s'est fixé comme mission de briser les forteresses

---

« Il ne faut pas seulement accepter les différences, il faut les aimer. » (Henri Lachmann, Strafor)

léguées par le passé. A coups de redistribution des responsabilités mêlant structures transversales et horizontales, il met en place une structure qui évite les batailles frontales entre les directeurs de branches. « On ne gère pas un groupe mondial avec des structures datant du début du siècle », explique-t-il.

Tous vendeurs !

L'encadrement commercial, mais aussi l'équipe marketing, les secrétaires et les responsables administratifs des brasseries Kronenbourg se retrouvent chaque année depuis 1985 pendant deux jours en situation de vente chez des clients de l'entreprise. Les tournées se déroulent par équipes de deux. L'un vend, l'autre observe, et vice versa. Même type d'approche chez Datapoint ou Rank Xerox, tandis que CGEE Alsthom choisit quant à elle de faire suivre à six cents de ses ingénieurs (chefs d'agence, chefs de chantier, etc.) une formation destinée à les sensibiliser au métier d'ingénieur d'affaires. Une façon de « brasser nos différences ».

Jean-Claude Taté, président de Conforama, nous a expliqué un jour le fonctionnement de la structure chargée d'étudier les nouveaux projets. « Chaque sujet, chaque projet, chaque problème, peut rarement se régler par l'intervention d'un seul individu, si compétent et si intelligent soit-il. C'est pourquoi nous travaillons à l'horizontal, en faisant intervenir toutes les compétences disponibles. » En habituant les gens de différentes fonctions à travailler ensemble, près de trente projets sont actuellement examinés et mis en œuvre avec cette méthode. « Le talent d'un chef d'entreprise dépend désormais de sa capacité à pouvoir faire travailler ensemble des gens de cultures et d'horizons différents », ajoute-t-il. Pour y parvenir, des entreprises de plus en plus nombreuses font appel au sport. Plus particulièrement à la voile. Différents services de Otis France, mais aussi des fournisseurs et des clients, se retrouvent désormais chaque année à bord des bateaux embarqués dans le « Trophée Otis ». Ils apprennent à se connaître, et à mieux travailler ensemble. Son P-DG Bruno Grob justifie ainsi cette approche nouvelle : « Le bateau et l'entreprise sont plongés dans le même environnement, de type concurrentiel. L'entreprise doit vaincre sur ses marchés. Un bateau doit gagner lors d'une régate. Pour atteindre cet objectif, l'entreprise se doit d'ajuster sans cesse sa stratégie et de tenir compte des éléments extérieurs. Même chose pour un équipage. Il doit définir son cap et manœuvrer en fonction de la direction du vent et des courants. » Approche partagée par Screg Routes, dont la régate oppose des collaborateurs de l'entreprise, du groupe Bouygues (auquel appartient l'entreprise) et quelques fournisseurs.

Sortir de sa tour d'ivoire

Au moment où les entreprises commencent à réaliser que la richesse naît de la diversité et de la multiplication des échanges entre des gens dont la culture, le métier, la langue, la fonction ou la nature des préoccupations ne les préparent pas à travailler ensemble, il est urgent de repenser certaines des structures qui ont été mises en place dans les années 70 et 80. A mesure qu'elles grandissaient et devaient logiquement affronter des choix immobiliers, de nombreuses entreprises européennes ont commis une erreur fondamentale. Penser qu'il était bon — et logique — de regrouper en un même lieu et sous un même toit tous ceux qui faisaient le même métier dans l'entreprise. Certaines ont ainsi construit des tours d'ivoire disséminées, et physiquement éloignées les unes des autres. Ces mastodontes ont regroupé dans un immeuble l'ensemble de leur service juridique (quand on connaît les dégâts procéduriers et bureaucratiques qu'arrive à commettre tout seul un juriste isolé, on peut être raisonnablement inquiet de ceux provoqués par une armée d'hommes de loi coupée du reste du monde). Dans un autre, leurs chefs de produits marketing aussi diplômés que géniaux (mais qui préfèrent rencontrer leurs agences de pub que leurs clients). Dans un troisième, la direction des ressources humaines (qui s'en trouve ainsi fort dépourvue, n'ayant guère comme seule ressource humaine qu'un bataillon de secrétaires « range-papiers »). Dans un quatrième, leurs services financiers et de contrôle de gestion (qui ont tout loisir de calculer dans leur coin tout l'argent dépensé pour rien par les autres services de l'entreprise, et qui ont ensuite l'audace d'affirmer que ceux qui gèrent la trésorerie de l'entreprise sont les personnages les plus importants de l'organisation), etc. La liste serait trop longue des aberrations auxquelles conduit ce type de délocalisation géographique pour être poursuivie ici. Elle devrait cependant obliger tous les dirigeants ayant commis ce type d'erreurs (quelles que soient les raisons, sans doute légitimes, qui les y ont poussés) à faire leur mea culpa. Et à procéder immédiatement à une redistribution complète de leur configuration géographique... et mentale. Il suffirait, pour commencer, qu'ils proposent à quelques contrôleurs de gestion d'aller s'installer dans une usine, à quelques juristes de rencontrer des clients, et à quelques formateurs de retourner vendre, en compagnie des autres vendeurs de l'entreprise.

Mixer tous les métiers, toutes les hiérarchies

Nous avons eu la chance, en 1989, de former à « L'Etat d'Esprit Service » quelque 1500 personnes de la direction régionale Franche-Comté de France Télécom, et de découvrir à cette occasion la vigueur avec laquelle cette entreprise est en train de se remettre en cause. Grâce au travail initié par Philippe Reynaud et mené par Jean-Marie Moyne et Michel Chrétien dans un environnement difficile (on préférait, jusqu'à une période récente, parler « d'usagers » ou « d'abonnés » plutôt que de « clients »), la suite donnée au séminaire fut aussi inattendue que révélatrice des attentes nouvelles des salariés de cette administration, qui se prend enfin pour une entreprise. Le brassage de tous les métiers et de toutes les hiérarchies est l'un des postulats que nous proposons systématiquement à tous nos clients, lorsqu'ils viennent nous demander de former leurs collaborateurs. A la lumière d'un séminaire-pilote des-

---

« Toute volonté collective est le résultat de mille sensibilités antagonistes. » (Jean-François Kahn)

tiné à un groupe très hétérogène de ses collaborateurs, France Télécom a accepté de jouer le jeu du métissage que nous lui proposions.

A l'issue de l'ensemble de ces stages, il fut demandé à chacun des participants quel type de suivi lui paraissait le plus approprié à la réussite de l'entreprise en matière de qualité de service. La réponse fut unanime. « Continuer à mieux nous connaître, à mieux comprendre les contraintes de nos collègues de Besançon ou de Lons-le-Saulnier. » Du coup, les responsables de chacun des établissements ont signé une charte les engageant à permettre à chacun de leurs collaborateurs de passer — sur la base du volontariat — deux fois une demi-journée dans l'établissement de son choix, en compagnie des collègues de son choix, pour échanger avec eux ses expériences et mieux comprendre l'impact de la satisfaction des clients sur leurs métiers. A charge pour eux, au retour, de consigner dans un « rapport d'étonnement » tout ce qu'ils avaient appris ou découvert à l'occasion de ces visites. Sans doute conforté par cette démarche, Robert Plateau, secrétaire général de la DTRN (Direction Technique du Réseau National de France Télécom), sous l'impulsion de Max Basque, directeur, s'est lui aussi livré avec nous à de savants dosages pour composer les groupes permettant de former en trois ans les quelque 9 000 salariés de sa direction.

Vivre ses désaccords de façon honorable

Les barrières sociales et hiérarchiques sont l'un des plus grands obstacles à la flexibilité, à la vitesse et à l'innovation. La lenteur avec laquelle le micro-ordinateur s'est imposé au début des années 80 sur le bureau des managers et des dirigeants européens a tenu largement à leur gêne de faire appel à la compétence de leurs secrétaires ou de leurs collaborateurs pour en découvrir le mode d'emploi. Quand on est « chef », on a honte de ne pas savoir. L'entreprise qui réussit est pourtant celle qui sait veiller au métissage des âges, des compétences, des talents, des cultures, des métiers et fait travailler ensemble des autodidactes, des diplômés, des créatifs, des besogneux, etc.

Savez-vous quelle est la définition que donne Akio Morita, patron fondateur de Sony, du consensus à la japonaise? « Lorsque nous devons prendre une décision, j'organise une réunion. S'il y a consensus, la décision est prise. Sinon, nous nous revoyons un mois plus tard. S'il y a consensus, la décision est prise. Sinon, nous nous revoyons à nouveau un mois plus tard. S'il y a consensus, la décision est prise. Sinon, je prends la décision, qui fait office de consensus! » Caricatural? Le consensus n'est pas le compromis. Il consiste à prendre réellement l'avis des gens, et à permettre ensuite à ceux qui sont inégalement d'accord avec la décision prise d'être malgré tout à l'aise lorsqu'il s'agira de la mettre en place. Ou tout au moins de « vivre leur désaccord de façon honorable », pour reprendre l'expression de Jean Boissonnat, qui ajoute : « Le consensus est donc une technique destinée à réduire les résistances aux mesures nécessaires, plus qu'à s'imposer de prendre celles-ci à l'unanimité. » Savoir arriver à un consensus implique donc pour un dirigeant de se comporter comme un consultant plutôt que comme un chef. Et pour son collaborateur de venir chercher auprès de lui une consultation plutôt qu'un ordre.

Faire enfin travailler ensemble des gens qui n'y sont pas habitués, et qui multiplient donc parfois les obstacles sans même s'en rendre compte. Faire se rencontrer tous les métiers et toutes les hiérarchies de l'entreprise. Travailler en incluant ses clients et ses partenaires (sous-traitants, fournisseurs, etc.) dans la remise à plat de son mode de fonctionnement. L'entreprise industrielle a de plus en plus besoin de cadres capables d'assurer l'interface entre la technologie et la gestion. Mais jusqu'à présent, les deux disciplines ne se côtoyaient guère. Il faut aujourd'hui apprendre à fédérer des compétences complémentaires. Améliorer sans cesse la qualité de leur service. Réussir le pari du métissage économique et culturel. Mais aussi se préparer à aller chaque jour de plus en plus vite, dans un environnement de plus en plus imprévisible et concurrentiel. Pour rentrer sereinement dans les « années vitesse ».

III

LES ANNÉES VITESSE

Attendre, c'est être au pouvoir des autres.

David Landes

7

Comme toutes les choses importantes de la vie, bien utiliser son temps n'est pas enseigné à l'école. La plupart d'entre nous ont mal à leur temps et ne savent pas que cela se soigne.

Jean-Louis Servan-Schreiber

Paradoxe n° 7

Aller vite et prendre son temps

C'est tenir la distance tel un marathonien. Considérer la vitesse comme unité de mesure des années impatience. Slalomer entre les horaires. Utiliser les objets nomades. Ne pas devenir victime des années zappeuses. Et enfin, savoir perdre du temps pour en gagner.

Si vous lisez ce livre assis près d'un feu de bois, les jambes allongées, un verre à la main, de la musique classique en fond sonore, bravo ! Ce chapitre ne vous concerne pas. Si en revanche, comme c'est malheureusement plus probable, vous êtes en train de faire autre chose en même temps, que vous ayez un téléphone sans fil à portée de main, que vous soyez en train d'attendre un taxi, un train, ou un avion, que vous déjeuniez ou que vous zappiez sur votre télévision, alors lisez-le. Ou embauchez quelqu'un pour vous en faire un compte rendu ! Comme vous, les entreprises performantes raisonnent désormais en termes de temps. Celui qui s'écoule de la conception initiale d'un produit ou d'un service à sa rentabilité, en passant par sa réalisation et sa livraison.

Tenir la distance tel un marathonien

Mort aux faibles ! Le monde de demain sera un monde de géants. Tout va aller de plus en plus vite. Les échecs et les succès, les faillites et les fortunes, les erreurs et les coups de chance. De gigantesques opérations aux enjeux mondiaux vont ainsi être menées dans des délais records. Les clients veulent être livrés avant même d'avoir passé commande. Une exigence qui oblige à faire vite, et surtout à faire bien la première fois. Mais tous les hommes ne parviennent pas cependant à suivre le rythme fou que notre époque impose à leurs vies et à leurs entreprises. Une partie des Européens décroche. Impatient, Bernard Attali considère que c'est la vitesse qui opère désormais le véritable partage entre les hommes. « Certaines personnes possédant de très grandes qualités professionnelles décrochent à cause de la vitesse. Je me surprends d'ailleurs parfois à exiger d'eux une réponse trop rapide, et à regretter ensuite d'avoir privilégié l'obsession du temps plutôt que la qualité de leur réflexion », nous explique-t-il. P-DG de Robeco, Jean Bénard a quant à lui pour habitude de comparer les entreprises modernes à un train qui va de plus en plus vite, et dont les passagers-collaborateurs passent davantage de temps à essayer de deviner « où va le train » qu'à trouver les moyens d'aller encore plus vite. Un phénomène à ne pas négliger. C'est souvent par manque d'une vision claire de leur destination que certains collaborateurs descendent du train sans même s'en apercevoir, se sentant perdus dans une entreprise dont le rythme s'affole. Cette image doit nous faire réfléchir, car l'un des grands défis qui attendent les dirigeants européens est d'aller plus vite encore que leurs concurrents dans certains domaines, tout en

---

« Si l'on n'investit pas pour le long terme, il n'y a pas de court terme. » (George David, United Technologies)

sachant prendre leur temps dans d'autres. De faire accélérer sans cesse la machine, sans que le moteur ne s'emballe pour autant.

La même chose du lundi au vendredi

Un équilibre certes difficile à trouver, mais dont la technique japonaise du « Kaïzen » peut nous aider à percer le secret. En japonais, Kaïzen signifie « amélioration graduelle continue ». Accomplir les « petites choses » le mieux possible. Fixer des normes sans cesse plus élevées... et les atteindre. Popularisée par Masaaki Imai dans son livre *Kaïzen*, cette technique permet d'aller vite tout en prenant son temps, puisqu'aucun terme à l'amélioration n'est fixé.

Il serait illusoire de croire que l'on peut tout changer du jour au lendemain. Mieux vaut gravir une à une les marches de l'escalier, et consolider l'amélioration à chaque marche. Ce sont en effet les petites victoires qui font les grandes réussites. Elles nous donnent confiance dans notre capacité à changer, et à faire changer ceux qui nous entourent. « Je n'ai qu'une faveur à vous demander : faites la même chose du lundi au vendredi, expliquait le P-DG d'une grosse entreprise allemande d'équipement auto aux salariés d'une entreprise du Gard qu'il venait de racheter. Traduction. Soyez régulier, évitez les à-coups, les sautes d'humeur, les excès de zèle, les crises de lenteur. Courir un jour, traîner le lendemain, passer de l'abattement à l'euphorie, c'est mauvais pour la santé des salariés et pour l'humeur des clients. » Même philosophie chez Lafarge-Coppée, dont le président Olivier Lecerf déclarait en 1988 « qu'il ne faut pas doper l'économie. Il faut au contraire apprendre, comme un marathonien, à tenir la distance, à garder un rythme constant ».

La vitesse : unité de mesure des « années impatience »

« La seule façon d'être suivi, c'est d'aller plus vite que les autres », disait Francis Picabia. La vitesse pourrait bien constituer la monnaie la plus précieuse, la plus internationale et la plus recherchée des « années impatience ». Comme toute matière première, le temps est fonction de son abondance. Or, nous nous dirigeons vers la pénurie. « Tout est mouvement », écrivait Héraclite. Il est amusant de constater que les lettres confidentielles, les revues de presse et les objets « bruns » (télévision, magnétoscope, télécopieur, Minitel, chaîne hifi, installation téléphonique sophistiquée, c'est-à-dire tout ce qui matérialise la nécessité de s'informer et de communiquer rapidement) remplacent désormais le nombre de fenêtres, l'épaisseur de la moquette et le look des luminaires au hit-parade des petits signes qui font les grands chefs. A moins qu'il ne faille parler des grands signes qui font les petits chefs... « Il y a en moi deux personnages, confie l'Alsacien Jean-Paul Bucher, l'aubergiste et le dirigeant. Lorsque je me sens aubergiste, je me dis qu'il est temps de ralentir. Mais le dirigeant me rappelle qu'en affaires il faut sans cesse accélérer. Si l'on ne va pas de l'avant, on meurt... » On s'est enfin aperçu en Europe que l'une des grandes faiblesses de nos économies, c'est de s'être trop longtemps accrochées à ce qu'elles ont toujours su faire. L'un des secrets de la réussite des Japonais, c'est qu'ils se retirent d'un marché dès qu'un produit ou un service ne marche plus, et investissent simultanément un marché nouveau.

Rapidité mais aussi agilité

En partie grâce à cette agilité, la capitalisation boursière de Tokyo dépasse désormais celle de New York. Celle d'Osaka dépasse celle de Londres, la première place financière européenne. D'après l'économiste David Hale, la capitalisation boursière japonaise représenterait aujourd'hui 45 % de la capitalisation mondiale (contre 17 % en 1980), alors que la capitalisation boursière américaine n'en représenterait plus que 30 % (contre 55 % en 1980). Outre l'ampleur du phénomène, ce qui surprend est la rapidité inouïe avec laquelle il s'est produit. Tout comme la montée en puissance des banques japonaises, absentes il y a dix ans des palmarès, et qui occupent aujourd'hui neuf des dix premières places mondiales. A noter également que, parmi les vingt-six sociétés mondiales disposant de plus d'un milliard de dollars en cash, on trouve dix-neuf sociétés japonaises. Aucune entreprise française, anglaise ou italienne ne figure à ce palmarès, où l'on ne trouve que trois allemandes et seulement trois américaines (IBM, Ford et Boeing). La Corée, de son côté, semble avoir réalisé en dix-huit mois seulement ce que n'importe quel pays européen aurait pu mettre dix-huit ans à accomplir. Doublement des salaires, transfert massif d'activités textiles (désormais sous-traitées aux Philippines et en Thaïlande) vers des activités électroniques, et création de produits de très grande qualité. Même phénomène à Taïwan, qui se réinvente presque chaque jour...

Désormais, chaque seconde compte

Airbus s'est fait souffler par son grand rival Boeing en quarante-huit heures un contrat américain important, faute d'avoir revu sa proposition à temps. « Il faut faire vite. » « Nous avons peu de temps pour réussir. » « Il n'y a pas une minute à perdre » et « Il faut foncer » font partie des phrases que l'on entend le plus souvent dans les milieux d'affaires de Barcelone, Madrid ou Séville. Moderne et traditionnelle à la fois, chaleureuse et noctambule, professionnelle et décontractée, l'Espagne a accompli en moins de dix ans une révolution économique, politique et culturelle sans équivalent en Europe. Elle sait pourtant aujourd'hui qu'elle n'a devant elle que quelques années, voire quelques mois, pour transformer l'essai et s'imposer définitivement comme un acteur incontournable de l'échiquier mondial. Aux Etats-Unis, la Citibank a redéfini son métier à travers le filtre du temps. Là où les banques traditionnelles mettaient cinq semaines en moyenne avant d'octroyer un prêt à l'un de leurs clients, la banque dirigée par John Reed affirme n'avoir besoin désormais que de quinze minutes. L'américain Motorola, qui a placé les années 90 sous le signe

---

« En plus d'un projet d'entreprise, je sais maintenant qu'il faut donner aux hommes une utopie à partager. » (Jean-Marie Descarpentries, CMB)

du « cycle time management », a réduit le délai de production de ses téléphones cellulaires de plusieurs semaines à quatre heures. Sidel, une PME française rachetée par ses salariés, vient de lancer la machine à fabriquer des bouteilles en plastique la plus rapide du monde : 36000 bouteilles à l'heure. « PS1 d'IBM. Cinq minutes, et vous êtes dans le coup ! » Pour lancer son nouvel ordinateur et séduire ses futurs utilisateurs, Big Blue joue la carte du temps et de la vitesse. Dans leurs bureaux du Louvre, il fallait souvent près d'un mois aux fonctionnaires français du ministère des Finances pour échanger des informations ou des notes techniques. Installés à Bercy, entièrement informatisés et reliés entre eux par quatre cents wagonnets toujours en mouvement baptisés Télédoc, il leur suffit désormais de trente minutes. Pour éviter toute perte de temps inutile, certaines usines pratiquent dorénavant le SMED (Single Minute Exchange Die) qui permet, lorsqu'une machine tombe en panne, d'établir la liste de tout ce que l'on peut faire pendant ce temps. Et de continuer ensuite à le faire, une fois la machine réparée !

Le coiffeur Jacques Dessange observe : « A mes débuts, les clientes adoraient attendre dans les salons de coiffure. Les coiffeurs de talent prenaient tout leur temps. Aujourd'hui, il faut savoir travailler beaucoup plus vite et tout aussi bien, car tout le monde est pressé. » Phénomène identique dans le domaine de l'optique. Alors qu'un opticien traditionnel fabrique en 48 heures une paire de lunettes, Hubert Toubiana propose dans sa chaîne de magasins Chronovision de vous les fournir en une heure. Largement inspirés des chaînes d'optique rapide qui connaissent un succès croissant aux Etats-Unis, ces magasins constituent une menace pour les producteurs de verres correcteurs, qui se défendent du mieux qu'ils peuvent, en mettant en cause la qualité des verres.

« Les seules agences qui survivront seront celles qui auront refusé leurs maigres certitudes pour rester mobiles. » (Jean-Marie Dru, BDDP)

Aux Etats-Unis, AT&T a décidé qu'un service de qualité imposait que les appels passés à ses différents centres de renseignements téléphoniques ne dépassent pas quinze secondes. Tout compris. Et a calculé que, s'il voulait faire passer ce standard de qualité de quinze à quatorze secondes, il lui en coûterait quarante millions de dollars en équipement et en personnel supplémentaires ! Du coup, l'entreprise a renforcé la formation de ses opérateurs, afin de leur faire gagner du temps… sur le temps. Aux Etats-Unis encore, un hôtel change de propriétaire tous les dix-huit mois en moyenne. « L'espérance de vie » d'un déchet dans les parcs d'attraction de Walt Disney dépasse rarement vingt-sept secondes. En 1987, un nouveau restaurant McDonald's s'ouvrait toutes les dix-sept heures quelque part dans le monde. En 1990, la durée de gestation a été ramenée à quinze heures. Une performance d'autant plus remarquable que la chaîne compte déjà plus de 11 000 restaurants, de Sydney à Budapest, en passant par Belgrade et Rome. Dans chacun de ces restaurants, un « clamshell » (appareil dont la maison a l'exclusivité) cuit simultanément les deux faces d'un steak haché, et permet de ramener le temps de cuisson d'une minute trente à trente-neuf secondes. L'attente du client n'excède jamais une minute trente après la prise de commande. Fast-food oblige…

En 1969, les premières « puces » avaient une capacité de quelques centaines de signes. Le microprocesseur Intel de l'an 2000 sera compatible, intégrera 100 millions de transistors sur une puce, tournera à 250 MHz et traitera 2 000 millions d'instructions par seconde. Les ordinateurs de demain seront mille fois plus rapides que ceux d'aujourd'hui. On pourra alors glisser de la mémoire et du raisonnement dans n'importe quel objet, dans n'importe quelle pièce de notre environnement.

« La distinction pertinente dans le monde d'aujourd'hui s'établit entre sociétés rapides et sociétés lentes. » (Alvin Toffler)

Pour aller vite, certaines entreprises révisent entièrement le circuit de production et de distribution de leurs produits. Aux Etats-Unis, Toyota a gagné d'innombrables marchés grâce à une technique apparemment simple (elle porte le nom de code « Lundi matin, vendredi après-midi »), mais qui suppose une gestion incroyablement rigoureuse des stocks et de la production. Tout acheteur passant commande d'une voiture le lundi matin avec des options « classiques » (couleur de la carrosserie et des sièges, toit ouvrant, etc.) est assuré de partir au volant de son véhicule le vendredi après-midi ! Un miracle ? Non. Cinq années d'efforts et d'intelligence pour réduire de soixante à trois jours le délai de production d'une telle voiture.

Produire ce qui se vend et non vendre ce qu'on a produit...

Le succès mondial de Benetton ne tient pas uniquement à la qualité « globale » du marketing et de la communication coordonnés par Luciano, ou à l'originalité des créations de sa sœur Giuliana. Aucune fabrication n'est lancée sans bon de commande préalable, mais dès la transmission de celle-ci par ordinateur, Benetton lance immédiatement la production (toutes les coordonnées des modèles sont informatisées) dans l'une de ses usines, ou dans l'un des nombreux ateliers qui travaillent pour l'entreprise (et qui sont tous reliés « on line » au système informatique mis en place), en fonction du modèle commandé.

L'option choisie par les frères Benetton concernant la couleur de leurs produits est probablement l'une des clés de leur capacité à répondre plus vite que n'importe lequel de leurs concurrents. Tous les modèles sont tricotés, coupés et assemblés dans la couleur naturelle de la laine et du tissu, et teints à la dernière minute, en fonction des différentes commandes passées. Une fois fabriquée, la commande est immédiatement conditionnée, étiquetée, et expédiée à l'entrepôt du groupe. Géré par huit personnes seulement, cet entrepôt d'un genre nouveau achemine chaque jour 230 000 articles à destination de 60 pays. Son secret ? La gestion informatique et robotisée. Dès réception de la commande dans l'une de ses 300 000 « boîtes aux lettres », elle est récupérée par un robot qui lit toutes les informations contenues dans le code barre, regroupe éventuellement tous les cartons destinés à un même distributeur, et les charge dans un camion. Un extraordinaire processus, qui permet aujourd'hui à Benetton de livrer dans n'importe quel pays du monde quatre semaines seulement après l'émission d'une commande au cas où le produit doit être fabriqué, et une semaine seulement si le produit existe en stock. Opérant avec un nombre réduit de collaborateurs, l'entreprise située dans la petite ville de Ponzano présente l'un des meilleurs ratios de chiffre d'affaires par employé, toutes industries confondues, et est capable de lancer de nouveaux produits ou de nouveaux coloris dix fois plus rapidement que ses principaux concurrents.

L'entreprise italienne incarne brillamment la formule inventée en 1982 par John Naisbitt dans son livre *Mégatendances,* et que nous avions déjà citée dans *Service compris :* « High Tech, High Touch ». Les magasins Benetton (qui sont tous systématiquement de petite taille) et la communication globale de la marque sont on ne peut plus « High Touch », mais ne laissent jamais deviner les merveilles « High Tech » qui rendent l'une et l'autre possibles. En mariant habilement la flexibilité d'entreprises de petite taille avec les économies d'échelle d'une entreprise de taille mondiale, Benetton est sans doute aujourd'hui l'une des entreprises européennes les plus globales. Contrairement à ce que l'on croit, la raison de son succès n'a jamais été ses pulls, ses pantalons ou ses gilets. Ce que l'entreprise propose à ses clients, c'est avant tout sa rapidité de réponse, avec au passage un pull, un pantalon, ou un gilet. La capacité à répondre vite est devenue un produit à elle seule, qui dans le cas de Benetton est accompagnée d'un vêtement. Contre l'avis de tous les techniciens, Stéphane Kélian préfère lui aussi confectionner des chaussures non teintes, et leur donner leur couleur définitive au dernier moment.

« Manager seulement pour le profit revient à jouer au tennis en regardant le tableau des résultats plutôt que la balle. » (Ivan Lendl)

Auteurs d'un rapport explosif, Georges Jollès et Jean Bounine ont fortement secoué le petit monde du textile français. On y lit notamment : « Dans un atelier de confection de vêtements pour hommes, les en-cours sont facilement de cinq semaines, ce qui représente 840 heures, alors que le temps total de fabrication effective d'un costume est de l'ordre de deux heures. Il faut donc 420 fois plus de temps pour sortir une pièce d'une usine qu'il n'en faut pour la fabriquer. On peut dire aussi que, pour deux heures de valeur ajoutée effective, 838 heures sont perdues en manutentions, attentes, recherches de lots égarés, inspections, reprises, etc. » Difficile, dans ces conditions, d'espérer réagir rapidement aux aléas fluctuants et capricieux de la mode. En France, seul le quartier parisien du Sentier réagit au « quart de tour », et pratique ce qu'il est convenu d'appeler le « circuit court ». Trente jours maximum entre la conception d'un vêtement et sa livraison. Dès qu'une couleur ou un motif s'impose, ils sont imprimés en une semaine, allant ainsi jusqu'à court-circuiter les pays à bas salaires qui avaient fait de la copie des modèles européens leur spécialité. Cette souplesse permet aussi d'arrêter net n'importe quelle production dès que la mode passe. Du coup, les ventes explosent (56 % du prêt-à-porter féminin relève aujourd'hui du circuit court, selon une étude de Synergies et Partenaires Europe, contre 30 % en 1980), mais dans des conditions économiques et sociales parfois peu dignes d'un pays moderne et industrialisé.

Il y va du textile comme des yaourts. Les fabricants de produits frais et périssables sont eux aussi obligés de pratiquer une gestion performante des stocks, parfois appelée JIT — Just In Time (Juste A Temps). Gérard Serre, directeur logistique de Yoplait SA, s'explique : « Il y a cinq ans, nous avions 40 000 points de livraison qui, bon an mal an, acceptaient de se trouver en rupture de stock. Aujourd'hui, nous n'avons plus que 1 300 clients, dont 200 entrepôts de la grande distribution, qui centralisent 60 % du tonnage. Avec la concurrence que se livrent les chaînes, nous sommes obligés de pouvoir réagir au marché en douze heures. » Même rationalisation de la production chez Bull, dont l'usine d'assemblage de micro-ordinateurs située à Villeneuve-d'Ascq peut changer en une nuit une chaîne entière de production, grâce à des techniques hyper-sophistiquées de flux tendus.

La pub en huit secondes

La réduction de la durée de vie des produits, qui impose désormais une véritable « dictature de l'innovation » aux industriels du monde entier, fait également des ravages dans le monde sportif. La carrière des champions est, elle aussi, de plus en plus courte, et les médaillés olympiques sont de plus en plus jeunes. A vingt ans, parfois même quinze, dans certaines disciplines, on est déjà un « vieux » ! Des chiffres qui donnent le vertige… En 1922, Emily Post, la doyenne du savoir-vivre américain, préconisait pour les femmes une période de veuvage de trois ans. Cinquante ans plus tard, Amy Vandebilt, qui lui a « succédé », recommandait que les femmes reprennent leur travail une semaine environ après la mort de leur mari ! Cela n'a heureusement rien à voir, mais la durée de vie des couples n'excède pas cinq ans en moyenne, à en croire Gilles Lipovetsky, auteur de *L'Empire de l'éphémère*… « Salut, j'ai huit secondes pour vous dire que la barre Ovomaltine, c'est de la dynamique ! » A la télévision, les spots de pub raccourcissent chaque année, et les « huit secondes » se multiplient, pour séduire la « génération vidéo-clip », tandis que la « petite chaîne qui monte », M6, fait un malheur avec un journal qui fait le tour de l'actualité en six minutes. Les téléspectateurs peuvent intervenir en direct, par l'intermédiaire du Minitel ou du téléphone. A la radio, la station d'informations non stop France-Infos conquiert des millions d'auditeurs par un traitement brut et sec des infos, dont aucune ne doit durer plus de vingt secondes. Quarante si elle est développée.

« No man who is in a hurry is quite civilized. » (Will Durant)

Le Japon est devenu le premier créditeur du monde en un temps infiniment plus rapide que la Grande-Bretagne du XIXe siècle ou les États-Unis du XXe. A moins d'hériter, il fallait jadis une génération pour construire une fortune. Machine après machine, usine après usine, société après société. Les années 80 ont tout changé, et mis un turbo dans la finance, grâce notamment à la multiplication des holdings en cascades. Des fortunes comme celles de Bernard Tapie (qu'il a construite en dix ans) ou de Bernard Arnault (qui a investi 90 millions de francs en 1985 pour reprendre le groupe Boussac, et se retrouve aujourd'hui à la tête de LVMH, une multinationale du luxe qui pèse près de 52 milliards de francs en Bourse) attestent de cette accélération, et d'une époque où les revenus du capital explosent, tandis que ceux du travail stagnent. Une époque qui favorise aussi les revers de médaille cuisants. « Quand on mange trop, n'importe où, n'importe comment, et qu'on s'invite partout, on finit par exploser et par être poussé dehors », entend-on souvent dire à la City britannique lorsque l'on évoque la chute vertigineuse de l'ex-milliardaire australien Alan Bond. « J'ai été successivement le bénéficiaire et la victime de l'argent facile », avoue quant à lui Jean-Louis Bouchard, qui rêvait de faire d'Econocom « l'IBM de l'an 2000 ». Celui qui avait, après avoir cédé ECS — une société spécialisée dans la revente d'ordinateurs — à la Société Générale, encaissé un chèque de 245 millions de francs et offert une Ferrari rouge à chacun de ses sept plus proches collaborateurs, n'a pas su, pour son deuxième pari, passer d'une « culture de pionnier » à l' « ère des fermiers ». Après avoir atteint 3 milliards de francs de chiffre d'affaires en 1985 et 30 millions de profits, son entreprise affichait en 1989 quelque 320 millions de pertes. Il se bat aujourd'hui pour la sauver.

« 48 Heures Chrono ». Au milieu des années 80 (il y a très, très longtemps !), la promesse affichée par La Redoute faisait figure de prouesse technique. Plus

---

« Gagneront ceux qui sauront marier efficacité, compétitivité, créativité et qualité de vie. » (Patrick d'Elme, Groupe Francom)

personne ne s'étonne aujourd'hui de ce qui est devenu une prestation « normale » de la part d'une entreprise de distribution par correspondance. Message reçu et compris par cette société anglaise, qui propose par exemple de livrer 24 heures sur 24 et 7 jours sur 7, partout à Londres et dans sa banlieue, des préservatifs à des clients dont le critère principal de choix est… la rapidité. Le plaisir n'attend pas ! « The Chemical Commitment : Fast Action and Superior Service. » En 1991, le slogan de la Chemical Bank sonne juste. Pour convaincre ses clients de son engagement, elle leur garantit par écrit que dans neuf cas sur dix, tout problème sera résolu dans les 72 heures. Si, bien sûr, il ne peut pas l'être immédiatement. Avec le sourire en plus, car la banque qui se veut celle du « High Tech » se veut aussi celle du « Human Touch ». La globalisation des marchés, l'informatisation des transactions et la vitesse accrue de la circulation de l'information imposent aux banques des habitudes nouvelles. L'évolution extraordinairement rapide des technologies d'information, qui constituent la clé de voûte de toute stratégie fondée sur la vitesse, rend désormais possible une réponse quasi immédiate à tout besoin exprimé par un client. Jean Bénard a créé en 1987 la filiale française du premier groupe européen de placements financiers, d'origine hollandaise. Convaincu qu'elle ne pourrait se développer qu'à travers une utilisation optimale de la technologie, il a été le premier à utiliser en France du matériel informatique permettant de digitaliser les courriers des clients, qui se retrouvent ainsi instantanément stockés dans la mémoire de l'ordinateur central, et immédiatement disponibles sur l'écran du responsable du compte. Vous avez dit zéro-papier ?

Les débuts du « faxfood »

Vite et bon. Dans les années 50, la femme française passait en moyenne quatre heures par jour dans sa cuisine. En 1988, elle n'y passe plus que quarante minutes ! Au détriment fréquent, il faut bien le reconnaître, de la gastronomie… Le secret de cette révolution sociologique et culturelle, qui a totalement bouleversé nos modes de vie et de consommation ? La participation désormais active de la très grande majorité des femmes à l'économie, mais aussi et surtout l'évolution des produits alimentaires surgelés et l'apparition du four à micro-ondes, qui sont autant d'outils indispensables aux « années vitesse ». A Paris, l'uniforme des livreurs de la chaîne Spizza 30′ (lancée en 1989 par un Polytechnicien très influencé par le succès de l'Américain Tom Monaghan, le richissime fondateur de Domino's Pizza) inclut presque automatiquement des chaussures de jogging... Quand on s'engage à aller vite, il faut en rendre les preuves tangibles. Photos développées en une heure, solde de compte bancaire disponible en temps réel sur Minitel, accès direct et instantané aux réservations du TGV, menus commandés par fax et livrés à domicile (on parle déjà de « faxfood »), etc.

« S'acheter » une heure de repos...

La notion de vitesse fait désormais partie intégrante de chacune de nos décisions, et les innovations qu'elle rend possibles envahissent notre quotidien. Les caisses rapides des supermarchés et autres « Express Check-out » prolifèrent, tandis que la généralisation de l'utilisation des codes barre permet une parfaite adéquation aux goûts des clients, et évite les ruptures de stock. Toute pénurie potentielle étant désormais décelée immédiatement. Les clients s'impatientent pourtant dès la deuxième minute de leur attente, et ceux qui écrivent à une entreprise pour se plaindre entrent inévitablement en conflit avec elle si elle ne leur répond pas dans les huit jours. Pour éviter les bouchons aux péages autoroutiers, les exploitants d'autoroutes français, italiens et espagnols se sont regroupés au sein du projet VITA (Vehicle Information and Transaction Aid) pour élaborer le

« Si toute entreprise peut rencontrer un jour des difficultés, c'est le temps qu'il lui faudra pour les surmonter qui fera la différence. » (Peter Wallenberg, groupe Wallenberg)

cahier des charges du futur standard de télépéage européen, qui permettra aux automobilistes de franchir librement et sans s'arrêter la totalité des péages européens d'ici à 1994. Philips et Renault collaborent pour équiper les voitures de capteurs et de gadgets permettant eux aussi de gagner du temps. La liste serait longue de tous les produits et services « gain de temps », dont les courbes de vente sont aujourd'hui exponentielles à travers toute l'Europe. Des livres cassettes aux salades toutes prêtes, en passant par les plateaux-affaires servis au bureau, les petits déjeuners servis à domicile, les démarches administratives que l'on délègue à des services spécialisés, en même temps que la lessive ou les courses, les cours de remise en forme (yoga, shiatsu ou Taï-chi) dans l'enceinte même de l'entreprise, tout concourt à libérer le citoyen européen des contraintes du temps, qui est sans nul doute la ressource la plus précieuse des années 90. Chacun s'offre le luxe de « s'acheter » une heure de repos ou de « gagner » une matinée de détente.

... dans une monnaie européenne

Dans un tel contexte, on comprend mieux l'urgence qu'il y a pour l'Europe à se doter d'une véritable monnaie commune. Une expérience menée il y a quelque temps donne clairement la mesure du problème. Un billet de cent dollars, subissant tour à tour les douze taux de change successifs de la Communauté, valait, en bout de course, quarante-sept dollars seulement ! « Voyez cette folie », explique Raul Gardini, P-DG de Ferruzzi, au *Nouvel Economiste.* « Mes prix me sont fixés en écus et en monnaies vertes, mais je dois consolider en florins hollandais le bilan de ma société d'amidon (Cerestar) à partir des bilans de ses filiales établies en huit monnaies différentes. Ensuite, je dois consolider Cerestar dans le bilan de Béghin-Say en francs français, et enfin, en même temps que le bilan de Koipe, établi en pesetas, il me faut consolider le bilan de Béghin-Say dans celui d'Eridania en lires italiennes ! Dans ce méli-mélo, il y a des indications de rentabilité qui se perdent, et des choix qui ne se font pas. » Quand on connaît les conséquences que peut avoir aujourd'hui un retard de quelques minutes sur une décision à prendre, on imagine aisément celles qu'entraîne l'absence actuelle d'une véritable monnaie européenne, qui pourrait bien constituer à terme l'un des principaux obstacles à l'intégration européenne.

Slalomer entre les horaires pour optimiser ses déplacements

« A desk is a dangerous place to view the world », nous confie en anglais le Français Jean-Yves Haberer. Philosophie partagée par un nombre croissant de grands patrons européens, au premier rang desquels Jan Carlzon, P-DG de SAS : « Passer son temps à son bureau, il n'y a rien de plus improductif. Tout ce qu'on fait dans un bureau, c'est lire des histoires, des choses qui sont déjà arrivées et auxquelles on ne peut plus rien. Quand on en sort, et qu'on va parler aux gens, c'est là que tout se passe ! » Message bien reçu par l'Italien Giorgio Ronchi, P-DG de Memorex Telex, qui ne croit qu'à l'efficacité des contacts personnels, et dont le bureau est... un avion de ligne. « Je vis 80 ou 90 heures par mois dans un avion, et suis en voyage entre 250 et 280 jours par an, explique-t-il. Un pilote de ligne n'arrive même pas à 70 ! L'an dernier, au cours d'un enregistrement à l'aéroport de Milan, l'hôtesse m'a demandé d'où je venais. Figurez-vous que je ne m'en souvenais plus... Il m'arrive d'ailleurs certains matins de me réveiller, de regarder par la fenêtre et de me demander où je suis, et la raison pour laquelle j'y suis. » Pour organiser et planifier ses déplacements, trois secrétaires basées à Milan, Londres et San Francisco se téléphonent chaque jour. Mieux renseigné qu'une agence de voyages, Ronchi ne se sépare jamais de sa « bible », à savoir le guide des horaires des principales compagnies aériennes, et minute chaque étape de ses périples. Comme le rappelle le

---

« Hermès ne change pas du tout, parce que Hermès change tout le temps. » (Jean-Louis Dumas, Hermès)

magazine *International Management*, il sait par exemple que quinze minutes suffisent largement au comptoir d'immigration de l'aéroport d'Atlanta, tandis qu'il est prudent de compter une heure et demie à l'aéroport Kennedy de New York. Toujours pressé, il réserve systématiquement un siège « couloir » dans la zone non fumeurs de l'appareil, le plus près possible de la sortie. Avant de s'asseoir dans l'avion, il enlève sa veste, vide ses poches et commence à travailler. Il ne regarde jamais le film, mange peu et ne boit jamais de vin en avion. Pour lui comme pour des centaines de milliers de managers européens, voyager se résume à des taxis, des aéroports, des bureaux, des salles de réunions ou de conférences, des restaurants et des hôtels d'aéroport. Ce n'est qu'à son vingtième voyage à Caracas, au Venezuela, où l'accompagnait son épouse pour la première fois, que Giorgio Ronchi entendit parler du charme de la vieille ville, qu'elle était allée visiter. Lui-même n'avait jamais eu le temps de s'y rendre... L'énergie manifestée par cet homme est sans nul doute exemplaire, mais on peut toutefois se demander si chacun des voyages qu'il entreprend est réellement indispensable. P-DG de Volvo, Pehr Gyllenhammar raconte qu'il lui est souvent arrivé d'annuler des voyages faute de savoir en expliquer la nécessité à ses enfants. Un exemple à suivre ?

La « vie-homme par jour »

A l'image de son homologue « saute-Etats » américain, le dirigeant saute-frontières européen des années 90 est en passe de devenir un véritable « citoyen du monde ». De comptoirs d'enregistrement en salles d'embarquement, de quais de gare en wagons-restaurants, de terminaux en aérogares, il découvre les plaisirs... et les galères de la route, du ciel et du rail européens. De Londres-Gatwick à Rome-Fiumicino via Amsterdam-Schipol et Paris-Gare de Lyon, il doit apprendre à slalomer entre les horaires, en arbitrant sans cesse entre les différents modes de transport mis à sa disposition. Train à grande vitesse, avion de ligne ou jet privé, taxi, voiture, et de plus en plus souvent, sur de courtes distances urbaines, le scooter ou la moto.

L'obsession du gain de temps pousse même certains de ces nouveaux motards en cravate et attaché-case à ne pas fermer leur antivol lorsqu'ils garent leur machine devant leur bureau. Ils calculent en effet que les quelques secondes économisées de la sorte plusieurs fois par jour représentent près d'une journée de travail en fin d'année… Anecdotique ? Pas forcément, lorsque l'on sait que les statisticiens ont inventé une nouvelle unité du temps perdu collectivement : la « vie-homme par jour ». Selon certains calculs, le temps gaspillé en déplacements et en transports divers dans la seule région parisienne coûterait chaque jour près de « 275 vies-homme par jour ». Un triste record, qui signifie que, chaque jour, le temps perdu par des millions d'habitants de la région Ile-de-France équivaut à la durée de vie entière de 275 personnes qui auraient vécu 75 ans chacune.

Chaque déplacement du manager européen est désormais décortiqué. Du temps nécessaire pour aller chercher sa voiture au parking à celui nécessaire pour se rendre à l'aéroport (en tenant bien sûr compte des embouteillages inévitables sur les boulevards périphériques et les autoroutes), en passant par le retard prévisible de son avion (compte tenu du risque possible d'annulation de son vol, ou de l'encombrement du ciel — « Nous sommes actuellement en 25e position, et devrions décoller d'ici 30 minutes, en attendant, relax and enjoy your flight ! »), via l'attente d'un taxi à l'aéroport d'arrivée. Son principal — et souvent seul — critère de choix : la rapidité. Un critère qui fait de plus en plus souvent choisir le train, et préfigure ainsi une géographie européenne totalement nouvelle à l'horizon du XXIe siècle.

La révolution du TGV

« Qui aurait dit, il y a dix ans seulement, que l'avion triomphant allait rencontrer un compétiteur terrestre ? », demande Bernard Attali à ses collaborateurs. Au

---

« Etre à l'heure, c'est passer sa vie à attendre ceux qui ne le sont pas ! »

moment où le tracé du futur réseau TGV Méditerranée provoque en France, au sein de nombreuses municipalités, des débats enflammés dignes de Clochemerle, il est intéressant de rappeler les écrits de J.-M.G. Le Clézio : « L'avion, c'est pour traverser l'Atlantique, pour aller au Japon ou en Inde. Moi, j'aime la nuit dans les trains. [...] J'aime les longs corridors vides où on fume une cigarette en attendant de regagner l'alvéole de la couchette, allumer la petite veilleuse et lire un livre, les mots qui s'embrouillent dans la mémoire, qui se mêlent au son des roues sur les rails », écrivait-il dans le hors-série « 93, le roman de l'Europe », publié par *Libération.*

Face aux galères de l'Europe de l'air, et confortés par le succès du Train à Grande Vitesse français (qui ne cesse de battre en toute sécurité ses propres records du monde, le dernier en date s'établissant à plus de 513 kilomètres/heure), les responsables du transport européen réhabilitent le train. Il était lent, sale et bruyant. Le « métro européen » sera rapide, harmonieux et confortable. Les passagers avides d'images pourront regarder des vidéos dans des salons aménagés à leur intention, tandis que les hommes d'affaires trouveront de véritables « business centers » leur permettant de travailler et de téléphoner jusqu'à leur arrivée. Les principales plateformes européennes intégreront probablement toutes une gare ferroviaire et un aéroport, afin que les passagers empruntant des vols long courrier et long/moyen courrier puissent monter dans une rame TGV dès leur atterrissage pour se rendre dans une métropole européenne proche. Quelques projets de « hubs » mixtes — ou de « TGV bases », comme les appelle Michel Gallet, le consultant qui en a fait son concept, sont déjà à l'étude. Roissy-Rail et Satolas-Rail ouvrent ainsi la voie en France, alors même qu'un « Euro Airport » disposant d'une gare TGV est prévu sur le site aéroportuaire de Bâle-Mulhouse. De nombreuses compagnies aériennes s'intéressent elles aussi à ces possibilités. Certaines — comme Swissair — envisagent même d'acheter des rames TGV qu'elles feraient circuler sous leurs couleurs sur les réseaux ferrés nationaux. Une vraie révolution potentielle, qui suppose toutefois que lesdits réseaux fassent eux aussi l'objet d'une importante déréglementation.

Utiliser les objets nomades pour raccourcir temps et distances

L'explosion des technologies de communication et d'information a bien sûr largement contribué à l'avènement de ce monde pressé. « Je nomme objets nomades ceux qui ont en commun d'être légers, sans attache, portés par chaque individu, et non plus, comme les biens de consommation dominants de la forme précédente, d'être des moyens de déplacement (automobile) ou placés à domicile (machine à laver, téléviseur) et reliés à des réseaux. Je pense aux baladeurs, aux téléphones portables, à l'ordinateur personnel, au téléfax, etc., écrit Jacques Attali dans son ouvrage *Lignes d'horizon.* L'homme sera sans adresse ni famille stable. Il portera sur lui, en lui, tout ce qui fera sa valeur sociale. L'éphémère sera le rythme de la loi. » Des objets qui entretiennent un rapport nouveau à la durée et à la mort : « Acheter ces objets dont l'usage prend du temps, c'est croire que l'on achète de la vie. » Devant impérativement se rendre de Berlin à Londres via Madrid avant de pouvoir passer quelques heures dans son jardin, celui que les Américains appellent déjà le « portable executive » (le cadre portable) collectionne en effet les outils et les services qui lui donnent le don d'ubiquité.

La faxmania aurait gagné Mme de Sévigné

Au premier rang de ces outils : le télécopieur. Alias fax (du latin fac-similé) ou téléfax. Un petit copieur qui peut envoyer en quelques secondes au bout du monde n'importe quel document papier, et qui va nous forcer à renouer avec l'écriture. Il a fait en Europe une percée aussi rapide que spectaculaire. Après leurs bureaux, les « faxmaniaques » sont en train d'en équiper leurs foyers,

---

« La force des Italiens, c'est peut-être d'être un peu fous, plus rapides que les autres. » (Alessandro Ferretti, Ferretti Craft)

parfois même leurs voitures. Au point que France Télécom, qui empoche en recettes téléphoniques 10 000 francs par an et par fax, gagne désormais plus d'argent avec ce type de communications (plus de 2 milliards de francs en 1989) qu'avec le Minitel, la coqueluche hexagonale. Il faut dire que 180 000 appareils ont été installés en France en 1989, soit plus que de télex en... quarante ans (150 000 unités). Des études japonaises prévoient que 16 millions de fax — qui ignorent les contraintes du décalage horaire et parcourent les océans à la vitesse de la lumière — seront en service à travers le monde à la fin 1992 (contre 4,9 millions fin 1989).

Contrairement aux apparences, la télécopie ne va pas tuer la lettre. Elle est plutôt en concurrence avec le téléphone, auquel elle se substitue, ou qu'elle complète. Nippon Telegraph & Telephone Corp. (NTT), le géant japonais du téléphone, affirme que plus de la moitié du trafic entre le Japon et les Etats-Unis, mais aussi entre la France et le Japon, provient désormais du fax. Plutôt que d'expliquer pendant dix minutes à son ouvrier où mettre ses prises électriques, l'électricien lui envoie désormais un fax. Jean-Michel Jarre se fait régulièrement expédier par fax les plans de la scène de son prochain spectacle et aime entendre au téléphone, en direct, l'arrangement musical d'une partition qu'il vient d'écrire et qu'il vient de faxer à un studio new-yorkais. « Le fax, dit-il, est la première innovation technologique et poétique. Aujourd'hui, Mme de Sévigné faxerait ses lettres à sa fille. » La pyramide du Louvre a été construite par l'architecte Pei à coups de télécopies diffusées en rafales entre Paris, New York, Londres et Hong Kong. « Faxez la révolution en Chine pour 20 francs. » Quelques mois après les événements de la place Tiananmen, un vaste mouvement de protestation internationale déclenché par le journal *Actuel* par fax interposé a rappelé aux dirigeants chinois qu'ils ne pourront pas rester indéfiniment coupés du reste du monde. Au Japon, les coursiers se font envoyer les plans d'accès des entreprises qu'ils doivent livrer au moyen de fax installés sur leur scooter. Les journalistes du monde entier s'épargnent désormais la corvée des dictées téléphoniques toujours hasardeuses, raccourcissant encore le délai entre l'événement et sa diffusion. A l'image des deux technologies qui lui ont donné naissance — le téléphone et la photocopie — le fax est devenu tellement indispensable que chacun d'entre nous se demande aujourd'hui comment il pouvait travailler sans lui il y a seulement trois ou quatre ans. De plus en plus pressés, certains « drogués » du fax vont même jusqu'à téléphoner à leur interlocuteur pour leur signaler que leur ligne de télécopie est occupée...

On l'ignore souvent, mais le principe d'émission et de réception synchrones de documents a été inventé par des Européens. En 1843, un petit télégraphiste écossais, Alexander Blain, en découvre le secret. Quelques années plus tard, ce sont l'Anglais Blackwell et un abbé italien, Giovanni Caselli, qui revendiquent chacun l'invention du pantélégraphe, avant que naisse en 1907 le bélinographe du Français Edouard Belin, et le phototélégramme en 1921. Ce n'est qu'en 1959 que les Japonais — qui détiennent aujourd'hui le quasi-monopole de la fabrication des fax — se lancent dans l'aventure, afin de contourner l'impossibilité dans laquelle les mettent leurs milliers d'idéogrammes d'utiliser le télex.

Plus le temps de réfléchir ?

En montrant la photo d'un cadre bronzant sous les cocotiers, un fax à portée de main, illustrée par un slogan clin d'œil (« Sea, fax and sun »), le distributeur parisien Faxland met toutefois le doigt sur le risque majeur de cet instrument magique. En raison de son caractère d'urgence, et parce qu'il peut désormais vous accompagner partout, le fax ne laisse plus beaucoup de temps pour réfléchir. Et vous prive de ces instants privilégiés propices à la réflexion, où personne ne pouvait vous joindre... Du coup, le cycle de prise de décisions s'est complètement affolé. Il faut désormais décider, trancher, réagir en une minute, là où l'on disposait avant de plusieurs heures ou de plusieurs jours. Prendre une bonne décision avec retard équivaut désormais à prendre une mauvaise décision. Impossible en effet de prétendre ne pas avoir reçu un courrier, pour éviter d'avoir à décider immédiatement. Couplé à un numéro vert (appel gratuit), le « téléphone de l'écrit » permet aujourd'hui d'offrir à ses clients un système souple et « gain de temps », puisqu'il supprime même les quelques secondes indispensables à l'ouverture des enveloppes expédiées par la poste. L'évolution des comportements est telle que certaines entreprises résilient actuellement leur abonnement au télex, plus lourd et moins souple d'utilisation.

Le téléphone partout. Tout le temps

Autre attribut du manager pressé : le téléphone mobile. Il a déjà commencé à métamorphoser notre comportement d'automobiliste. 150000 récepteurs de voitures installés fin 1989 dans la seule région parisienne, malgré les « trous noirs » provoqués par les tunnels du périphérique, l'absence de lignes disponibles, et l'incompatibilité des standards européens. Parce que ses responsabilités à la CLT l'amènent à travailler à cheval sur trois frontières (France, Benelux, Allemagne), Jean Stock a été contraint d'installer trois téléphones dans sa voiture, munis chacun d'un numéro différent. Devenue un véritable bureau, sa voiture doit aussi, parfois, ressembler à un standard... Sans oublier le téléphone à bord des trains TGV et dans les avions. Des études réalisées par l'ITA et European Space Agency (ESA) ont pu calculer qu'audessus de l'Atlantique Nord ce sont 24000 appels qui pourraient être passés chaque jour. En Scandinavie, et parce que l'entreprise avait du mal à attirer des collaborateurs de qualité, un train équipé par ABB de téléphones, de télécopieurs, de micro-ordinateurs et d'outils électroniques en tous genres transporte chaque matin une cinquantaine de cadres de l'entreprise domiciliés à Stockholm jusqu'à Västeras, siège de la firme, distante d'une centaine de kilomètres.

Le radiotéléphone va révolutionner demain notre

« Nous vivons dans un univers instable, imprévisible, chaotique, où le temps est irréversible, un monde où Dieu joue aux dés. » (Ilya Prigogine)

quotidien, grâce au téléphone de poche individuel. A l'automne 1991, les Strasbourgeois seront les premiers à utiliser Pointel, un petit téléphone de 125 grammes grand comme une calculette, qui pourra fonctionner chez soi aussi bien que dans la rue ou au bureau, à condition de se trouver dans un rayon de 50 à 200 mètres d'une borne. En cas de succès, Pointel sera disponible à Paris à l'automne 1992. Version française du Telepoint britannique (qui a pris plusieurs longueurs d'avance en Europe, en imposant sa norme CT2, mais n'a pas résolu tous les problèmes que soulève cette technologie sophistiquée, et devra probablement évoluer avec le développement de la norme paneuropéenne DECT — Digital European Cordless Telephone), Pointel ne pourra dans un premier temps qu'émettre des appels. Mais les ingénieurs travaillent déjà à des versions évoluées qui pourront en recevoir, afficher des messages écrits et les mémoriser. Et comme la technologie va elle aussi de plus en plus vite, leurs efforts pourraient bien être anéantis par le programme le plus « décoiffant » de la décennie, concocté par les ingénieurs de Motorola. Dès 1996, le géant de l'électronique et des radiotélécommunications prévoit en effet de lancer 77 satellites tournant en orbite basse (700 kilomètres environ), répartis sept par sept sur onze orbites différentes, dans le cadre de son projet « Irridium », et permettant à n'importe quelle personne équipée du combiné Irridium de communiquer sans fil et sans PTT avec n'importe quel autre habitant de la planète. A l'avenir, les numéros de téléphone ne seront plus attribués à des adresses, mais à des individus. De n'importe quel point d'Amazonie ou du Bostwana, les 77 satellites qui transformeront la planète en un énorme noyau d'irridium achemineront dans la seconde tous nos états d'âme... Du jamais vu ! Vous avez dit village global ?

« Notre challenge est de garder une vision d'avance sur l'avenir. » (Gian Carlo Zanni, Apple Computer France)

Bienvenue dans l'ère du « presse-bouton »

Si votre entreprise possède encore un seul téléphone à clavier rotatif, changez-en avant qu'elle ne ferme définitivement ses portes. Elle a d'ores et déjà perdu la guerre économique. Un détail ? Peut-être, mais tellement significatif de la mentalité de ses dirigeants qu'il en dit plus long sur l'avenir de leur entreprise que tous ses bilans ! Si la roue a fait des merveilles depuis son invention, les douze boutons qui composent désormais le clavier de tous nos téléphones pourraient fort bien, eux aussi, bouleverser nos vies de fond en comble. « Pour connaître la position de votre compte, pressez le 1. Pour nous laisser un message, pressez le 2. Pour commander une pizza, pressez le 3. Pour rencontrer l'homme ou la femme de votre vie, pressez le 4... » Le monde moderne est entré dans l'ère du presse-boutons, et personne ne réalise vraiment les révolutions qui nous y attendent. Numéris, Réseau Numérique à Intégration de Services (RNIS), c'est le mariage du téléphone et de l'informatique. Commercialisé par France Télécom depuis 1989, il permet aux entreprises françaises de transmettre toutes sortes de données par simple appel téléphonique. Des sons, des images, des textes, des graphiques, mais aussi et surtout des données informatiques peuvent circuler à toute vitesse, et éliminer la notion même de présence physique. Il est désormais possible de déposer à minuit, de chez soi, dans le disque dur du MacIntosh de sa secrétaire, les rapports qu'elle éditera le lendemain sur imprimante laser. Mais telle n'est pas, bien sûr, la seule application de Numeris. Depuis septembre 1990, les responsables des achats de certains magasins But (ameublement) peuvent visualiser sur un écran de télévision en couleur la totalité des produits référencés par leur centrale. Une banque de données mise à jour en temps réel, qui remplace un catalogue composé de 4 000 fiches descriptives nécessitant chaque année... 2,6 millions de photocopies pour sa mise à jour quotidienne, soit un

---

« La stratégie de notre groupe n'est pas une stratégie de parts de marché, mais une stratégie de niches. » (André Lévy-Lang, Paribas)

gain de 24 heures de classement par magasin et par mois ! Pas mal, dans un pays où l'on est habitué à photocopier en trois cents exemplaires une note de service expliquant pourquoi il faut faire moins de photocopies... Grâce à Numéris, les banques auront bientôt accès à une liste noire de 10 000 noms, constamment mise à jour. Mauvais payeurs, s'abstenir.

Etre contacté à tout moment, en tout lieu.

« Je ne crois plus au concept de bureau fixe. Le vrai bureau des années 90, c'est la voiture », nous confie Thierry Prudhomme, adepte des objets nomades et directeur commercial de l'OFUP, une entreprise spécialisée dans la vente aux étudiants français et belges des abonnements aux journaux et magazines nécessaires à leurs études. Persuadé qu'une entreprise performante est une entreprise « plate », il a fermé cinq de ses dix directions régionales, et équipé chacun des directeurs régionaux restants de micro-ordinateurs portables utilisables dans des Renault Espace spécialement équipées et qui font office de bureau. « Je leur laisse une totale autonomie de décision, à l'intérieur des règles du jeu que nous fixons ensemble. Leur place n'est pas dans un bureau, mais sur le terrain, aux côtés de leurs vendeurs et de leurs clients. » Au couple fax-téléphone mobile, il convient d'ajouter encore la radiomessagerie, qui participe au même objectif : pouvoir être contacté à tout moment et en tout lieu. Arrivés sur le marché français en 1987, ces petits boîtiers pas plus encombrants qu'un paquet de cigarettes s'appellent Operator ou Alphapage, et permettent de recevoir 24 heures sur 24 des messages de 10 chiffres ou de 80 caractères envoyés à partir d'un simple Minitel. Tout comme les montres-messages, qui permettent déjà d'afficher un numéro de téléphone et un message. Il faut aussi citer les renvois d'appel (on pense vous joindre à votre domicile parisien, ... et vous

---

« Our philosophy is simple. Everyday we have to be better than we were yesterday. I call it continuous measurable improvement. » (Malcolm R. Currie, Hughes Aircraft Company)

décrochez de votre bureau milanais), mais aussi les conférences à trois interlocuteurs, voire à dix personnes. Chez Citroën, le directeur des ventes France, Bruno Bloquel, joint simultanément ses dix directeurs régionaux pour des réunions à distance d'une dizaine de minutes, mais qui représentent des centaines d'heures économisées chaque année en transport, en stress et en fatigue. Elles permettent surtout de réagir immédiatement au moindre problème ou à la moindre alerte. Les chiffres, d'ailleurs, ne trompent pas. Selon France Télécom, le nombre de réunions par téléphone est passé de 6110 en 1985 à 29450 en 1989, tandis que les heures écoulées en visio-conférences passaient de 540 à 7370 dans la même période. Pour faire gagner du temps à chacun de ses collaborateurs, Hewlett-Packard a même mis en place un système téléphonique permettant d'appeler un interlocuteur en tapant simplement ses initiales sur le clavier.

Les nouveaux maîtres du temps

« Ne vous en faites pas, je vous " fedexe " ce document dès ce soir de Madrid. Vous l'aurez demain matin à Séoul. » L'explosion en Europe des services de coursiers est également significative de cette course au temps. « When it absolutely, positively has to be there on time », affiche Federal Express. « You know it's arrived the moment it's sent », surenchérit son concurrent DHL. UPS capitalise sur le soin qu'il apporte à chacun des envois qui lui sont confiés : « We handle vital international documents the same way you do. One by one. » Des géants mondiaux aux simples entreprises équipées de scooters, ce marché est aujourd'hui l'un des plus porteurs (25 à 28 % de croissance annuelle d'ici à 1992). En Italie, il n'est pas rare qu'une lettre expédiée de Milan par la poste mette quinze jours pour parvenir à Rome ! Du coup, certains Milanais choisissent de poster leur courrier à Lugano en Suisse. D'autres font le bonheur des services postaux privés ou des marchands de télécopieurs. En France, la poste — dont la qualité du service ne cesse de se dégrader — reconnaît que le volume des expéditions qui lui sont confiées à destination de l'étranger a chuté en huit ans de 22 % pour les lettres, et de 50 % pour les paquets, ... sur un marché qui augmente de 15 à 20 % par an. Selon un sondage réalisé par DHL, 64 % des entreprises européennes utilisaient en 1989 les services de coursiers internationaux, contre 38 % en 1986. Avec eux, la terre tourne deux fois plus vite... A l'orée de l'an 2000, ils sont devenus les indispensables collaborateurs des entreprises, et contribuent à leur façon au réveil de la « vieille Europe ». Un formidable enjeu économique. A lui seul, le marché du transport du petit colis express se chiffre en centaines de milliards.

Trois Anglo-Saxons occupent les premières marches du podium : les américains United Parcel Service (UPS) et Federal Express ; l'australien TNT (Thomas Nationwide Transport). Face à cette concurrence, les compagnies privées européennes (l'anglais Securicor, l'allemand DPD, l'espagnol Seur) se restructurent et se spécialisent pour préserver leurs marges et conserver leur autonomie. Certaines (comme Salvesen, Kühne & Nagel, Schenker, TDG) s'imposent sur des niches de marché. Le hollandais Franz Maas vient par exemple de signer un contrat avec Rank Xerox, aux termes duquel il effectuera en permanence la liaison entre ses usines anglaises et hollandaises. Les Postes font preuve quant à elles d'une touchante solidarité. Elles ont en effet réagi dès 1985 en créant EMS, qui regroupe aujourd'hui 130 Postes du monde entier. EMS Chronopost, version française de l'accord (sa collègue britannique s'appelle Parcelforce), réalise quatre ans après sa création un chiffre d'affaires d'un milliard de francs, (dont 1/3 à l'exportation) huit fois plus élevé qu'en 1986 (123 millions de francs). Mais la bataille est rude. Une loi, celle de l'excellence. Un moyen, la surenchère. Un outil, l'intégration du système dans un seul réseau. Les investissements, énormes, sont à la mesure des ambitions.

« Il faut quatre fois plus d'efforts pour se maintenir que pour progresser. » (Ferdinand Brückner)

Surenchère technologique, d'abord

Derrière chaque organisation, il y a des réseaux internationaux téléinformatiques sophistiqués pour mieux enregistrer et suivre l'acheminement des plis et des colis. UPS investira 30 milliards de francs sur les cinq prochaines années pour remplacer le code-barre (« carte d'identité » de toute expédition à l'heure actuelle) par la puce électronique. Chaque année, Federal Express consacre 5 % de son chiffre d'affaires aux technologies de l'information, soit 2 milliards de francs pour 89. Grâce au « tracking », c'est-à-dire le suivi à la trace informatisé, tout objet ou lettre pris en charge est « scanné » par des lecteurs optiques à chaque changement de direction, et ce jusqu'à la livraison. Les 35 000 scanners portatifs installés dans les camionnettes ou les centres de tri sont tous reliés par un réseau hertzien privé au centre informatique de Memphis, Tennessee. A tout instant et en quelques secondes, une opératrice peut donc indiquer à n'importe quel client où se trouve son envoi, et l'informer de façon précise des éventuelles causes de retard. « Nous développons également l'EDI (Electronics Data Interchange) pour permettre à nos gros clients de relier leurs ordinateurs aux nôtres, afin que leurs demandes soient prises en compte en temps réel », explique Judy Balint de Federal Express.

Surenchère logistique, ensuite

Dans des « hubs » géants (en français : plate-forme d'éclatement), ou centres de tri, répartis aux quatre coins du monde, affluent chaque nuit des plis et des colis qui, une fois triés, seront livrés le lendemain avant 10 h 30. Dans son « hub » de Bruxelles (avec Cologne, l'une des villes européennes offrant la plus grande souplesse horaire), DHL charge et décharge ainsi chaque nuit quelque trente avions. Fedex a transformé Memphis en plus grand centre de tri postal du monde, avec plus d'un million d'objets traités. Intégration rime aussi avec expertise douanière. Tout coursier qui se respecte possède son agrément en douanes, pour décharger le client des formalités. Aux Etats-Unis, les ordinateurs de UPS et de Federal Express sont directement branchés sur ceux des Douanes fédérales pour faciliter le dédouanement. Un service encore impensable en Europe, malgré tous les efforts entrepris par ces géants du transport pour accélérer les procédures. Il n'est pas rare en effet qu'un envoi mette plus de temps à passer une douane qu'à traverser l'Europe entière. Toujours plus ! Les flottes d'avions rivalisent avec celles des compagnies aériennes : 351 avions pour Federal Express (dont 118 Boeing 727), 354 pour UPS (qui effectuent 800 vols quotidiens aux Etats-Unis, et 400 hors du pays), 120 pour TNT (dont 14 en Europe) et 110 pour DHL (dont 30 en Europe). Les parcs de véhicules sont tout aussi impressionnants, puisque 6000 d'entre eux sillonnent l'Europe aux couleurs de TNT, à partir de 370 dépôts.

Surenchère humaine, enfin

« 98 % de notre fiabilité provient de la formation que nous donnons à nos agents, souligne Simon Picaud, de UPS France. Pour en faire un mélange de mormons et de marines... » Les géants envoient tous leurs équipes en stages de formation pour qu'elles maîtrisent à fond leur métier. DHL exalte « l'homogénéité des hommes et des méthodes », mais offre également des formations spécifiques à chaque catégorie de métiers. Federal Express forme toutes ses équipes dans sa propre école, le Leadership Institute. « Notamment à la qualité de service », insiste Judy Balint, de Federal Express.

Ne pas devenir les victimes des « années zappeuses »

« J'ai pris il y a quelques années des cours de lecture rapide, afin de gagner du temps et pouvoir lire davantage de livres, racontait un jour Woody Allen. J'ai commencé par lire *Guerre et Paix* de Tolstoï... Cela se passe en Russie ! »

« Les Espagnols doivent renoncer au sens tragique de la vie. Ce n'est pas parce que l'on occupe un poste important qu'il faut être triste. » (Mario Condé, Banesto)

Faut-il vraiment tout faire plus vite ? Si oui, comment y parvenir sans que cela se fasse au détriment de la qualité de nos actions et de nos décisions ? L'ensemble des technologies et des techniques évoquées ci-dessus présente en effet un certain nombre d'inconvénients. Au premier rang desquels celui de nous faire oublier l'importance qu'il y a à réfléchir et à méditer, à mesure que nous nous installons dans l'ère de l'éphémère. « Quand je rencontre un jeune diplômé, confie Antoine Riboud, je lui demande comment il se lave le matin. S'il me répond — pensant sans doute qu'il s'agit là de la " bonne " réponse à ma question — qu'il prend une douche, je lui réponds toujours qu'alors il ne prend pas assez de temps pour réfléchir. Dans un bain, on réfléchit ! » Evidemment, ceux qui lui répondent qu'ils prennent un bain parce que c'est plus pratique pour téléphoner en même temps, et gagner ainsi un temps « précieux », ne séduisent pas davantage celui qui a fait de BSN l'un des géants mondiaux de l'agro-alimentaire. « La qualité prend du temps, et le papillonnage électronique conduit souvent à la superficialité », avertit Joël de Rosnay lorsqu'il évoque la multiplication des objets nomades. Aux Etats-Unis, où la diversité des chaînes et l'apparition des télécommandes ont encouragé le zapping bien avant que cette habitude ne traverse l'Atlantique, 51 % des téléspectateurs ne se souviennent pas du moindre titre du journal télévisé, quelques minutes seulement après l'avoir regardé, à en croire Neil Postman, auteur de *Se distraire ou mourir*.

Le neuf d'hier est déjà vieux

La vitesse permet de multiplier les choix. Un coup d'œil, et hop! on change de chaîne. Le summum consistant à regarder l'écran mosaïque des quelque vingt chaînes proposées par les différents réseaux câblés européens. Une simple pression sur un bouton, et on visionne un film ou une émission télévisée en accéléré grâce à son magnétoscope. En échange de son âme, Méphistophélès, le diable, promettait à Faust : « Il ne vous est assigné aucune limite, aucun but. S'il vous plaît de goûter un peu de tout, d'attraper au vol ce qui se présentera, faites comme vous l'entendez. » Passant toujours plus vite du coq à l'âne, le zappeur se laisse lui aussi aller à son bon plaisir, et évite de réfléchir. Lorsque les Européens ont découvert et adopté ce mot bizarre qu'est le « zapping », il signifiait « sélectionner vite ». Il serait dommage qu'il signifie désormais « oublier vite ». On s'habitue rapidement à tout zapper. Des modes aux idées, en passant par les hommes politiques et les théories économiques. On rejette aujourd'hui ce que l'on adorait hier, et réciproquement. « Chaud devant, dans les librairies, écrit Guillaume Malaurie dans une enquête de *L'Express* consacrée aux " z'années zappeuses ". 275 nouveautés y sont parachutées par semaine, 40 à la journée ! Pour s'y retrouver, chacun feuillette, taille, coupe à cœur joie. Bref, guillotine... Formidable antidépresseur, la vitesse tue l'ennui. » Du coup, la « durée de vie » des livres raccourcit chaque jour. Les libraires renvoient aux éditeurs 50 à 60 % des nouveautés quelques semaines seulement après leur sortie, contre cinq mois à un an il y a une dizaine d'années. Même tendance au cinéma, où les films sont parfois condamnés quelques jours, voire quelques heures après leur sortie, victimes de la « dictature du provisoire ».

Inventer un nouveau savoir-travailler

Les nouvelles technologies présentent également le risque de favoriser plus encore les télescopages entre vie professionnelle et vie privée. Depuis la révolution industrielle, l'organisation économique est fondée sur la séparation des deux univers. Une logique qui pourrait bientôt voler en éclats. Si les cadres d'une entreprise travaillent aussi bien loin des sièges sociaux et proches de leur famille, pourquoi ne pas les y autoriser de façon permanente ? Déjà, de nombreux grands patrons européens profitent de ces nouveaux outils pour passer plus de temps chez eux, où ils s'estiment plus à même de réfléchir. Provincial en exil à Paris, Michel-Edouard Leclerc ne sacrifierait pour rien au monde les trois jours hebdomadaires qu'il consacre à sa femme et à ses enfants dans leur maison de Dordogne. Grâce aux outils qui ne le quittent jamais, il profite de ces retraites au vert pour écrire son courrier, réfléchir à la stratégie de son groupe ou décider des nouvelles campagnes publicitaires de l'enseigne. Un nouveau « savoir-travailler » reste à inventer, qui permettra à chacun de fixer les limites de sa disponibilité. Et de son influence. Un cadre joignable à tout moment et en tout lieu, et capable de communiquer avec n'importe quel point de la planète renforce considérablement son pouvoir d'action. Il a donc moins besoin d'adjoints ou de remplaçants. Une aubaine, au moment où chacun s'interroge sur le meilleur moyen d'aplatir les organigrammes de l'entreprise. Mais aussi un risque, pour les dirigeants des entreprises qui n'auront pas compris à temps que la révolution des technologies de communication va entraîner un rapport totalement différent à l'information, et donc au pouvoir. En créant des entreprises cellulaires, faites d'individus non plus regroupés en un seul site, mais disséminés et reliés entre eux par des réseaux de télécommunication pointus, les nouvelles technologies d'information vont faire évoluer durablement les notions de distance géographique et de pouvoir. Elles vont en effet probablement handicaper la mobilité géographique des individus (ceux-ci ayant désormais la possibilité d'exercer leur activité sans quitter par exemple le soleil de la Côte d'Azur), et obliger les dirigeants à manager en tenant compte des résultats plutôt qu'en exerçant une surveillance et un contrôle improductifs.

Savoir cultiver l'inutile

« Le “ pays électronique ” sera peuplé d'individus libres de choisir leur lieu de résidence, et d'en changer », écrivent John Naisbitt et Patricia Aburdeen dans *Tendances 1990-2000*. A Dommange-les-Eaux, un village de la Marne qui ne compte pas plus de 500 habitants, un pool de 18 secrétaires travaille à distance pour une entreprise parisienne qui souhaitait désengorger son siège social. Bien sûr, cette révolution présente un

---

« Anytime. All the time. » (CNN)

certain nombre de risques (au premier rang desquels l'isolement renforcé des salariés les moins formés), et ne fait pas que des inconditionnels. L'Histoire moderne retiendra peut-être que le seul chef d'Etat occidental qui refuse d'avoir un téléphone dans sa voiture s'appelle... François Mitterrand. Raison officielle de ce refus anachronique : le besoin de méditer. Un besoin qu'il faut évidemment cultiver, si l'on ne veut pas être englouti sous un trop-plein d'informations. « Ce qui m'a été le plus utile dans ma carrière ? Ce que j'ai fait d'inutile et de gratuit. Il faut savoir cultiver l'inutile », aime raconter Jean Bénard pour souligner combien la réflexion et le recul prennent d'autant plus d'importance que l'histoire s'emballe. Une philosophie partagée par Sue Palmer, responsable marketing de l'anglaise Grant Thornton, qui confie volontiers au magazine *Business* son choix de toujours passer ses vacances loin de ce qui fait son quotidien, qu'il s'agisse de suivre la piste des Incas en Amérique du Sud, de photographier une chasse au tigre au Népal ou de dormir dans une tente de bédouins en Jordanie. « Les choses importantes vont bien au-delà du téléphone et des journaux, explique-t-elle. Ces voyages me redonnent un sens de la perspective. »

Perdre du temps pour en gagner

Entendons-nous bien. Ce n'est pas parce que l'on produit beaucoup plus de savoir et de technologie que l'être humain ne peut en ingurgiter qu'il faut freiner des quatre fers. Il s'agit plutôt de garder la tête froide et les pieds sur terre, face à l'emballement technologique. De renouer avec la réflexion, l'analyse et la synthèse. En nous libérant de nombreuses contraintes physiques et temporelles, les répondeurs téléphoniques (dont l'avantage est aussi de pouvoir filtrer nos appels sans être interrompu), les magnétoscopes, les messageries vocales et autres fax doivent surtout être utilisés pour ce qu'ils sont. A savoir des outils permettant de gagner du temps et de libérer notre créativité. Après avoir suivi des stages de gestion de temps, de nombreux cadres parviennent à « économiser » chaque jour de précieuses minutes, mais s'empressent immédiatement de les dépenser en activités nouvelles et en obligations supplémentaires. Quelques semaines plus tard, le manque de temps se fait à nouveau sentir. De façon plus dramatique encore, car la marge de manœuvre est plus réduite. Et s'ils mettaient à profit ces précieux instants pour lire, se cultiver, ou tout simplement se promener dans la rue sans objectif précis ? Quitter leur bureau, aller à la campagne, prendre du recul par rapport à leur entreprise, analyser ses forces et ses faiblesses, et revenir avec des idées claires ? Lire des journaux, écouter la radio, visiter un musée, regarder la télévision, aller dans un supermarché pour y faire des courses et y observer des clients, etc., font aussi partie désormais du métier de patron. « On ne peut pas fonctionner sainement avec le starter tiré en permanence, nous confie Bernard Attali en guise de résumé. Le moteur finit par s'user très vite ».

Tout vient à point à qui sait attendre

« Attendre, c'est être au pouvoir des autres », écrit l'historien David Landes, professeur d'histoire à Harvard et auteur de *L'heure qu'il est.* « L'attente est une forme de discrimination sociale. Ce sont les déshérités qui attendent. Le pouvoir, c'est l'immédiateté, c'est le pouvoir non seulement d'avoir, mais d'avoir tout de suite. » Pour posséder ce pouvoir et gagner du temps, il faut aussi savoir en perdre. Lorsque l'insatiable Jean-Claude Boulet, qui consacre tout son temps et toute son énergie au développement du groupe de communication BDDP, avoue gagner moins d'argent que chez Young & Rubicam sept ans plus tôt, il ne recherche la compassion de personne. Il sait simplement que le temps joue pour lui, et qu'un jour viendra où il récupérera beaucoup, beaucoup plus que sa mise initiale.

John Young, P-DG de Hewlett-Packard au niveau mondial, est lui aussi obsédé par la vitesse. Son secret ? Le « just-in-time worrying », ou le « souci juste-à-temps », qui revient à ne s'inquiéter d'un problème que

---

« Mon défi, c'est d'être en avance. » (Carlo De Benedetti, Olivetti)

lorsque cela devient indispensable. C'est ainsi qu'il rédige toujours ses discours quelques minutes seulement avant de les prononcer. « Si vous vous inquiétez trop tôt, explique-t-il, les choses évoluent dans l'intervalle, et vous êtes obligé de faire la même chose deux fois... » Une obsession qui l'a conduit à lancer un programme mondial à l'attention de ses 55 filiales, intitulé BET, ou « BreakEven Time » (le Temps du Point-Mort), dont l'objectif pour chacun des salariés de la compagnie consiste à réduire de moitié l'intervalle de temps qui s'écoule entre la conception d'un produit et sa rentabilité. Un processus qui va les forcer, espère-t-il, à reconcevoir entièrement les processus de développement, et à repenser l'organisation de l'entreprise.

Privilégier la finalité, et non l'agitation

Tout atteste autour de nous qu'il faut savoir s'arrêter de temps en temps. Les spécialistes de la prospective aiment rappeler que « plus on roule vite, plus les phares doivent porter loin ». « Quand quelqu'un est très pressé, je lui rappelle toujours que sa mère a mis neuf mois à le concevoir, et je lui demande d'imaginer la tête qu'il aurait si elle avait essayé de le faire en deux mois seulement... » Persuadé que l'on ne va jamais très loin sans prendre son temps, Roger Haddad aime aller au fond des choses. Et fait généralement confiance aux hommes autant qu'à son intuition. « Il m'est arrivé d'avoir des difficultés avec certains de mes collaborateurs, comme par exemple le dirigeant de l'une de nos filiales étrangères. Pour ne pas blesser son amour-propre, je l'ai laissé mener son affaire comme il l'entendait pendant près de deux ans, au terme desquels je lui ai proposé un marché : maintenant, tu fais ce que je te demande de faire, ou tu dégages. Acculé, il a accepté de m'écouter. J'y suis allé toutes les semaines, et ça a marché ! » Roger Haddad sait aussi, pour lui permettre d'éliminer son stress, bloquer systématiquement des

---

« La particularité des avant-gardes est d'être rapidement démodées. » (Jean-Marie Descarpentries, CMB)

plages libres sur son agenda. « Chez moi, le stress est toujours causé par les mauvaises nouvelles. Cela ne dure qu'un quart d'heure ou une demi-heure. J'essaie toujours de me projeter sortant de cette situation, et de visualiser une solution. » Une technique qui n'est pas sans rappeler celle du Taïchi, pratiquée par les Asiatiques... La retraite et la méditation comme instruments de la performance ?

Christian Boiron multiplie, lui aussi, les occasions de réfléchir et de s'intéresser aux autres. « Un patron a besoin de prendre du recul, de se fixer des objectifs, déclare-t-il à *A pour Affaires*. J'ai beaucoup accordé d'importance à la réflexion, essayé de voir l'entreprise à dix ans, comme lorsqu'on conduit une Maserati et qu'il faut regarder loin pour anticiper l'obstacle. J'ai consacré la moitié de mon temps à réfléchir, à lire, à militer au CJD (Centre des Jeunes Dirigeants), à l'Ethic, ou aujourd'hui à la mairie de Lyon. Tout cela me paraît très cohérent avec le développement de l'entreprise. Il faut privilégier la finalité par rapport à l'agitation. » Conscient qu'une entreprise doit prendre soin de gérer sa croissance, il n'a jamais hésité à en ralentir le rythme chaque fois qu'il le jugeait utile. « Les progrès d'une organisation sont la résultante de deux forces : une force de progrès, une force de conservation. Il faut un équilibre entre les deux. »

Le temps à deux vitesses

En observant attentivement le comportement de grands patrons américains, Henry Mintzberg a démontré qu'ils consacraient la moitié de leur temps à des activités durant moins de neuf minutes, 10 % seulement de leurs activités durant plus d'une heure. Il s'est également aperçu qu'ils traitaient en moyenne 583 sujets par journée de huit heures, consacrant en moyenne quarante-huit secondes à chacun d'eux. L'analyse des agendas de 160 dirigeants britanniques a conclu qu'ils ne travaillaient une demi-heure ou plus à la même chose qu'une fois tous les deux jours. Le chef d'entreprise européen est donc lui aussi un homme pressé, entouré de collaborateurs directs débordés, et dont le nombre se réduit à mesure que l'entreprise aplatit son organigramme pour être plus réactive et plus flexible. Aggravé par le temps perdu à rejoindre des aéroports embouteillés et à attendre des avions en retard, ce manque de temps l'empêche souvent de mener à bien sa réflexion stratégique. D'autant qu'un grand nombre de patrons confondent encore planification et stratégie. La différence est pourtant fondamentale. La stratégie permet à l'entreprise de définir ce qu'elle veut devenir, tandis que la planification définit la façon dont elle compte y parvenir. « En France, la chaîne de décision est trop longue. Les rendez-vous stratégiques sont trop espacés. On " pense " deux ou trois fois par an, à l'occasion d'un séminaire ou d'une échéance budgétaire. Dans l'intervalle, on évite les questions embarrassantes, affirme Jacques Barraux dans l'un de ses éditoriaux de *L'Entreprise.* On le dit à Tokyo et à Düsseldorf : le bon patron de cette fin de siècle est celui qui consacre l'essentiel de son temps à ses produits et à ses clients présents ou futurs. Le dit-on assez à Paris et à Lyon ? »

Un plan à 250 ans...

« Nous, Japonais, nous développons nos stratégies d'entreprise sur une durée moyenne de dix ans », confie Akio Morita. « Quand je demande à un Américain en charge de la trésorerie de son entreprise sur combien de temps il cherche à prévoir, il me répond, après avoir hésité : « Oh ! quelquefois, pas plus de dix minutes. » Un peu comme si les Américains avaient fait disparaître le mot « demain » de leur dictionnaire...

— Vous avez un plan à long terme ?

— Bien sûr !

— A quel terme ?

— 250 ans...

— ... Et quelles sont les qualités nécessaires pour le mener à bien ?

— De la patience.

« Mon domicile principal, c'est l'avion ! » (Daniel Bernard, Metro International)

Nous sommes au Japon, au milieu des années 70. Kenneth Blanchard, inventeur et auteur du *Manager-Minute* (plus de 6 millions d'exemplaires vendus dans le monde), vient de comprendre le secret de Konosuke Matsushita, et sans doute l'un des secrets du Japon. Ambition et maîtrise du temps, lequel semble ne jamais respecter ce que l'on fait sans lui. Une philosophie qui tranche étonnamment avec la dictature du profit trimestriel qu'impose aux sociétés américaines le sacro-saint « quarter », véritable étalon de la performance version USA. Mais il ne faudrait pas en déduire pour autant que les Japonais ne se montrent pas également soucieux du court terme, tant abondent les exemples illustrant l'attention qu'ils portent à certaines performances mensuelles, voire hebdomadaires. Le court terme, qui exige une pression très forte, n'a de sens que s'il est porté par un souffle. Au Japon, la pérennité de l'entreprise importe davantage que ses profits, et cette façon de voir l'entreprise permet un recul extraordinaire.

« Notre ambition pour 92 ? Vous voulez dire 2092... » A sa façon, Aérospatiale (« l'entreprise qui dépasse l'imagination », comme l'affirme sa communication) semble elle aussi jouer la durée. Une façon comme une autre, pour le constructeur de la navette spatiale Hermès, de considérer que 1992 appartient déjà au passé. Tout comme d'ailleurs l'espagnol Telefonica, qui utilise le même clin d'œil publicitaire (1993... To be continued.) pour affirmer que sa stratégie s'inscrit dans une perspective bien plus large que « l'horizon 1992 ».

En ce début de décennie, plusieurs entreprises britanniques, après avoir été hissées au rang de stars dans les années 80 traversent une mauvaise passe. La cause ? Une croissance trop rapide. Les plus connus : Habitat (Sir Terence Conran a récemment quitté son fauteuil de président du Storehouse Group), Laura Ashley (les banquiers de Sir Bernard Ashley lui ont coupé les vivres), Filofax (victime de la déconfiture du modèle yuppie), Next (qui n'a pas survécu à sa diversification dans la finance, la pharmacie et la télévision par satellite), Aquascutum (qui a été sauvé in extremis par un groupe japonais) et Sock Shop (qui a déposé son bilan). Toutes ont voulu grandir trop vite, en oubliant de consolider leurs positions à chaque étape de leur croissance. Quiconque a déjà fait de la plongée sous-marine connaît l'importance vitale qu'il y a à respecter des paliers de décompression lorsque l'on quitte le rêve aquatique pour remonter à la surface. En affaires, oublier ce bon vieux principe peut se révéler mortel.

Le plus difficile, lorsque l'on a décidé de faire un régime, est de commencer sa cure d'amaigrissement. L'essentiel est de parvenir à un processus intellectuel de perte de poids. Les premiers grammes perdus encouragent ensuite à en perdre davantage. Le processus se met alors en marche, inexorablement. De la même façon, il faut pour aller vite faire preuve de discipline, et se forcer à y penser sans cesse. La mécanique s'enclenche alors d'elle-même dans l'entreprise, qui se met à intégrer la rapidité dans ses réflexes, tout en ne se laissant pas déborder. Il y va désormais de la survie de l'entreprise, et de l'équilibre de ses collaborateurs.

8

Si l'on n'y prend garde, on peut se retrouver assez vite le plus gros au cimetière.

Bernard Attali, Air France

Paradoxe n° 8

Grandir sans grossir

Ce sera ne pas confondre gigantisme et puissance. Atteindre intelligemment la taille critique. Débureaucratiser. Aplatir l'organisation. Et diviser l'entreprise en centres de profits autonomes.

Atteindre son seuil de satisfaction et avoir toujours faim. Accumuler de l'expérience tout en restant jeune. Attirer les meilleurs et savoir les garder. Des nécessités souvent incompatibles. En effet, le principal problème de notre époque c'est que de nombreuses opérations sont menées sans tenir compte des hommes, qui apprennent trop souvent par la presse qu'ils viennent d'être rachetés par leur concurrent de toujours, ou inversement que leur entreprise vient de racheter ce dernier. Sous prétexte d'aller vite, il ne faudrait pas que cette mode du « tout, tout de suite » nous fasse oublier les deux dangers qu'elle porte en elle : négliger les hommes et les clients, et prendre du poids. A trop scruter l'horizon mondial, de nombreux patrons ivres de conquêtes se prennent au jeu du pouvoir « global » et oublient dans leur partie de Monopoly qu'ils ont des collaborateurs à motiver et des clients à servir. A trop vouloir « peser lourd », ils deviennent incapables de courir vite. Leur entreprise prend de l'embonpoint et perd les qualités d'athlète qui lui avaient permis de remporter des victoires. Il nous faut redevenir des athlètes.

Ne pas confondre gigantisme et puissance

Interrogé par *La Vie Française* sur la frénésie d'alliances qui sévit en Europe (notamment sur l'accord passé entre Renault et Volvo), Carl Hahn, président du directoire de Volkswagen AG, affirme que « le gigantisme n'est pas automatiquement synonyme de puissance ». « La liste des alliances qui, dans notre industrie, ont été initiées sans donner de résultats concrets est plus longue que celle des mariages réussis. » Quand on pense à l'Allemagne, ce sont immédiatement des entreprises comme Daimler-Benz, VW, Siemens, BASF, etc., qui viennent à l'esprit. Mais on n'oublie qu'à côté de ces géants, l'économie allemande tire l'essentiel de son dynamisme et de sa puissance de petites et moyennes entreprises étonnamment flexibles, dont le champ d'action est la planète tout entière. La raison de cette situation est extraordinairement simple. Ce type d'entreprise a tendance à être plus créatives et plus innovantes que les grosses. Une réalité qui devrait faire réfléchir tous les dirigeants européens en mal de taille critique — à moins qu'ils ne soient en mal de « poids » critique —, qui donnent naissance à des monstres impossibles à diriger, ou à des machines incapables de créer. Comme le rappelle Albert du Roy, nous avons parfois tendance à oublier les deux sens de l'adjectif « critique », qui signifie certes « décisif », mais aussi « dangereux ». « La taille critique à laquelle il est bon d'aspirer aujourd'hui est également dangereuse. Surtout si, pour y parvenir, on a recours sans précautions aux mille et une techniques de la finance moderne. La magie financière donne les yeux plus grands que le ventre. Gare à l'indigestion ! », écrit-il dans *L'Expansion*.

« L'ironie du sort est que, souvent, les gens ne peuvent résoudre des problèmes que s'ils pensent que ce ne sont pas des problèmes. » (Karl Weick)

« Si certains P-DG pensent que la taille est un élément important de compétitivité, ils se trompent », affirme même Philippe Giry-Deloison, en charge des banques au bureau parisien de McKinsey. Selon lui, il n'y a aucune corrélation entre la taille et la profitabilité, dans la mesure où le seuil de rentabilité est très vite atteint dans les différentes fonctions bancaires. « Reproduire demain en plus grand le système inefficace d'aujourd'hui n'a aucun sens. » Le client des années 90 sera sensible aux différences de prix, à l'offre de produits spécifiques, et à la rapidité d'exécution. Toutes choses à la portée de spécialistes, mais peu familières aux grosses organisations institutionnelles, qui conservent d'autres atouts. Une entreprise est faite pour grandir, cela semble aller de soi. Il s'agit même pour elle d'une nécessité quasi biologique. Mais elle doit veiller désormais à ne plus le faire n'importe comment. « To be big does not mean that you are good. But to become big, you have to be good », aime professer Maurice Campana, qui dirige à Dättwil le centre de recherche suisse d'ABB, auquel fait écho Tom Peters lorsqu'il nous confie en anglais, au cours d'un voyage à Londres : « The answer is being good, not being big ». Tiraillées entre des stratégies parfois contradictoires — se recentrer sur son métier de base ou se lancer dans un métier totalement nouveau, s'intégrer en amont ou en aval, etc. —, désireuses d'acheter les parts de marché ou le savoir-faire de leurs concurrentes, et persuadées qu'il vaut mieux racheter qu'être racheté soi-même, de nombreuses entreprises européennes font de la « gonflette ». Et si l'effet de taille faisait faire à certaines de nos entreprises les mêmes erreurs que celles commises avant elles par certaines entreprises américaines, victimes du syndrome de la taille critique ? Et si la logique financière faisait oublier à

« L'entreprise est une collectivité ; on y est attaché. Mais ce n'est pas une famille. Il faut pouvoir la quitter sans drame. C'est d'ailleurs le meilleur moyen d'attirer des gens qui y restent. » (Jean Boissonnat, L'Entreprise)

ses adeptes qu'ils ont des clients à satisfaire, et des collaborateurs à motiver ?

Parmi les quelque 18 millions d'entreprises recensées à travers la Communauté Européenne, seules 15 000 emploient plus de 500 personnes. L'Allemagne (qui compte déjà plus de deux millions d'entreprises) en crée deux fois plus de nouvelles aujourd'hui qu'il y a quinze ans. Mais l'influence des petites entreprises est d'autant plus grande que l'on descend vers le Sud. Selon Coopers & Lybrand, seules 2 000 entreprises espagnoles emploient plus de 100 personnes, tandis que plus de 300 000 en emploient moins de 100 ! L'économie de la Grèce, de l'Italie et du Portugal repose elle aussi en grande partie sur de petites entreprises. Une situation qui ne les empêche nullement d'être internationales. Témoins les succès de la française Technomed International (qui vend depuis sa création en 1985 du matériel médical aux Etats-Unis, en Allemagne, en Italie et au Japon). De l'anglaise Pictures Applications Ltd (qui distribue ses matériels de production vidéo à travers toute l'Europe). De la néerlandaise Mobiel (qui propose des maisons préfabriquées facilement déménageables) ou de Superclub (qui installe en Europe des distributeurs de cassettes vidéo). Si leur succès se confirme, si leurs dirigeants souhaitent les développer encore, ces jeunes entreprises flexibles seront demain confrontées aux mêmes difficultés que leurs « grandes sœurs ». Elles devront apprendre à grandir sans grossir.

Atteindre intelligemment la taille critique

« Il y a quelques années, je me moquais complètement de notre part de marché, nous confie Paul Dubrule. Etre le numéro deux ou trois ne changeait rien. Il y avait de la place pour tout le monde. Aujourd'hui, on peut gagner beaucoup d'argent en étant numéro un. On peut “ vivre ” en étant le numéro deux. Le numéro

---

« Le vrai combat est un combat pour que les gens n'aient plus envie de former des ghettos ou de s'enfermer. » (Jacques Attali)

trois n'a déjà plus la taille critique, et il ne reste au numéro quatre que ses yeux pour pleurer... » L'effet « taille critique » semble désormais jouer dans l'hôtellerie comme dans tous les autres secteurs. A une époque où les systèmes de réservation et de communication jouent un rôle prépondérant dans l'efficacité d'une chaîne, et à l'aube de l'interconnexion des principaux réseaux mondiaux, l'effet de taille améliore la rentabilité, laquelle permet d'investir dans la qualité. D'attirer les meilleurs candidats, de rénover les établissements et de former les hommes, par un processus de cercle vertueux que seule permet la fameuse « taille critique ». « En vingt-deux ans d'existence de la marque Novotel, nous avons procédé à deux rénovations de fond, soit une tous les sept à huit ans. Les rénovations qui sont en cours aujourd'hui sont les plus importantes que nous ayons menées, poursuit ce patron toujours disponible et à l'écoute de ses interlocuteurs. On vide complètement les hôtels, au point de n'en conserver que les murs et la carcasse. A l'ère du fax et de la télévision par satellite, nos hôtels doivent devenir intelligents... et confortables ! C'est ainsi que nous tenons compte désormais de la taille de nos clients, et que nos lits mesurent deux mètres de long. »

Aller chercher les meilleurs le plus vite possible

Après avoir largement contribué à moderniser l'image de l'hôtellerie en France (« Il y a encore quelques années, les parents d'un fils " pas très brillant, mais doté d'un bon contact " se disaient que le mieux pour le rejeton était sans doute qu'il fasse de l'hôtellerie ! »), le duo de choc Dubrule et Pélisson mise désormais sur les acquisitions, la technologie, et... la vitesse pour renforcer son leadership. « L'importance de décider vite m'est apparue récemment, au cours de l'un des rachats que nous menions, continue Paul Dubrule. Il est indispensable d'avoir des services — juridiques notam-

---

« On ne vit pas replié sur son territoire. » (Jean-René Fourtou, Rhône-Poulenc)

ment — qui soient capables de réagir au quart de tour, faute de quoi on perd des affaires. » Une attitude qui vaut également pour les changements intervenus récemment en Europe de l'Est. « Personne ne sait encore ce qui va s'y passer, et encore moins la forme que prendront ces changements. Cela n'a aucune importance. Il faut y aller et se mettre en situation pour réagir immédiatement à toute opportunité. La grande différence entre la façon dont on faisait des affaires hier, et celle dont on les mène aujourd'hui réside dans la rapidité avec laquelle elles sont menées. » Une évolution qui remet en cause selon lui jusqu'au concept de succession d'entreprise. « Je ne crois pas au népotisme dans les affaires. Avant, l'entrepreneur propriétaire attendait que son fils acquière les compétences nécessaires à la gestion de l'entreprise pour lui en confier les rênes. On n'en a plus le temps aujourd'hui. Il faut aller chercher les meilleurs le plus rapidement possible.

Georges Lecailler estime quant à lui que la taille critique s'apprécie en fonction de la position qu'occupe son groupe sur les différents marchés auxquels il s'intéresse, et non pas seulement en fonction d'un chiffre d'affaires, d'un effectif ou d'un nombre d'usines. « Le but que nous poursuivons, explique-t-il à *Marketing Mix,* c'est d'être premier ou second sur nos différents marchés prioritaires. »

Terminé le « piccolo è bello » ?

Le mythe transalpin de la micro-entreprise, solidement campée sur une petite niche du marché, est-il en train de mourir de sa belle mort ? Les « giovani imprenditori » sont en train de découvrir la notion de taille critique, le « grande è bello ». En Italie, ces jeunes entrepreneurs affiliés à l'organisation patronale Confindustria, entraînés par l'industriel napolitain Antonio D'Amato — ont entrepris de placer leurs entreprises dans des conditions normales de concurrence. Dans un pays où quatre « seigneurs » — Giovanni Agnelli « l'avvocato », Raul Gardini « il contadino », le paysan, Carlo De Benedetti « l'ingegnere » et Silvio Berlusconi « Sua Emittenza » (jeu de mots intraduisible, contraction de

Son Eminence et d'émetteur) et le très public IRI (Institut pour la Reconstruction Industrielle) contrôlent 80 % des valeurs cotées à la Bourse de Milan. Il est en effet prioritaire de sortir de ce que Carlo De Benedetti lui-même n'hésite pas à qualifier de « paléo-capitalisme ». « L'industrie italienne est une industrie bonsaï. Dix Italiens seulement figurent au classement des 500 premiers groupes industriels non américains réalisé par le magazine *Fortune*. Comme les Finlandais et les Néerlandais, mais quatre fois moins que les Français, cinq fois moins que les Allemands et sept fois moins que les Anglais. Le taux de natalité des entreprises a beau être l'un des plus élevés d'Europe, elles restent petites ou disparaissent. Dans une Europe en proie à un vaste mouvement de concentration, elles doivent soit accéder rapidement à la taille critique, soit se cantonner à des niches de marché, affirmait en juin 1989 le pourfendeur de l'establishment péninsulaire. Les entrepreneurs italiens sont aujourd'hui divisés en deux camps. D'un côté, ceux qui veulent se battre pour renforcer l'acquis. De l'autre, ceux qui veulent livrer bataille pour l'avenir. Il est temps de choisir son camp. »

La course à la taille critique et la volonté de croissance manifestées par la plupart des entreprises européennes ne doivent pas cependant masquer les dangers d'une telle politique. La croissance peut en effet cacher de nombreux dysfonctionnements, et servir d'antibiotique aux maux qui se mettent immédiatement à ravager l'entreprise dès qu'elle cesse ou ralentit. Il est fondamental d'apprendre à la maîtriser, de façon à ne pas en dépendre de façon exclusive. Ne pas se laisser distancer par elle.

Débureaucratiser !!!

La scène se passe à Moscou, dans les bureaux d'un concessionnaire automobile. Après avoir fait des écono-

---

« Les conflits sont féconds. C'est la manière dont on les gère qui est capitale. » (François Eyssette)

mies pendant des années, Sacha passe fièrement commande de la Moskova dont il rêve depuis si longtemps. Toute sa famille assiste à l'événement. Le choix des options étant relativement limité (« Vous la voulez noire, ... ou noire ? »), le vendeur remplit rapidement un bon de commande. Il vérifie ensuite l'état des stocks, en consultant un énorme listing manuscrit, et en se référant à plusieurs notes de service. Il sort enfin son carnet de livraison, et explique le plus naturellement du monde à Sacha qu'il pourra être livré le... 15 juillet 2001. « Pas de problème, répond Sacha, malheureusement habitué à ce genre de mauvaises nouvelles, tout en consultant lui aussi son agenda. Mais j'ai besoin de savoir si la livraison interviendra le matin ou l'après-midi. » Interloqué (c'était bien la première fois que l'un de ses « camarades » avait ce genre de réactions), le vendeur ne peut s'empêcher de sourire : « Vous savez, c'est dans dix ans, on aura peut-être le temps d'en reparler ensemble ! » Désolé d'insister, Sacha renouvelle pourtant sa demande : « Cela m'arrangerait mieux si ça pouvait être le matin. Ne le prenez pas mal, mais le 15 juillet 2001 dans l'après-midi, j'ai déjà rendez-vous avec mon plombier ! »... La bureaucratie n'a jamais amélioré la qualité du service au client.

Plus d'audace. Moins de paperasse

Retour en Europe de l'Ouest. Plus spécialement en Belgique. L'une des premières décisions du nouveau responsable de Ford avait été, il y a quelques années, de donner tout pouvoir à son réseau de concessionnaires pour résoudre sur-le-champ les problèmes de garantie sans avoir à en informer le constructeur. Quel que soit le montant du litige. Un problème réglé en une heure, au moment même où il survient, coûte en effet infiniment moins cher à l'entreprise qu'une longue série de va-et-vient administratifs et de demandes d'autorisation, dont le seul traitement coûte plus cher en salaire qu'il ne

---

« Initiative individuelle, travail en équipe, progrès continus sont aussi contagieux que bureaucratie, individualisme et sclérose. » (Jean-Marie Descarpentries, CMB)

rapporte en économies... En 1928, l'Angleterre possédait la plus grosse flotte du monde. En 1948, elle n'avait pratiquement plus de bateaux. Dans l'intervalle, les effectifs de l'Amirauté ont pourtant augmenté de 5,5 % par an ! De plus en plus de fonctionnels pour gérer, organiser et contrôler le travail, et de moins en moins de personnes sur des bateaux toujours moins nombreux. Curieux phénomène, qui illustre la tendance naturelle des entreprises bureaucratiques à augmenter les effectifs se trouvant dans la partie haute de la pyramide, la plus éloignée possible du client. L'obsession de leurs dirigeants est de vendre et de produire autant, avec moins de personnel en contact avec le client. Cette tâche n'étant pas facile, il faut de plus en plus de gens intelligents, diplômés et compétents pour y parvenir. Résultat : des entreprises qui prennent de l'embonpoint alors qu'elles auraient besoin de muscles. Raymond Lévy ne rate jamais une occasion de rappeler son obsession de la qualité. La Direction de la Qualité qu'il a mise en place occupe déjà quelque 220 personnes... A quand une Direction Qualité de la Direction Qualité ? « Je veux que ce groupe soit capable de prendre des décisions en trois jours », confie quant à lui Helmut Maucher, qui se dit un adepte du « management par provocation ». « Les prévisions sont toujours fausses, ajoute-t-il. Plus d'audace et moins de paperasse, voilà ce qu'il nous faut ! »

« Les deux dangers qui guettent l'entreprise sont la bureaucratie et la mégalomanie », dit souvent Antoine Riboud, conscient du risque que courent les entreprises qui pensent qu'un environnement de plus en plus complexe suppose des organisations de plus en plus complexes, elles aussi. Comment garder le contrôle d'une entreprise sans en perdre la souplesse ? Comment éviter de tomber dans un excès de structures lorsque son entreprise grandit et embauche de nouveaux collaborateurs ? Tom Peters nous a un jour confié qu'à ses yeux les risques de bureaucratie existent dans toute entreprise qui emploie plus de... deux personnes ! Certains patrons

---

« L'audace a du génie, de la puissance et de la magie. » (Goethe)

considèrent quant à eux qu'une entreprise court des risques sérieux de bureaucratisation le jour où, pour la première fois, son dirigeant rencontre dans un couloir un collaborateur qu'il ne connaît pas. Pour répondre à la rapidité croissante de notre environnement, il faut désormais faire la « chasse aux autorisations » et aux lourdeurs bureaucratiques. Savoir que la complexité est souvent le fait de managers inquiets ou manquant de confiance en eux. Recenser toutes les occasions où l'accord préalable de quelqu'un est nécessaire avant que le produit ou le service n'atteigne son destinataire final : le client. Pour freiner l'appétit paperassier de ses fonctionnaires, le ministre de l'Economie et des Finances, Pierre Bérégovoy, a profité de son déménagement à Bercy pour leur interdire de conserver plus d'un demi-mètre cube de dossiers dans leurs bureaux.

« *E-li-mi-nez !* »

Philip Thomas, un consultant américain spécialisé dans la vitesse, estime que le temps directement imputable à la fabrication d'un produit dépasse rarement 5 à 10 % du temps total qui s'écoule entre sa prise de commande et sa livraison. Le reste résulte d'étapes administratives, dont la plupart sont généralement inutiles. Pour éliminer ces feux rouges qui entravent la circulation dans l'entreprise, il convient surtout de demander aux personnes qui les subissent quelles sont les solutions qui leur paraissent susceptibles de les supprimer. « E-li-mi-nez ! » Comme le conseillent avec charme les mannequins de la publicité Vittel, les entreprises sont aujourd'hui contraintes de perdre du poids. Que cela leur plaise ou non. « Nous employons 9000 personnes au contact du client, et 16000 pour l'intendance. Chaque vendeur a derrière lui quatre administratifs ! », confie Patrick Silberberg, P-DG de la filiale française de Wang au magazine *L'Entreprise*. « Pour une commande de matériel, il y a d'abord le

---

« C'est précisément en période de crise qu'une entreprise doit inspirer confiance. » (Pehr Gyllenhammar, Volvo)

vendeur, puis le technicien qui confirme la commande, puis les administratifs qui l'enregistrent (800 personnes aux Etats-Unis), les ouvriers qui font le point des commandes et les employés qui vérifient les expéditions dans les entrepôts ! » Les taux de croissance exponentiels du marché informatique permettaient autrefois ce genre de lourdeur. Mais les graves difficultés rencontrées par le constructeur américain ont amené Richard Miller, son nouveau président, à mettre au point un programme baptisé « Operation Customer », qui va raccourcir le circuit « commande-facturation » (les vendeurs commanderont directement à l'usine) et réduire à six le nombre de ses secteurs d'activité. « Nous devons, poursuit Patrick Silberberg, diviser par six le temps qui s'écoule entre la conception d'un produit et sa disponibilité. »

« La direction générale du Club Méditerranée veut absolument augmenter ses parts de marché sur le continent américain, et nous demande en permanence de tout faire pour améliorer la qualité du service que nous offrons à nos clients, tout en réalisant le maximum d'économies possible », confiait à l'un de nous le chef d'un village de la zone Amérique du Club à l'occasion d'un séminaire qu'il animait aux Bahamas. « Les Américains, par exemple, aiment que l'on change les draps de leurs lits tous les jours, mais il faut pour cela que nous soyons équipés des infrastructures et du personnel adéquats. Deux de mes femmes de chambre ont démissionné récemment, et je n'ai pas autorité pour les remplacer, compte tenu des restrictions budgétaires qui ont été décidées. J'ai donc fait parvenir un engagement de dépense à " la Bourse " — le siège parisien du Club —, et cela fait six semaines que j'attends la réponse de ces bureaucrates. Du coup, je ne change les draps que tous les trois jours, ... et les clients, la prochaine fois, iront dans des hôtels américains ! » Anecdotique ou révélateur ?

Un cataplasme sur une jambe de bois

« La plupart des entreprises *disent* qu'elles mettent la qualité du service au client au premier rang de leurs préoccupations, mais très peu *font* ce qu'il faut pour que cela devienne une réalité », affirme Kenneth Johnston dans un livre intitulé *De grâce,... débureaucratisons.* Peu connu en Europe, il aide les entreprises américaines à se « débureaucratiser », à travers notamment les activités de conseil de Kaset International, société qu'il a créée et qu'il dirige avec son épouse. Pour soutenir son analyse, il cite volontiers les résultats d'une enquête réalisée par Public Agenda Forum auprès d'un échantillon représentatif de la population active non cadre aux Etats-Unis. Les résultats qui en ressortent sont pour le moins troublants. Trois personnes sur quatre ayant un emploi fixe reconnaissent ne pas travailler en temps normal à leur plein potentiel. La moitié avoue ne pas faire d'efforts dans son travail, au-delà de ce qui est strictement nécessaire pour le conserver. A une écrasante majorité (75 %), ils affirment qu'ils pourraient être nettement plus efficaces qu'ils ne le sont actuellement. Six Américains sur dix ayant un emploi considèrent enfin qu'ils ne travaillent pas autant qu'avant (ce qui n'est peut-être pas vrai, mais qui traduit ce qu'ils ressentent).

A en croire Kenneth Johnston, l'entreprise bureaucratique présente presque toujours les symptômes suivants : une structure hiérarchique formelle, rigide et centralisée (les décisions sont prises selon le niveau de hiérarchie dans l'entreprise, et non par rapport à la proximité ou à la connaissance du problème). Un style de management qui contrôle et vérifie l'application des règles établies. Une organisation basée sur les fonctions et les spécialités des collaborateurs. Une entreprise tournée sur elle-même. Un traitement identique et impersonnel des collaborateurs et des clients (qui se sentent traités respectivement comme des matricules et comme des numéros). Un recrutement fondé sur les seules compétences techniques. Une tendance à augmenter le nombre des fonctionnels par rapport aux opérationnels.

Débureaucratiser, c'est avant tout repenser le fonc-

« Le déclin, c'est quand on dit " que va-t-il se passer ? " au lieu de " qu'allons-nous faire ? " »

tionnement de l'entreprise en partant du client. Mettre en place des processus destinés à orienter les entreprises davantage vers le client conduit généralement à réduire les effets négatifs de la bureaucratie. Pourtant, quand ces mêmes entreprises atteignent un certain niveau dans la prise en compte des besoins du client, la bureaucratie redevient souvent un frein puissant pour aller vers de nouveaux progrès. Aider une entreprise à améliorer ses relations avec ses clients, c'est donc aussi lui faire prendre conscience des freins que représente la bureaucratie, et lui donner les moyens de les réduire, voire de les éliminer. Sinon, cela revient à prescrire un médicament pour faire disparaître une allergie ou en guérir les symptômes, sans se préoccuper des raisons qui l'ont fait apparaître. Dès que le remède fera moins d'effet, les symptômes resurgiront, de manière parfois plus tenace qu'auparavant.

Le « pouvoir de dire oui » à l'épreuve des faits

« Si vous devez 100 000 francs à votre banque et que vous ne parveniez pas à la rembourser, vous êtes dans une situation difficile. Si vous devez dix millions de francs à cette même banque et que vous ne vouliez pas, ou ne pouviez pas la rembourser, c'est elle qui est dans une situation difficile », dit la maxime bien connue des milieux financiers. Quiconque a déjà testé le « pouvoir de dire oui » qu'affiche fièrement le Crédit Lyonnais à travers l'Europe en signature de chacune de ses publicités (« The power of positive banking »), et qui a tenté d'obtenir un prêt, peut témoigner qu'il y a parfois un monde entre le rêve publicitaire et la réalité. De comité de crédit en direction juridique via un laboratoire d'analyse médicale en passant par un directeur d'agence, les étapes sont parfois bien longues... Et le fameux « pouvoir » bien limité. Dans la banque aussi, les années 90 seront les années vitesse. La compétition s'annonce féroce au plan européen. Elle pourrait bien forcer certaines vieilles dames à se dépoussiérer... et à repenser leurs circuits de décisions.

A l'UAP, on raconte qu'il a été très difficile de convaincre les gens qui écrivent des courriers aux assurés (qui deviennent des « sinistres » dès qu'il s'agit de les rembourser !) d'utiliser le « je » au lieu du « nous ». Preuve supplémentaire de la difficulté qu'il y a à faire évoluer la mentalité et le comportement de collaborateurs habitués à une structure bureaucratique. Certains pensent même qu'une personne pourra plus facilement changer d'attitude si elle change d'entreprise. Paradoxalement, les nouvelles entreprises qui se créent dans les pays de l'Est — qui n'en connaissent même pas le concept jusqu'ici — pourraient bénéficier de l'expérience des entreprises occidentales, et créer dès le départ des entreprises participatives.

La liberté facteur de créativité

Et que ça saute ! Chez McDonald's, à La Défense, près de Paris, le client n'attend pas son repas plus de trente secondes. Par le passé, trois à quatre minutes s'écoulaient avant que le jeune cadre affamé et pressé de retourner travailler à ses dossiers puisse être servi. Le client passe désormais commande à une première caisse, paye à une seconde, et reçoit son paquet ou plateau-déjeuner à un troisième comptoir. Grâce à cette méthode, on peut servir jusqu'à 120 clients à l'heure. Les files d'attente ne comptent pas plus de trois à quatre clients. Du coup, le chiffre d'affaires des heures de pointe du restaurant a grimpé de 30 %. Des chiffres qui contrastent de façon étonnante avec la version moscovite du roi du fast-food. Les quelque 45 000 personnes qui essaient chaque jour de s'offrir un McDo place Pouchkine attendent au minimum une heure pour pénétrer dans le saint des saints...

Cette rapidité de réaction face au client est rendue possible chez McDonald's par l'extrême responsabilisation des managers et de leurs équipes. C'est avec cette même mentalité, et en cassant les habitudes fortement établies, que Guy-André Servajean a réussi à faire d'OTP Xerox la filiale qui affiche de meilleures marges

---

« Communiquer est un acte culturel en soi. Il implique la mise en ordre du chaos. » (Irène Rodgers, ICM)

nettes que Rank Xerox, sa société mère en France. A son arrivée chez OTP en 1985, il se donne six mois pour parvenir à livrer en 24 heures des clients qui avaient l'habitude de recevoir leurs ramettes de papier de photocopie et leurs rubans d'imprimante en huit jours en moyenne. Pari gagné en huit mois, grâce à l'informatique et la formation des hommes. Après s'être séparé de ceux qui ne croyaient pas dans la « vision impossible » du nouveau patron. « La liberté crée des conditions favorables à la créativité, ce qui augmente la productivité et génère les profits nécessaires à l'épanouissement des hommes et de l'entreprise », nous explique-t-il. Des idées simples, mais qui ont redonné le goût d'entreprendre aux 250 collaborateurs d'OTP Xerox.

Chez General Foods en France, une usine en construction avait été conçue pour produire chaque année 20 000 tonnes de bonbons. A peine construite, le marché du bonbon s'écroule, et sa capacité n'est utilisée qu'à moitié. Pour rentabiliser ces chaînes de production devenues superflues, six cents cadres diplômés — et donc forcément très intelligents — furent mis à contribution. Au bout de deux ans, il n'était toujours rien sorti de leurs réunions et de leurs sessions de « brain-storming ». Lassé de cette situation, le directeur s'énerve et décide de réunir un directeur régional, un homme de marketing, un comptable, un financier et une secrétaire. Au bout de six mois, ce petit groupe avait identifié un nouveau marché, et lancé un produit avec succès. Cinq personnes et six mois avaient réussi là où six cents personnes et deux ans s'étaient révélés incapables d'aboutir.

Aplatir l'organisation

Autre facteur d'accélération : la remise en cause de l'organisation hiérarchique. On s'aperçoit en effet que plus on aplatit l'organisation, et plus on donne de

---

« Si tu veux tracer ton sillon droit, accroche ta charrue à une étoile. » (Rudyard Kipling)

responsabilités à ceux qui en étaient jusqu'alors dépourvus, plus l'entreprise va vite. Car elle se responsabilise alors collectivement. Une approche qui peut même permettre d'afficher en permanence et en temps réel le temps mis à produire telle ou telle pièce, sans encourir le risque de revendications syndicales. L'information est alors perçue en effet comme une aide à la décision individuelle, chacun essayant d'imaginer le meilleur moyen d'accroître sa propre performance.

« Keep it simple, small and speedy ! »

Premier employeur français — avec ses 296 000 salariés —, la Poste avoue pouvoir recenser quelque... cent onze grades différents, codifiés à travers près de quatre-vingts sigles ! Derrière le seul guichet, « l'usager » (« usagé », lorsqu'il a trop attendu...) peut entrer en contact avec un auxiliaire, un agent de bureau, un agent d'exploitation, un chef de section, voire un contrôleur divisionnaire... Dont aucun ne semble formé à la polyvalence des tâches. Il suffit de voir les files d'attente interminables du samedi matin devant le guichet N° 1 (les recommandés), tandis que le « préposé » du guichet N° 2 (les mandats), baye aux corneilles faute de clients ! Une aberration que même MAGUI n'est pas parvenue à faire disparaître. Vous ne connaissez pas MAGUI ? Il s'agit de la Mesure d'Attente au GUIchet utilisée par la Poste, qui atteste régulièrement du phénomène, et dont on est en droit de se demander à quoi elle sert. Se peser plusieurs fois par jour n'a jamais fait maigrir personne. EDF-GDF est quant à elle organisée en trois collèges (Cadre, Maîtrise, Exécution) regroupant dix-neuf niveaux hiérarchiques, hors la présidence et la direction générale, numérotés de 1 à 19. Systématiquement embauchés en bas de chaque strate, personnel d'exécution, agents de maîtrise et cadres sont obligés de postuler pour gravir un échelon. Une façon comme une autre

---

« Nous sommes facilement autosatisfaits, au point de ne pas imaginer que d'autres peuvent faire mieux que nous. » (Bernard Attali, Air France)

d'encourager un certain type d'initiatives. Il faut avouer qu'en trente-cinq ans de carrière en moyenne ces champions de la mobilité ont tout le temps de se hisser au sommet de ce modèle d'organisation pyramidale... La multiplication des niveaux hiérarchiques cache souvent une certaine médiocrité du management de l'entreprise. Vous avez dit modernisation du service public ? En devenant une entreprise ouverte à la concurrence internationale, France Télécom a compris qu'elle ne pourrait conserver éternellement son impressionnante pyramide administrative de quarante-cinq corps, où l'on progresse à coups d'indices, d'échelons et de grades.

Toutes les entreprises performantes s'efforcent d'aplatir leur organisation au maximum. Chez Valéo, qui perdait 308 millions de francs en 1986, et en a gagné près d'un milliard en 1989, le redressement entrepris par Noël Goutard s'est traduit par le dégraissage du siège social, qui est passé de 600 personnes à 100. Chez Swissair, qui connaît actuellement des difficultés et commence à appréhender la dérégulation aérienne qui se prépare, Otto Loepfe a décidé de lutter contre la bureaucratie, en faisant passer le nombre de niveaux hiérarchiques de neuf à six. Les 45 000 collaborateurs de Toyota vivent avec 7 niveaux hiérarchiques. Ni plus, ni moins. Chaque fois qu'une entreprise réussit à faire « sauter » un échelon hiérarchique, elle libère une énergie phénoménale.

Un chef d'orchestre pour des centaines de musiciens

« Le cas du grand orchestre symphonique est instructif. Pour certaines œuvres, des centaines de musiciens sont réunis sur la scène pour jouer ensemble », écrit Peter Drucker dans la revue *Harvard L'Expansion*. « Si l'on s'en tient à la théorie de l'organisation, il devrait y avoir plusieurs chefs d'orchestre vice-présidents de groupe et peut-être une demi-douzaine de chefs d'orchestre vice-présidents de division. Il n'y a qu'un chef d'orchestre P-DG et chacun des musiciens règle son

---

« Simple does not mean easy. » (Jack Welch, General Electric)

jeu sur lui sans passer par aucun intermédiaire. » Pour Drucker, tous ces musiciens et leur P-DG peuvent jouer ensemble parce qu'ils ont tous la même partition. « Le flûtiste et le percussionniste savent ainsi ce qu'ils ont à jouer et à quel moment. En outre, le chef d'orchestre sait, lui aussi, ce qu'il doit attendre d'eux et à quel moment. » Le talent du chef d'orchestre consiste à amener le musicien à mettre tout son talent au service de l'exécution commune de l'orchestre.

Chez Carrefour, dont Michel Bon a pris la présidence en 1990, huit échelons séparent le président et la caissière, malgré 43 000 personnes et 65 milliards de francs de chiffre d'affaires. Trente personnes seulement composent le holding d'Evry. « Denis Defforey compare Carrefour au corps humain, confie Michel Bon à *Fortune France*. Le client est la tête, les acheteurs et les vendeurs le cœur et les poumons. Moi, je suis un organe comme un autre, disons la rate ; il n'y a pas de raison que la rate donne des ordres au cœur. » Pour cet homme passé du service du citoyen (il a fait l'ENA) à celui du client, et qui refuse de travailler l'œil braqué sur des prévisions de rentabilité, une décision se prend toujours à deux niveaux, jamais un, jamais trois. Chaque responsable doit partager ses décisions avec son supérieur hiérarchique et lui seul. « Si, en fin de trimestre, constatant que ses résultats sont meilleurs que prévu, un chef de secteur veut baisser le prix du carburant, il en décide avec le directeur du magasin. Moi, je n'en entendrai jamais parler, bien que le prix du carburant soit important pour l'image de l'entreprise. » Chez Carrefour, qui a toujours joué la décentralisation, la responsabilité de chacun est aussi complète que possible. Un chef de rayon achète et vend les produits qu'il veut au prix qu'il veut. Il embauche et forme ses collaborateurs tout à fait librement. « Au total, nous achetons plutôt moins bien qu'un groupe plus centralisé, mais nous nous rattrapons par l'efficacité sur le terrain. » Dans les années à venir, le pari de Carrefour sera sans doute de concilier cette

---

« Ce ne sont pas nécessairement les plus gros et les plus forts qui gagnent, mais les plus intelligents. » (Georges Salomon, Salomon)

culture fondée sur la liberté avec les contraintes du discount, qui suppose malgré tout la centralisation de certains achats, et surtout une logistique appropriée. On retrouve cette volonté de responsabiliser les hommes et d'alléger les structures chez Casino. Après le rachat de La Ruche Méridionale, soit 45 000 personnes au total, la réorganisation des sièges sociaux s'est effectuée très rapidement. La volonté affichée par les dirigeants est de s'orienter vers « une structure centrale la plus légère possible qui ne soit pas une machine à gérer des statistiques, mais une structure fédérante pour les divisions opérationnelles. » Le moyen sans doute le plus efficace de redresser la barre au moment où l'entreprise est confrontée à de sérieuses difficultés.

Changer de métier plutôt que d'échelon hiérarchique

Aplatir la hiérarchie suppose toutefois de se préparer à une époque où la promotion deviendra l'exception, et non plus la règle. Les hommes exerceront plus longtemps des activités correspondant à leurs compétences de base, au lieu de les abandonner rapidement pour s'adonner à des tâches administratives ou de supervision. L'une des frustrations les plus probables des managers, dans les dix prochaines années, viendra sans doute du sentiment qu'ils auront de ne pas progresser aussi vite que leur talent et leur ambition ne le laissaient prévoir. Dès lors, il faudra trouver d'autres sources de motivation, d'encouragement et de récompenses. Dans un tel contexte, la mission éducative de l'entreprise — et l'avènement très proche de ce que les Américains appellent déjà une « learning organization » — devrait trouver tout son sens. « D'une manière générale, il faut faire confiance aux statistiques, estime Hervé Sérieyx. Sur 100 personnes, on trouvera toujours 5 % de petits génies, 5 % de cas sociaux et 90 % de gens comme vous et moi, c'est-à-dire parfaitement capables de changer de métier par des actions de formation. C'est la seule voie

---

« Au-delà de 300 personnes, on n'est plus patron de rien. » (Jean-François Dehecq, Sanofi)

de salut. » Faire carrière ne sera plus forcément synonyme d'escalade hiérarchique. La récompense ne viendra plus forcément du passage à un rang supérieur, mais plutôt d'une plus grande diversité de situations. Chez EuroDisneyland, Robert Fitzpatrick aime rappeler « qu'un employé de la sécurité a été promu directeur des opérations du parc, et qu'un chauffeur de direction est entré au marketing ». Chez 3M, on passe déjà en permanence de la recherche à la fabrication, de la fabrication au marketing, du marketing à la vente. Les Japonais pratiquent depuis longtemps cette promotion « horizontale » plutôt que « verticale », permettant aux plus talentueux des jeunes loups nippons d'occuper une multitude de postes différents à un même échelon de la hiérarchie, avant de les promouvoir éventuellement à un échelon supérieur.

Diviser l'entreprise en centres de profit autonomes

Simplicité, autonomie et gouvernement par la culture sont les trois principes clés qui résument la révolution managériale décrite par Michel Crozier dans son récent ouvrage, *L'entreprise à l'écoute*. Les entreprises gagnantes s'acheminent selon lui vers un style de management où les problèmes complexes ne sont pas abordés par des structures, des règles et des procédures complexes, mais pris en charge par des organisations aussi simples et aussi souples que possible. Là où s'épanouissent des hommes et des femmes professionnels, autonomes et innovateurs, unis par une compréhension commune des objectifs et des valeurs de l'entreprise. Parce qu'un porte-avions met plus de temps à changer de cap qu'un catamaran, il convient donc aujourd'hui de diviser l'entreprise. Mieux vaut sans doute en effet coordonner dix entreprises créatives et réalisant chacune cent millons de francs de chiffre

---

« Si quelqu'un a un adjoint dans l'entreprise, cela signifie qu'il y a quelqu'un de trop dans l'organisation ! » (Jean-Marie Descarpentries, CMB)

d'affaires que d'en diriger une seule, réalisant un milliard de chiffre d'affaires, mais ayant perdu la fougue de sa jeunesse. Chez CMB, les « patrons de patrons » possèdent une totale liberté de manœuvre, et prennent seuls la plupart de leurs décisions. Ils peuvent acquérir de nouvelles sociétés, en revendre ou en créer sans en faire nécessairement référence en haut lieu. Et ils sont invités à « embaucher plus fort qu'eux ».

Choisir tous ceux dont personne ne veut, et en faire une équipe

« Pendant l'année, je libère les énergies et je fous la paix à mes collaborateurs, indique Jean-Marie Descarpentries. S'il y a des produits et s'il y a des clients pour des produits, il faut tout de suite créer une unité. Les patrons de patrons ne rendent pas de comptes. C'est à eux de sentir à quel moment il convient d'impliquer la direction générale de l'entreprise pour la mettre au courant de leurs projets, ou pour lui demander son aide. C'est en décembre que je travaille le plus, poursuit-il. En fin d'année, je regarde les résultats de chacun de mes plus proches collaborateurs, et je décide de la suite qu'il convient de donner à leurs efforts, leur confier une entité plus importante, ou bien la gestion simultanée de deux unités... » Des collaborateurs triés sur le volet et recrutés selon des critères souvent inhabituels. « Je me souviens d'un livre récent, dont l'auteur avait tenté d'analyser les points communs entre toutes les reprises réussies d'entreprises. Aucune règle commune, sauf une seule, concluait-il. Virer toutes les équipes en place ! Je crois quant à moi qu'il ne faut prendre aucune décision stratégique pendant au moins deux ans quand on arrive dans une entreprise. Ne jamais désavouer son prédécesseur. Avant tout, on doit commencer par apprendre le métier de l'entreprise. Je crois aussi que la clé est d'aller chercher les hommes là où ils sont. Nous avons ainsi chez CMB accordé des promotions fabuleuses. Je me souviens par exemple d'un petit contrôleur de gestion qui

---

« Il faut tout faire pour que rien ne soit jamais figé dans l'entreprise. » (Jean-François Dehecq, Sanofi)

avait été le seul à oser faire une remarque à son patron. Je l'ai pris immédiatement auprès de moi. Je me souviens aussi d'avoir visité toutes les usines du groupe en arrivant chez Carnaud. J'ai choisi le seul directeur qui m'ait reçu en présence de son équipe. Lorsque je lui ai demandé comment il avait constitué son équipe, il m'avait simplement répondu : j'ai pris tous ceux dont personne ne voulait, et j'en ai fait une équipe ! » Dans l'Europe version CMB, ce sont les progrès humains qui entraînent les progrès économiques et financiers, et non l'inverse ! Une stratégie qui se résume en un mot, qu'affectionne particulièrement son leader : Kisss — Keep it simple, small and speedy !

Des sociétés sœurs plutôt qu'une maison mère !

Kisss... Le mot plairait sans doute à Percy Barnevik, formé chez Sandvik, qui dirige à quarante-neuf ans l'empire ABB, emploie 200 000 personnes dans le monde, et a scindé son groupe en 1 000 sociétés et 3 500 centres de profit. « Chacun a son propre bilan et la responsabilité de ses résultats. A raison de trois ou quatre dirigeants par centre de profit, cela fait une armée de 12 000 à 15 000 managers. Si ces gens se sentent motivés et responsables d'une partie des profits, vous disposez alors d'une formidable force de frappe » confie-t-il à *Fortune*. « Evidemment, c'est plus facile à dire qu'à faire. Mais on avance. Il n'y a pas de maison mère, mais des sociétés sœurs. » En un an, il a fait passer les effectifs travaillant au siège de 4 000 à... 100 ! Un chiffre qui donnera sans doute des frissons à certains, mais qui indique on ne peut plus clairement la réalité de ce qui est en train de se passer au sein des entreprises européennes les plus performantes. « Les décisions se prennent toujours au niveau souhaitable, et jamais au-dessus », reconnaît de son côté un manager, qui estime avoir toute latitude en matière de marketing, de recherche et de stratégie. « On peut tout faire, sauf des pertes à répéti-

---

« La rapidité fait partie de notre culture. » (Jean-Claude Boulet, BDDP)

tion ! » Au cœur du système, un processus budgétaire sophistiqué doublé d'un reporting mensuel, qui permet aux cadres de toutes les nationalités de communiquer et de travailler ensemble. La langue officielle ? L'anglais, bien sûr, tandis que le dollar sert de monnaie « domestique ».

« *Small is best* »

P-DG de Novalliance, Alain Mallart fait partie d'une nouvelle race d'entrepreneurs. En moins de dix ans, il est parvenu à constituer un groupe diversifié dans les services aux entreprises réalisant un chiffre d'affaires de 4,5 milliards de francs en 1990. Son idée ? Proposer une alliance capitaliste à une centaine d'entrepreneurs, et créer une grappe de PME liées par un même état d'esprit. Cette souplesse et cette décentralisation lui permettent d'être plus rapide que les « gros » pour saisir les bonnes affaires. C'est ainsi qu'en janvier 1990 il prend le contrôle de Mory-TNTE, le troisième transporteur français, au nez et à la barbe du géant italien Pirelli. Son état-major ? Un groupe de six personnes constitué de jeunes financiers, d'anciens banquiers et d'hommes de terrain rencontrés au fur et à mesure de sa vie professionnelle. Révélatrice de l'état d'esprit qui l'anime, la photo illustrant l'article que lui consacre *L'Expansion.* On ne le voit pas seul et affairé dans son bureau avec deux téléphones à chaque main, mais souriant et en bras de chemise. Entouré de sa bande de « copains ». Tout un symbole. Chez GSI, les notes de service n'existent pas, car les unités opérationnelles sont toujours des petites agences. Elles comptent rarement plus de 50 personnes. Un choix stratégique qui explique peut-être qu'il n'y ait aucune direction du personnel dans ce groupe employant pourtant 2 800 personnes.

Aux Etats-Unis, aucune usine de 3M n'emploie plus de 200 personnes, et aucune n'est implantée dans une grande ville. On considère que les patrons de toutes les divisions doivent connaître le prénom de chacun de leurs collaborateurs. Du coup, on les divise en deux dès qu'elles atteignent un chiffre d'affaires trop important. Au Japon, cette stratégie de division et de conquête porte un nom simple : Bunsha. Un néologisme qui signifie « cellule vivante ». P-DG d'un groupe de quelque trente-neuf PMI autonomes qui emploie trois mille personnes et réalise un chiffre d'affaires de 3,7 milliards de francs (la plus grande d'entre elles, Daisho Denshi, emploie six cents salariés, et la plus petite, Maruchu Digital, vingt-cinq), Kuniyasu Sakai — inventeur du Bunsha — porte sur les managers un jugement sans appel : « Vos flèches manquent de portée parce que spirituellement, vous ne portez pas assez loin. Comportez-vous comme si le but était l'infini. » Vision, quand tu nous tiens...

Il y a toujours un coin de ciel bleu quelque part

Etre petit n'est pas forcément un atout en soi. Bunsha obéit au principe de démultiplication associé à la recherche de liberté. « A chacun son ciel, bleu l'horizon commun », ne cesse de professer Jean-François Dehecq, chez Sanofi, qui a d'ailleurs fait de ce credo le titre de son projet d'entreprise. Une ressemblance frappante avec les idées de Sakai, qui explique que toute entreprise doit être organisée de façon que chacun de ses collaborateurs ait toujours le ciel bleu au-dessus de lui. Depuis la création de sa société dans le Tokyo en ruine de 1947, Sakai était obsédé par l'idée que ses meilleurs éléments risquaient de le quitter pour trouver ailleurs des responsabilités plus importantes. C'est de cette inquiétude qu'a surgi l'idée de la division permanente. « Prenez soin de chaque personne, et si la société devient grande, divisez-la ! » Pour lui, les hommes rapetissent à mesure que l'entreprise grandit. Et leur existence devenant petite, leur travail lui-même devient fastidieux. « La sève ne circule pas partout dans les grands arbres », dit le proverbe japonais... Pour qu'elle irrigue toute l'entreprise, Sakai conseille aux responsables d'aider chacun de leurs collaborateurs à « faire le ciel bleu au-dessus de lui. Le ciel bleu, c'est quand chacun peut relever la tête et

---

« Le palais des illusions ne coûte pas cher à construire, mais il est exposé à tous les vents. » (A. E. Housman)

voir, sans un seul nuage, un ciel parfaitement clair, parfaitement transparent ». Toujours inquiet et jamais totalement satisfait de ses résultats ou de ses performances, il redoute par-dessus tout la certitude. « Il n'y a rien de plus inquiétant qu'un système parfait. Au moment où il devient parfait, un système commence à se dégrader. Un système est bon quand il pousse les hommes, sans cesse, à agir. C'est parce qu'il y a des défauts que la volonté de s'améliorer existe. » Obsédé par la routine et persuadé que l'entreprise doit toujours rester jeune et vivre avec son temps, il a inventé Bunsha pour favoriser l'éclosion de créateurs d'entreprise. « Pour l'entreprise, le point culminant c'est mauvais ! Après le point culminant, il n'y a plus qu'à redescendre ! Curieusement, une entreprise ne vieillit pas si on la tire plusieurs fois en arrière », explique-t-il dans son livre. En prenant le risque d'enlever à l'entreprise ses meilleurs éléments, Bunsha présente un danger pour les deux sociétés. « Les héros ne naissent que dans les époques troublées. Le monde des grandes entreprises n'est pas une époque troublée : c'est une société stable. Dans ce monde-là, il n'y a pas de place pour que puissent naître les héros. Bunsha, c'est un système pour créer artificiellement l'époque troublée et pour faire des héros. C'est en présence du danger que la nature indomptée de chacun s'enflamme et que se réveille l'instinct de conservation des hommes. »

Plus petits. Plus réactifs

Persuadé des bienfaits du chaos et toujours à la recherche d'une nouvelle activité, Sakai redoute pardessus tout l'immobilisme et le confort de l'habitude. « Quand un organisme est trop adapté à son environnement, si cet environnement change soudainement, il ne lui est plus possible de suivre ! Il n'y a rien de plus effrayant qu'un travail pour lequel on n'a pas besoin de faire des efforts, ou auquel on est complètement habitué, comme quand on roule sur une autoroute toute droite. » Et Sakai de conclure : « Les affaires, c'est comme la vie. C'est un pari. Même si l'on a gagné 99 fois de suite, on ne sait pas si l'on gagnera la centième fois. »

Convaincu lui aussi des chances pour l'entreprise de l'éclatement de ses structures, Jean Boissonnat y voit un avantage supplémentaire. « Dans une entreprise de 800 salariés, le moindre mécontent a 799 disciples potentiels. Si vous divisez votre entreprise en unités de 50 personnes, ce même mécontent n'a plus que 49 disciples ! » En France, le système Bunsha a largement présidé en 1986 à la réorganisation de la société de design Carré Noir, qui a choisi de se diviser en une dizaine d'entités autonomes, dirigées de manière bicéphale par un directeur de création et un directeur de stratégie. Le jour où ces entités deviennent trop importantes et emploient plus de vingt-cinq personnes, elles font Bunsha à leur tour, et chargent deux de leurs collaborateurs de démarrer une nouvelle cellule.

Pour répondre rapidement aux attentes nouvelles de leurs clients, Philippe Giry-Deloison suggère dans son rapport que les banques européennes développent des centres d'activité autonomes, identiques à des spécialistes indépendants, dans la production (prêts immobiliers, prêts personnels, Sicav, etc.), dans la distribution (clients haut de gamme, grand public, etc.) et dans le traitement. Tout en rendant chaque centre responsable de sa gestion. Adepte de la philosophie Shamrock, il leur conseille aussi de sous-traiter certaines activités, en fonction des forces et des faiblesses de chaque établissement face à sa concurrence. Dans une telle organisation, le holding aura la haute main sur ce qu'il appelle les « unités de ressources partagées » : diffuser les informations aux clients, coordonner les réflexions stratégiques des unités, nommer et contrôler leurs dirigeants, assurer la gestion de la trésorerie et l'accès au marché des capitaux. Enfin, respecter les exigences réglementaires en matière de capital.

Jean-Louis Beffa a opté pour la spécialisation de ses filiales européennes par centre de compétences. Pour lui, certains métiers sont mondiaux, d'autres régionaux

---

« Aujourd'hui, une entreprise dans laquelle il n'y a pas d'ordre est incapable de survivre, mais une entreprise sans désordre est incapable d'évoluer. » (Bernard Nadoulek)

(i.e. ceux qu'on appelait « nationaux » avant l'avènement du village mondial). Traduisez : la technologie du verre plat est la même partout, tandis que la forme des bouteilles varie d'un pays à l'autre. C'est ainsi que sa filiale allemande assume la responsabilité du développement des fibres de verre pour toute l'Europe, de la recherche à la production. Avec treize usines réparties dans cinq centres de profit entièrement filialisés (le « Centre Europe » pour la France, l'Allemagne, l'Italie et l'Autriche, « Noord Europa » pour la Belgique, la Grande-Bretagne et les Pays-Bas, le « Centre Espana », le « Centre International » pour l'Extrême-Orient, le Japon, la Thaïlande, la Chine, l'Europe de l'Est et l'URSS, et enfin « Conserveurs Associés » pour les marques distributeurs), Bonduelle illustre à sa façon l'intérêt de la stratégie de division. Le Comité de Direction se réunit deux fois par mois, et rassemble la direction générale, le directeur financier, et les responsables des cinq centres de profit. Chaque centre de profit a son comité opérationnel, qui se réunit à son propre rythme. Trois fois par an, un comité de groupe rassemble tout l'état-major européen, soit une cinquantaine de personnes au total, qui bénéficient ainsi d'une totale autonomie de décision en matière de produits, de recrutement, mais aussi d'implantations. Un seul impératif pour Bruno Bonduelle, dont le rôle se résume à coordonner, contrôler et consolider : coller au marché et satisfaire les clients !

« Un éléphant ne peut pas polir un diamant », écrit Kuniyasu Sakai. Tout en finesse et « à la japonaise », il résume ainsi l'un des principaux défis qui attendent les organisations souhaitant entrer victorieusement dans le XXIe siècle. Croître, c'est-à-dire être fidèle à la vocation de l'entreprise, tout en conservant la fougue, l'énergie et le talent de la jeunesse. La solution existe, et passe le plus souvent par une division cellulaire de l'entreprise, qui permet à chacun « d'avoir toujours le ciel bleu au-dessus de lui ». Tous ceux qui ne l'ont pas encore compris pourraient bien en faire l'expérience dans la douleur. En espérant qu'il ne sera pas trop tard...

9

Ce qui vaut la peine d'être fait
vaut la peine d'être bien fait.

Jean-Claude Decaux

Paradoxe n° 9

S'en tenir à ce que l'on sait bien faire

En s'alliant avec des partenaires complémentaires. En sous-traitant tout ce qui peut l'être. En s'entourant de fournisseurs qui partagent ses valeurs. Et en respectant les hommes.

Faire ce pour quoi elles sont les meilleures, et s'y tenir. Durant de nombreuses années, les entreprises européennes ont voulu tout faire elles-mêmes. Devenir leurs propres fournisseurs de matières premières et de matériel. Leurs propres clients, avec la création de magasins pour écouler leur production. Incapables de consacrer à la recherche les mêmes moyens que tous ceux qui auraient pu devenir leurs fournisseurs, ces entreprises perdent peu à peu du terrain, au profit de concurrents qui s'avèrent plus performants et plus rapides qu'eux. Ceux qui ont déjà compris la flexibilité qu'offre la sous-traitance.

En refusant de sous-traiter sa production pendant de nombreuses années, Adidas avait atteint en 1990 un taux de satisfaction des commandes ne dépassant pas 65 %. « On vous livrait des coupe-vent jaunes alors que vous en aviez commandé des rouges. Vous en aviez demandé 400, on vous en livrait 200... Et si vous rouspétiez, vous couriez le risque de ne plus être livré du tout ! », reconnaît Bernard Tapie. A une époque où aucune solution n'est assurée de fonctionner plus de vingt-quatre heures, on ne peut pas plus standardiser une façon de faire ou un processus que la pointure d'un enfant de dix ans pour l'obliger à porter les mêmes chaussures toute sa vie. Sauf exception, l'intégration verticale n'est plus la solution optimale des années vitesse. L'ouverture des frontières regorge d'opportunités nouvelles. Pour acheter comme pour vendre. Pour s'allier et sous-traiter. La valeur ajoutée est désormais dans le concept, et non plus dans la matière.

S'allier avec des partenaires complémentaires

« A la guerre, les morts, on les enterre. En affaires, les morts, on les mange. » C'est par ces propos provocateurs que Michel Ducros, le leader français des épices, définit les nouvelles règles de la compétition en affaires. Quels que soient la taille et le secteur d'activité de l'entreprise dans laquelle vous travaillez aujourd'hui, il y a de fortes chances pour qu'elle soit rachetée, qu'elle rachète elle-même l'un de ses concurrents ou scelle une alliance avec un partenaire complémentaire dans les cinq à dix ans qui viennent. Les alliances, les rachats et les fusions sont en effet plus que jamais à l'ordre du jour. Il suffit de lire la presse européenne pour s'en convaincre. La « vieille Europe » fait preuve, compte tenu de son grand âge, d'une étonnante vitalité à cet égard. La conquête en solitaire du marché européen semble passée de mode. Il est bien sûr trop tôt pour juger du succès de la plupart de ces opérations, tant leur rythme s'accélère à mesure que se rapproche la fameuse échéance de 1992. Certaines d'entre elles ont toutefois déjà échoué, ce qui ne doit surtout pas conduire à en condamner le principe. Mais plutôt à s'interroger sur ce qui en favorise les chances de succès.

« La philosophie enseigne à agir, non à parler. » (Sénèque)

Comparer une alliance à un mariage peut sans doute nous aider. « Est-il selon vous plus facile de vivre avec une femme ou avec une petite amie ? », interroge Carlo De Benedetti, avant d'ajouter : « Avec une petite amie, probablement. Mais normalement, ce n'est pas avec elle que l'on fait des enfants. Il en va de même pour les entreprises ! » En se mariant, chacun apporte généralement la croyance qu'il sera plus fort à deux que seul. Et chacun met du sien pour que le couple fonctionne. Si l'un des époux estime que l'autre ne remplit pas ses obligations (ménagères, financières, etc.), l'autre risque fort de se révolter. Et de l'amener à divorcer. Comme un mariage, l'union de deux entreprises se concrétise souvent par un contrat auquel on ne fait généralement référence que si la relation ne fonctionne pas. « Quand on se marie, c'est qu'on est amoureux, explique Alessandro Ferretti au magazine *A pour Affaires.* On n'a pas envie de penser à la rupture. » Le rôle des avocats consiste pourtant à prévoir le pire. Lorsqu'un couple se sépare, il se déchire systématiquement pour savoir qui reprendra le canapé, la voiture ou l'appartement. Une joint-venture n'échappe pas à la règle. D'où l'importance de prévoir, avant la signature d'un accord, qui reprend quoi en cas de divorce. « C'est terrible, raconte Alain Chardigny, directeur général de LBO France à *A pour Affaires.* Les deux opérateurs sont sur une dynamique commerciale, ils ont envie de parler des nouveaux modèles qu'ils vont faire ensemble. Pour eux, tout est doré. C'est à nous de les forcer à réfléchir aux scénarios catastrophes. On passe malheureusement plus de temps là-dessus qu'à discuter de ce qui va bien. Mais en cas de drame, il faut éviter que l'un des deux se suicide. »

Le succès d'une alliance d'entreprises demande du temps, du respect mutuel, de la tolérance, du dialogue et de l'enthousiasme. Elle se bâtit de façon évolutive. A l'image de partenaires dont les valeurs, les aspirations et

---

« Le génie n'est pas suffisant. A un moment donné, il faut devenir un expert. » (Paul Dubrule, Accor)

les motivations évoluent avec le temps. Il s'agit d'une condition sine qua non. Nul ne peut affirmer aujourd'hui laquelle des deux options — mariage ou union libre — s'avérera la mieux adaptée pour entrer victorieusement dans le prochain millénaire. Partout, des entreprises essaient pourtant de mettre en place des solutions inventives, dont seul l'avenir pourra juger des avantages.

Se tourner vers le futur sans s'inquiéter du présent

Le meilleur moyen de joindre l'infatigable Percy Barnevik est probablement de l'appeler dans son jet privé, qu'il utilise presque chaque jour pour visiter l'un de ses... 3 500 centres de profit répartis à travers le monde (Bunsha oblige !), et qu'il dirige de main de maître. Le patron du géant de l'électromécanique ABB n'a pas chômé depuis la fusion en 1988 du suédois Asea et du suisse Brown Boveri. Jack Welch, le patron de General Electric qui a lui aussi mené une restructuration tambour battant du géant américain, le décrit comme « le plus formidable des adversaires ». Il faut dire que l'homme a de quoi impressionner. Pas question pour lui de se diversifier. Il tient à rester un électromécanicien. Interviewé par le magazine *Fortune France,* il confie volontiers que, pour réussir une fusion, il faut agir vite. « Si nous avions essayé de suivre une procédure normale, à l'américaine, avec une ribambelle d'avocats cherchant des cadavres dans les placards, cela aurait pris des années, et cette fusion n'aurait jamais été menée à bien. [...] On n'a pas le temps d'investiguer en profondeur. La période de transition, celle de la restructuration et des changements, doit être la plus brève possible. Les gens doivent pouvoir se tourner immédiatement vers le futur plutôt que de s'inquiéter du présent. »

Le second producteur mondial d'acier derrière Nippon Steel est français. Son nom ? Usinor-Sacilor. Lorsqu'on demande à Francis Mer, son P-DG, si c'est un avantage pour son entreprise d'être gros, il répond :

« Nous espérons que les années 90 verront le triomphe des judokas sur les boxeurs. » (Patrick d'Elme, Francom)

« Les opérations transeuropéennes ont toutes pour objectif de donner à chacun de nos métiers la taille optimale qui lui permettra de survivre. Aujourd'hui, l'industriel qui avait déjà une dimension dépassant le cadre de son pays ne pense d'ailleurs plus uniquement " Europe ". Il pense " monde ". Pour cela, il doit disposer d'une base solide sur son propre marché intérieur — en l'occurrence, pour nous, l'Europe. » Cette taille ne l'empêche apparemment pas d'être un athlète, et de rester à l'affût des opportunités. En cherchant des débouchés aux produits de l'usine de Fos-sur-mer, les responsables se sont ainsi aperçus qu'il était plus intelligent et moins coûteux de s'allier avec une entreprise italienne, La Magona, installée au bord de l'eau à Piombino, plutôt que de faire remonter la tôle à chaud sur la Lorraine ou sur le Nord. D'où le rapprochement avec le groupe Lucchini, propriétaire de La Magona.

Se fiancer avant de se marier ?

S'allier répond généralement à des impératifs économiques. Au premier rang desquels la nécessité de faire face à un marché désormais global (c'est-à-dire un marché mondial dans lequel le client attend de son fournisseur un produit ou un service global), et la volonté de se protéger d'éventuels raiders, de conserver son indépendance. Dans le grand courant des regroupements, quatre mutuelles d'assurance (la belge Prévoyance Sociale, la suédoise Folksam, l'italienne Unitol et la française Macif) créent une société holding européenne, afin d'harmoniser leurs produits. Pour leur faire écho, cinq autres compagnies d'assurances européennes se rassemblent à leur tour au sein d'un groupement européen d'intérêt économique. Leur point commun : elles s'adressent exclusivement aux fonctionnaires de leur pays. Il s'agit pour l'Allemagne de la Huk-Coburg, pour la Belgique de la Société Mutuelle des Administra-

---

« Le seul objet d'une entreprise, c'est le développement dans la rigueur. » (Jean Gandois, Péchiney)

tions Publiques, pour la France de la Garantie Mutuelle des Fonctionnaires, pour l'Espagne de Nueva Corporacion et pour le Luxembourg des Assurances Mutuelles d'Europe. Jean-Louis Pétriat, président de la GMF, précise l'objectif de ce GIEE : « Répondre efficacement aux nouveaux besoins des sociétés membres, et aux nouvelles demandes de leurs assurés ». C'est ensuite au tour des Caisses d'Epargne de se fédérer au sein du Groupement Européen des Caisses d'Epargne. Réunissant 1 800 Caisses d'Epargne de 16 pays et totalisant 57 000 implantations, elles mettent en avant la force bancaire d'alternance qu'elles représentent au niveau européen. En scellant une alliance qui préserve leur identité respective, celle d'un Renault « généraliste » et d'un Volvo « spécialiste du haut de gamme », les deux partenaires constituaient le quatrième groupe industriel européen (tous secteurs confondus), et se donnaient les moyens de rester dans la course face aux Japonais et aux Américains. Simple association ou fiançailles avant un probable mariage ? Ce qui importe surtout pour le moment, aux yeux de Pehr Gyllenhammar, est « d'être sorti de la logique qui consiste à manger ou à être mangé. »

Les alliances peuvent aussi être nautiques, comme en atteste le mariage du français Jeanneau (dont les salariés détiennent la majorité du capital depuis le RES mené par LBO France en 1987) et de l'italien Ferretti Craft. A travers une joint-venture 50-50, enregistrée aux Pays-Bas. Le siège est situé en terrain « neutre », sur les rives du lac Léman. Les deux entreprises ont donné naissance à Yarding Yacht, dont le nom ne veut rien dire, même en anglais. Le mariage de deux cultures autant que de deux sociétés : culture de la voile et du moteur, rendue possible par la solide amitié qu'ont nouée Yves Dominioni, récemment nommé directeur général de Jeanneau, et Ferrucio Bonazzi, nouveau numéro trois de Ferretti. Compte tenu des spécificités des deux partenaires, les rôles ont été relativement

---

« Nous attendons d'un miracle européen qu'il nous dispense des efforts obligatoires dans un cadre national. » (Alain Minc)

faciles à répartir. La conception des bateaux se fera à Forli, au sein de Ferretti Engineering. Leur fabrication aux Herbiers, dans les chantiers de l'entreprise vendéenne, beaucoup plus rompus que ceux de son partenaire aux productions industrielles. Une amitié qui n'empêche pas pour autant les incidents, tel celui qui s'est produit au cours d'une visite rendue par Norberto Ferretti dans les ateliers de Jeanneau pour vérifier les finitions du Yarding Yacht 27 devant être exposé trois jours plus tard au Salon de Paris, ... et qui a bien failli mener à la rupture, l'Italien refusant d'associer son nom au travail des Français ! Comme dans un mariage, la vie quotidienne d'une alliance n'est pas de tout repos...

Chez nous, c'est chez vous !

S'allier peut aussi répondre à des impératifs politiques. En fusionnant avec l'américain SmithKline, le britannique Beecham souhaitait éviter que d'éventuelles mesures protectionnistes prises par les Etats-Unis ne viennent un jour ralentir son développement outre-Atlantique. De son côté, SmithKline voyait dans cette fusion un véritable « cheval de Troie ». Elle lui permettait d'entrer dans la « Forteresse européenne » avant qu'elle ne ferme son pont-levis pour en interdire l'entrée aux vilaines américaines, selon la théorie couramment répandue en Amérique. Grâce à leur regroupement au sein de SmithKline Beecham Corp., SmithKline est désormais européenne en Europe, et Beecham américaine aux Etats-Unis. Créateur à vingt-trois ans de la marque de lunettes « branchée » Mikli, Alain Miklitarian réalise douze ans plus tard 70 % de son chiffre d'affaires à l'étranger. Pour y parvenir, il n'a pas craint de s'allier avec beaucoup plus gros que lui. Avec ses 120 salariés et ses 62 millions de chiffre d'affaires, il s'est ainsi associé avec le lunettier japonais Sunreeve (600 millions de chiffre d'affaires) pour conquérir le Japon et le Sud-Est asiatique. Il dessine et produit également des lunettes pour l'américain Bausch and Lomb (Ray Ban). Sans contact avec les deux grands français du secteur, Essilor et L'Amy, c'est avec les Italiens que le boulimique Mikli signera ses prochains contrats.

On peut être deux leaders, et ressentir quand même le besoin de s'allier. Coca Cola et Cadbury-Schweppes, respectivement numéro un (17,3 %) et deux (6,5 %) sur le marché européen des softs-drinks, ont récemment décidé de construire une usine commune de remplissage et de sertissage de boîtes de boissons, située en Angleterre. Les mêmes chaînes produiront ainsi les boîtes métalliques de Perrier, Schweppes, Gini, Canada Dry, Oasis, Atoll, Bali, Coca Cola, Fanta, Sprite, etc. Même volonté d'alliance lorsque *Le Monde, The Independent, Süddeutsche Zeitung, Corrierre della Sera, El Païs, NRC Handelsblad,* et *Le Soir* publient en commun une rubrique d'offres d'emploi européenne baptisée CEE, comme… Carrières Européennes Entreprises.

De telles alliances imposent souvent à leurs protagonistes d'oublier des années de rivalité et de concurrence. C'est ainsi que, fin 1987, les frères ennemis européens, Thomson, Philips et Bosch, décrètent « l'Union Sacrée » face au standard nippon de TV Haute Définition (TVHD). Siemens, SGS et Thomson, dans le secteur stratégique des composants, créent le groupement Jessi. François Michelin s'allie en 1988 avec son concurrent italien de toujours, Leopoldo Pirelli, afin d'empêcher un Japonais de mettre la main sur les six usines européennes de Firestone. Frantour (filiale tourisme de la SNCF), Fram et Sotair (filiale d'Air France), dépassent leurs clivages pour créer des produits de voyages en commun. Sotair « pactise » avec la filiale française du tout-puissant tour-opérateur allemand TUI (Touristik Union International), Air-Touropa-Cruisair, afin de développer en commun le logiciel de vente Atoll.

Quand les petits se mettent à tutoyer les grands

Parce que l'acquisition est l'une des stratégies de croissance les plus rapides, les PME européennes se lancent elles aussi dans le shopping d'entreprises. Avec talent et sans complexe. L'un des faits marquants de la

---

« Comme une armée, un pays, une Eglise, l'entreprise a besoin d'un leader. » (José Ferrer Sala, Freixenet)

vague d'alliances qui a saisi l'Europe est en effet la prise du pouvoir par les poids moyens, voire par les petits. Legris achète Potain, Dynaction rachète Feralco, Labinal reprend Turboméca, Tecnoma et Berthoud se marient, et le géant IBM s'appuie sur un réseau d'agents pour mieux répondre aux attentes de ses clients. Directeur général d'IBM France, Claude Andreuzza décrit dans une interview à *Grandes Lignes* la politique de partenariat de Big Blue, qui a poussé la grande et vénérable multinationale à s'allier avec beaucoup plus petit qu'elle, afin de vendre au client des solutions plutôt que du matériel : « Une solution implique la nécessité de devoir agréger d'autres talents que ceux d'IBM pour pouvoir bien répondre à un client. Alors, nous nous associons à ceux qui ont un talent spécifique : des agents agréés ; des revendeurs sur un marché unique ; des co-entrepreneurs ; etc. » Et d'ajouter : « Nous nous concentrons sur notre vrai métier, et nous allions à ceux qui ont du talent. Notre partenariat avec des co-traitants (et non des sous-traitants) n'est pas une diversification déguisée, c'est une complémentarité, un élargissement. »

Au moment où les grands groupes combattent les pesanteurs bureaucratiques, les petits courent après les leviers financiers nécessaires à leur développement. Le Groupement d'Intérêt Economique Européen, de conception récente, semble particulièrement adapté aux cas des PME, qui souhaitent établir des relations souples à l'intérieur d'un cadre juridique et administratif minimal. Le GIEE leur permet en effet de mener des recherches en commun, de commercialiser des brevets, de regrouper leurs achats et de passer des accords de distribution, de coordonner leur production et leur logistique de transport. Et de conclure des joints-ventures avec des partenaires extérieurs à la CEE.

« Etablir des réseaux, c'est constituer l'expérience mobilisable de l'entreprise, son capital immatériel », estime Jacques Chaize. Constituer des réseaux est une nécessité d'autant plus urgente que l'entreprise est de petite taille et que ses moyens ne lui permettent pas de se lancer à son tour dans la course aux rachats qu'affectionnent aujourd'hui les grands groupes. Ce qui compte alors est de s'associer à des partenaires complémentaires en termes de produits, de méthodes de marketing, de circuits de distribution ou de présence géographique. C'est ainsi qu'une entreprise italienne offrant une large gamme de produits vidéo, mais ne disposant pas de réseau de distribution aura intérêt à s'allier en France, en Grande-Bretagne et en Allemagne à des partenaires locaux possédant d'excellents réseaux de distribution, mais une gamme de produits plus limitée. En s'associant avec le géant allemand Mannesmann, l'anglais TI renforce sa présence en Europe continentale, tandis que son partenaire accentue sa présence au Royaume-Uni et aux Etats-Unis.

Avoir le désir d'apprendre

Même philosophie à la Royal Bank of Scotland et chez l'espagnole Banco Santander. Elles ont rejeté l'hypothèse d'un rachat jugé aussi inutile que dangereux pour parvenir à leurs fins : s'introduire sur leurs marchés respectifs sans vivre les affres d'une fusion. Pour rendre une alliance durable, la barre de ce qu'on en attend de part et d'autre ne doit pas être placée trop haut. A l'image du rapport qui s'établit entre les attentes d'un client et son niveau de satisfaction, les espoirs que l'on met dans la balance comptent beaucoup dans le succès ou l'échec d'une alliance. Il est tout aussi important de déterminer les attributions de chaque partenaire. Il existe toujours en effet une zone « grise » et floue où se termine l'une des deux entreprises, et où commence l'autre. L'une des principales difficultés provient souvent d'erreurs commises à l'intérieur de cette zone. Les réunions mixtes favorisant les échanges d'idées sont essentielles à ce processus. Des réunions stratégiques se tiennent chaque mois en alternance à Edimbourg et à Madrid entre la Royal Bank of Scotland et la Banco Santander. Des liaisons vidéo permettent plus fréquemment encore aux échelons intermédiaires de la hiérarchie

---

« Dans la vie, on ne fait bien que ce que l'on a fait avant l'âge de trente ans. » (Jacques Bojin, ABC Group)

de peaufiner les détails de certains projets. « Apprendre à manager cette relation constitue le véritable talent », confie George Mathewson, directeur du planning stratégique de la banque écossaise. « Les occasions de malentendus sont innombrables, mais nous apprennent beaucoup. » C'est ainsi que l'ordre du jour d'une réunion fut une fois diffusé dans l'une des deux banques sans l'accord préalable de l'autre, et qu'une solution compliquée fut un autre jour rejetée de façon unilatérale par un chef de projet. Dans les deux cas, l'objectif était de gagner du temps et d'éviter toute bureaucratie. Mais ces deux incidents furent vécus de part et d'autre comme les signes avant-coureurs d'une volonté de prise de pouvoir ! Il en faut peu, au quotidien, pour faire échouer de telles alliances. « Les Espagnols ont un profond désir d'apprendre, poursuit Mathewson. Nous autres Anglais sommes beaucoup plus réticents à copier les qualités des autres, mais j'ai toujours cru au plagiat, et ce type d'alliance offre une occasion formidable de le mettre en pratique ! »

Respecter l'autre

S'allier avec des partenaires qui vous ressemblent. C'est la démarche entreprise par Antoine Guichard. Pour preuve, les accords conclus par Casino avec le britannique Argyll et le néerlandais Ahold, qui se sont accompagnés d'un échange de participations. A travers l'European Retail Alliance (ERA), Casino, Argyll et Ahold contrôlent à 60 % une autre organisation, Associated Marketing Services (AMS), à laquelle adhèrent d'autres distributeurs européens, comme Migros (Suisse), Dansk Supermarket (Danemark), La Rinascente (Italie), Keko OY (Finlande), Allkauf (Allemagne), ICA (Suède), Mercadona (Espagne) et quelques autres, à raison de 5 % chacun. Cette association se veut une puissance d'achats, certes, mais également une puissance de services et de partenariat auprès des

---

« Organiser, ce n'est pas mettre de l'ordre. C'est donner de la vie. » (Jean-René Fourtou, Rhône-Poulenc)

producteurs. Qui a dit que l'Europe des distributeurs n'existait pas ? En acquérant les activités télécommunications de Fiat, en échangeant du capital avec le géant italien et en cédant à Giovanni Agnelli les activités batteries de la CGE, Pierre Suard a démontré que la diplomatie valait désormais mieux que les coups de force. Avant la fusion de Carnaud et de Metal Box, le marché européen de l'emballage était très fragmenté : 23 % seulement du marché était détenu par les 10 plus gros, et le leader faisait 3 % seulement. Un marché dont les clients, qu'ils opèrent dans l'industrie, les cosmétiques, l'alimentaire ou les boissons, partagent tous la même exigence : ils veulent des fournisseurs européens, voire mondiaux, pour bénéficier d'économies d'échelle, d'importants efforts de recherche, et d'un service global. « A une époque où les unions se font de moins en moins contre l'avis de l'un des conjoints, il convient aussi de respecter l'autre et de ne pas heurter les sensibilités. » Peu de temps après leur fusion « à froid » (Jean-Paul Parayre et Jérôme Monod se connaissent et s'apprécient depuis plus de vingt ans), Dumez et la Lyonnaise des Eaux ont décidé de conserver le logo jaune de Dumez, qui flotte sur ses grues de chantier dans le monde entier. « Dénaturé avec un peu de bleu », pour symboliser le métier de l'eau...

Volonté de croissance... ou d'indépendance ?

Mais il ne faudrait pas croire que, pour se développer, les entreprises européennes doivent automatiquement se marier ou se dévorer. Qu'il s'agisse de PME n'ayant pas les moyens d'avaler leurs concurrents ou de grands groupes ne souhaitant pas aliéner leur indépendance, beaucoup choisissent l'union libre plutôt que le mariage. La tendance est ainsi plus souvent au partenariat stratégique qu'aux acquisitions. « Notre capacité à appuyer la stratégie d'Air France sur un réseau d'alliances solides, partout dans le monde, sera un élément déterminant pour l'avenir, explique Bernard Attali. Dans les années qui viennent, Air France doit se choisir un ou deux grands amis en Europe, mais aussi un ou deux grands amis aux Etats-Unis et en Asie. Notre vocation est mondiale. Si le président d'Air France n'était pas aujourd'hui en négociation avec des compagnies américaines, il ne ferait pas son métier. Nous ne pouvons pas arrêter notre vision stratégique à l'Europe. » Et d'ajouter : « Nous devons apprendre à vivre dans l'instable, et notre vitesse de réaction va désormais constituer une qualité essentielle. » Bien sûr, Air France a racheté Air Inter et UTA. Mais la compagnie nationale française a également conclu un accord de partenariat avec Lufthansa (dont la marge de manœuvre ne cesse de se renforcer, le contrôle exercé par l'Etat allemand sur Lufthansa venant de passer de 64,5 % à 51,6 %, par le biais d'augmentations de capital non souscrites par Bonn). Du coup, la compagnie doit aujourd'hui digérer — et gérer — sa croissance. Tout en gardant un œil attentif sur une concurrence qui, elle aussi, s'organise et se structure. « Nous recherchons avant tout des stratégies d'alliance équilibrées et durables. Et non pas des regroupements internationaux plus ou moins spectaculaires, parfois mis en œuvre avec l'arrière-pensée de dominer son ou ses partenaires. » Au moment où Français et Allemands rapprochent leurs cycles de formation et leurs plateaux-repas, Anglais et Américains échangent quant à eux... des passagers.

A peine privatisée (son changement de statut date de février 1987), British Airways a mis la main sur British Caledonian (pour 250 millions de livres), et acquis 35 % de Sabena (la compagnie belge dont les passagers savent qu'elle mérite parfois son surnom : « Such A Bad Experience, Never Again ! »), s'assurant ainsi une hégémonie européenne durable. Pilotes d'une entreprise privée, Lord King et son directeur général Sir Colin Marshall peuvent envisager en toute liberté de futures alliances. Dans le même temps, le très médiatique Jan Carlzon négocie des prises de contrôle au Chili et en Argentine, Jan de Soet rapproche KLM de Sabena, et Heinz Ruhnau, président de Lufthansa, négocie avec American Airlines, l'un des plus beaux fleurons améri-

---

On se relève de tout si on en a la volonté. » (Jean Boissonnat, L'Expansion)

cains du transport aérien, qui doit recevoir un appareil neuf tous les cinq jours au cours des deux prochaines années...

D'autres alliances « aériennes » ont également été scellées, telle celle qui a abouti à la création d'Amadeus Développement, installé à Sophia-Antipolis, et qui regroupe 170 informaticiens représentant quelque vingt nationalités. Créée par quatre compagnies aériennes européennes (Air France, Ibéria, Lufthansa et SAS) pour offrir des solutions informatiques de réservation aux agences de voyage réparties à travers le monde, l'entreprise représente à elle seule un véritable « laboratoire européen ». Elle a déjà gagné la première étape de son pari, en attirant dans le sud de la France les meilleurs spécialistes européens. Mais elle devra, pour le gagner complètement, savoir les retenir, en veillant à ce que perspectives de carrière, niveau de rémunération et qualité de l'environnement de travail ne donnent pas envie à ces oiseaux rares d'aller voler sous d'autres cieux.

Sous-traiter tout ce qui peut l'être

Connaissez-vous le « body shopping » ? C'est le nom donné par certains économistes à un phénomène qui va prendre une importance croissante au cours de la décennie. Il s'agit de la délocalisation sous-traitée d'activités bureautiques et informatiques dans les régions d'Europe et du monde les moins développées. Résultat : une main-d'œuvre meilleur marché, et de meilleurs coûts de revient. La modernisation des réseaux téléphoniques mondiaux et la réduction relative du prix des communications ont largement favorisé l'explosion du body shopping, qui permet en outre aux entreprises de se concentrer sur l'essentiel de leurs activités.

« Il faut que les meilleurs se dépassent encore. » (Jacques Calvet, PSA)

L'avènement du « turn-around manager »

Revenons un instant à nos différentes feuilles de l'entreprise shamrock. Bien sûr, elles appellent toutes un management spécifique. L'une des décisions les plus difficiles à prendre est de savoir qui doit appartenir au noyau dur, et qui doit s'intégrer à la feuille des sous-traitants ou à celle du personnel intérimaire. Cette décision doit généralement être prise après une réflexion stratégique sur la façon de « faire la même chose autrement ». Faites-vous même le test, et imaginez que vous ayez délégué l'intégralité des activités qui constituent votre propre mission au sein de votre entreprise. Réfléchissez ensuite aux trois activités que vous souhaiteriez absolument récupérer. Charles Handy raconte qu'une telle réflexion menée au sein d'une entreprise avait conclu que les seuls éléments permanents indispensables à son fonctionnement était son président... et un téléphone de voiture ! Et encore, plus pour très longtemps, car une agence de services intérimaires new-yorkaise propose déjà des P-DG en location de courte durée, notamment pour redresser une entreprise ! On les appelle là-bas des « turn-around managers ». Un marché — celui de la location de matière grise — qui fait son apparition en Europe, et notamment en France — avec des entreprises comme Management Partenaires —, où les offres de mission ponctuelle se multiplient à une vitesse étonnante. Tout comme se multiplie la pratique des PCPE, c'est-à-dire des « Partenaires Commerciaux Pluri-Entreprises », qui partagent leur temps entre plusieurs entreprises et consacrent un ou plusieurs jours par mois à chacune d'entre elles.

Quand les distances n'existent plus...

On n'embauche plus un individu pour accomplir un travail au sein d'une entreprise. On envoie désormais du

---

« Les années 1990 s'annoncent comme une terre de découvertes que les pionniers aborderont sans carte. » (Michel-Edouard Leclerc, Leclerc)

travail au moyen des technologies de communication les plus sophistiquées à un individu que l'on ne connaît pas, et qui vit à plusieurs milliers de kilomètres de soi. La distance n'a plus aucune importance. De nombreuses compagnies d'assurances, mais aussi des banques ou des entreprises qui fabriquent des logiciels transmettent désormais toutes leurs activités de saisie et de traitement à des « pools » de travailleurs répartis à travers le globe. Indien d'origine, diplômé de l'université de Sheffield, Chand Kaul a compris l'utilité de faire appel à ses compatriotes pour résoudre les problèmes informatiques des entreprises occidentales. Cet informaticien, qui avoue volontiers se sentir à l'aise partout, mais chez lui nulle part, a des partenaires aux Etats-Unis, en Suisse, en France, mais surtout en Inde, où il est associé à Datamatics, qui emploie sept cents personnes. Tout comme l'Inde, les Philippines, le Maroc, la Tunisie et Israël exportent désormais eux aussi leur matière grise. L'Europe — et particulièrement l'Europe de l'Est, très inventive en la matière — n'échappe pas à ce phénomène initié par les Américains, puisque des régions entières ou des pays comme l'Irlande (avec laquelle travaillent des entreprises comme New York Life, Metropolitan Life et McGraw Hill), la Grèce, l'Ulster, le Portugal, l'Espagne et l'Italie accueillent déjà volontiers ces emplois souvent providentiels. En Europe, des entreprises comme Business Intelligence Systems (BIS) Banking Services, basée au Luxembourg, ont elles aussi compris l'intérêt qu'il y a à diminuer ses prix de revient tout en se concentrant sur son métier. BIS fait ainsi créer des logiciels spécifiques pour ses clients en Ulster, où sa filiale BIS Beecom emploie 75 personnes. Mais BIS ne se limite pas à l'Europe, et fait déjà concevoir des programmes à Hong Kong, avant de faire appel à des informaticiens basés en Inde et aux Philippines.

« Il faut inventer une écologie de l'information, afin de préserver le juste équilibre. » (Bruno Lussato)

Les exemples ne manquent pas pour illustrer cette tendance. Chez Intexal, la division « vêtements » du groupe Prouvost, numéro deux du textile français, douze petits ateliers de confection se sont créés à proximité de son site de production à Cambrai. Douze entreprises de sous-traitance lui permettent à la fois d'éponger une partie des sureffectifs et d'assurer une production à moindre coût. Ce sont ainsi près de 160 ouvrières des unités de confection d'Intexal qui, depuis 1987, se sont lancées dans l'aventure de la création d'entreprise. Aux Etats-Unis, Eastman Kodak décide de confier à IBM la gestion de ses quatre centres de traitement informatique et de ses trois cents informaticiens. En France, Carrefour sous-traite l'ensemble de sa communication interne et externe à Patrick d'Elme et à ses collaborateurs. A Sochaux, Peugeot sous-traite à une entreprise locale l'entretien de ses espaces verts. Un parc de voitures de direction coûte cher à entretenir (achat, entretien, assurance, salaires des chauffeurs, etc.) ? Installée dans le quartier d'affaires de la Défense, Pass'y offre désormais aux hommes d'affaires un service traditionnellement assuré par l'entreprise elle-même, grâce à une utilisation originale de l'informatique. Chaque société cliente se voit remettre un jeu de cartes d'identité personnelles et informatisées. L'utilisateur présente sa carte au chauffeur au début de chaque parcours, lequel l'introduit dans un petit ordinateur capable de mémoriser tous les paramètres du déplacement : durée, parcours, horaires, coups de téléphone, etc. Une facture détaillée est envoyée chaque mois à l'entreprise, qui bénéficie ainsi d'une totale flexibilité. Les véhicules sont des Renault 25 sans aucun signe extérieur distinctif. Elles sont équipées de téléphone, de journaux du jour (français et anglais) et de quoi écrire.

« Pour que les gens travaillent bien ensemble, c'est le projet qui compte, pas la nationalité. » (Hervé Gallaire, European Computer Research Center)

Le transport, c'est le nerf de la compétition que se livrent les entreprises en Europe. Du coup, de nouvelles relations sont en train de se nouer entre les transporteurs, qui élargissent de plus en plus le champ de leurs prestations (stockage, manutention, formalités de douane, etc.). Comme le souligne un article de *L'Entreprise*, le camionneur devient livreur, et donc « ambassadeur » de l'entreprise auprès de ses clients. En contrepartie, l'entreprise doit être prête à établir des relations de partenariat avec son transporteur. Il n'est pas rare non plus, pour des raisons de rentabilité, que le transporteur sous-traite lui-même le transport de votre précieux colis à une autre société. Didier Touret, directeur général de Darnal, distributeur de meubles en France, confirme cette évolution : « A nos débuts, nous avions nos propres camions, conduits par nos propres chauffeurs. Puis, nous avons loué des camions. Aujourd'hui, nous sous-traitons tout notre transport. » Précisons que cette sous-traitance n'est pas une manière de se « décharger du problème » sur son partenaire. Au contraire. Darnal forme les futurs camionneurs chargés de livrer et d'installer ses produits. Et leur apprend pendant une semaine le montage des meubles. Cela est d'ailleurs complètement « transparent » pour le client. Les camions et les conducteurs portent les couleurs Darnal. Même démarche pour Siemens, qui confie à Heppner (1 700 salariés en Europe, 1 milliard de francs de chiffre d'affaires) le soin d'installer ses appareils électroménagers. Son P-DG, Jean Schmitt, confirme dans *1 000 jours pour réussir l'Europe* que les problèmes de transport en Europe se résument souvent à des problèmes de paperasserie. « Dans ma société, nous traitons 9 000 dossiers internationaux par mois. Cette seule activité occupe un étage de 1 000 mètres carrés. Par comparaison, nous traitons, pour la France seule, 40 000 dossiers par mois ; or, cette activité occupe à peine le quart d'un étage. »

« Chacun de nous est coupable de tout envers tous. » (Dostoïevski)

La révolution technologique en cours oblige les distributeurs européens à redéfinir leur métier de base, et des pays comme la Grande-Bretagne et les Pays-Bas possèdent dans ce domaine une avance sérieuse sur la France ou l'Allemagne. Dès la fin des années 70, le leader britannique Sainsbury livrait déjà de nombreux produits à ses magasins à partir d'une plate-forme, tout comme d'ailleurs son homologue néerlandais Albert Heijn, alors que les Français privilégiaient encore la livraison en direct par les producteurs. Le développement actuel des plates-formes permet désormais aux chefs de rayon de consacrer davantage de temps à leurs clients et à leurs collaborateurs, et aux directeurs de magasins de mieux s'occuper des aspects organisationnels et stratégiques de leur métier. Considérant que logistique et distribution sont deux métiers différents, Marks & Spencer sous-traite à une société indépendante, la BOC (British Oxygen Company), l'ensemble de sa logistique, à partir d'une plate-forme qui n'a que quatre heures de stock en permanence.

A Euromarché, on compte aujourd'hui beaucoup sur l'approche logistique pour rationaliser des livraisons souvent approximatives, et redresser la barre d'une entreprise qui en a bien besoin, après les nombreuses tempêtes qu'il lui a fallu affronter. Son directeur de la logistique, Gérard Guérin, a lui aussi choisi la solution du « tout en sous-traitance ». Organisés autour de sites logistiques par type de produits, transport, manutention et stockage sont confiés à des entreprises prestataires, sous le contrôle permanent des membres de son équipe. « Ce système nous permet de travailler en flux tendus, c'est-à-dire que nous connaissons les besoins précis des magasins à l'instant T, et que les produits sont expédiés à T + 3 minutes », explique-t-il. Elimination de l'investissement immobilier, optimisation du poids des palettes,

---

« Si tu peux rencontrer triomphe après défaite, et recevoir ces deux menteurs d'un même front, alors tu seras un homme mon fils. » (Rudyard Kipling)

économies de transport, suivi très pointu des opérations promotionnelles, les avantages semblent chaque jour plus nombreux. « Cela nous permet surtout de revenir à notre véritable métier de distributeur, qui est de dégager le meilleur prix de revient pour les produits. » Côté fabricants, on opte parfois pour une solution mixte. C'est ainsi que Johnson France, fabricant de produits d'entretien, utilise les services de sociétés extérieures pour le transport de ses produits, à partir d'un entrepôt central dont il conserve la maîtrise.

A métier spécifique, compétence spécifique

A la Défense, les équipes qui distribuent le courrier dans les bureaux d'IBM « ont le goût d'IBM, les couleurs d'IBM, mais ne sont pas d'IBM ». Comme beaucoup d'autres entreprises, Big Blue utilise en effet désormais le service TICE (Traitement Intégré du Courrier d'Entreprise), proposé par Chronopost, pour optimiser la diffusion de son courrier à l'intérieur même de l'entreprise. De son côté, Chronopost sous-traite son standard téléphonique à une société extérieure. « Pourquoi voudriez-vous que je consacre du temps à m'occuper du remplacement ou des problèmes de telle ou telle standardiste malade ou retenue chez elle par un enfant souffrant, alors même que des professionnelles très bien formées m'assurent une prestation identique à tout moment de l'année ? », s'amuse François-Marie Geslin, directeur des ressources humaines de l'entreprise, qui ajoute : « Mon rêve serait d'être un DRH sans personnel... » Toujours à La Défense, l'assureur UAP délègue quant à lui la restauration, mais aussi la sécurité et la maintenance. « Et ce n'est qu'un début... », confie Roger Moiroud, directeur de la qualité du service aux clients, un poste crée par Jean Peyrelevade, P-DG du géant français de l'assurance. France Télécom met en œuvre et gère pour le compte de la BNP l'ensemble des communications et des connexions de ses réseaux infor-

---

« Il n'y a pas de pire ennemi que soi-même. » (Léonard Lauder, Estée Lauder)

matiques en France et au niveau international, grâce à des accords de guichet unique passés avec des opérateurs tels que British Telecom, AT&T et NTT.

Après avoir été le premier Américain à profiter dans les années 70 de la dérégulation aérienne et du mauvais fonctionnement de la poste américaine, Fred Smith, le nouveau « King » de Memphis, est aujourd'hui à la tête d'un véritable « empire de l'urgence ». Pour répondre à l'intensification des échanges internationaux et à la généralisation des méthodes de flux tendus, Federal Express propose désormais à ses clients non seulement de transporter, mais aussi de stocker pour eux. Déjà, IBM et Volvo ont passé avec Fedex des accords les déchargeant de façon totale ou partielle de la gestion des pièces détachées et de leur acheminement. Fedex a également créé à Memphis une « banque de pièces détachées » (Partsbank), qui tient 24 heures sur 24 à la disposition de ses clients des pièces détachées vitales : altimètres d'Airbus, cœur artificiel, etc.

Dans le monde hôtelier comme dans celui des compagnies aériennes, de très nombreuses entreprises sont en train de comprendre que le savoir-faire principal d'un groupe n'est pas de gérer un patrimoine (immobilier ou parc d'avions), mais d'offrir à ses clients une prestation de service, de réservation, de transport, de restauration, d'accueil, d'information, etc. Du coup, elles laissent à des entreprises dont c'est le métier (telles que des compagnies d'assurances, des banques, des sociétés spécialisées dans le leasing d'appareils, des investisseurs privés, etc.) le soin d'investir dans des murs ou des appareils, et concentrent tous leurs efforts et tout leur talent sur ce qu'elles savent faire. A l'avenir, rien n'empêche de penser que les constructeurs automobiles se concentreront sur la carrosserie, l'emballage et la distribution de leurs voitures, toutes les pièces détachées étant fabriquées et livrées par des sous-traitants. De la restauration collective à la gestion de trésorerie, en passant par la matière grise des consultants, le nettoyage

---

« Nos meilleurs actifs, ce sont les idées. » (Giulio Penzo, Benetton)

industriel, le gardiennage, la mise sous plis, l'entretien des ascenseurs, l'offre de solutions « globales » mises à la disposition des entreprises explose, services compris. Pour se décharger d'un problème annexe et gagner en souplesse tout en s'assurant un niveau de qualité que seul un spécialiste peut offrir, les entreprises européennes ont compris qu'elles ont tout intérêt à faire appel à ces compétences externes plutôt qu'à faire elles-mêmes ce pour quoi elles ne sont pas compétentes.

Sous-traiter à son rival ce qu'il fait mieux que vous

L'histoire d'Apple Computer illustre fort bien cette tendance. Sa compétence première résidait dans sa capacité à créer un ordinateur « user-friendly » et « easy-to-do-business-with » plutôt qu'à en assurer la production. La firme de Cupertino a donc décidé d'assembler des microprocesseurs achetés à Synertek, des puces commandées à Hitachi, Texas Instruments et Motorola, des moniteurs TV de chez Hitachi, des systèmes d'alimentation de chez Astec, et des imprimantes made by Tokyo Electric. Le design des micro-ordinateurs fut confié à Frogdesign, la création des logiciels à Microsoft, la promotion des produits à Regis McKenna, et leur distribution à ITT et Computer Land. De la même façon, il est intéressant de rappeler ici que les réseaux de cartes de crédit américaines MasterCard et Visa ont décidé que leur compétence première résidait davantage dans leur capacité à convaincre commerçants et clients à utiliser leur carte et à leur offrir des services personnalisés que dans l'enregistrement et le traitement de leurs transactions. Du coup, les deux rivales sous-traitent une partie de cette activité à First Data Resources, une filiale du troisième acteur incontournable de ce métier, American Express, dont les services sont pourtant directement concurrents.

Un nombre croissant d'individus travaillera demain

« Si nous n'atteignons pas nos objectifs, ce ne sera pas la faute des Coréens, mais la nôtre. Nous aurons été mauvais. » (Jérôme Seydoux, Chargeurs SA)

dans de petites ou moyennes entreprises de service. Souvent d'ailleurs en tant qu'entrepreneurs. Beaucoup offriront des services dont nous ne soupçonnons pas encore l'existence. Pionnier d'une tendance qui s'affirme chaque jour davantage, Jean-Pierre Guédon a proposé dès 1976 à ses chauffeurs-livreurs de se mettre à leur compte, et de travailler pour l'entreprise de transport express qu'il venait de créer à Lille ; Taxis-colis. La société commercialise l'activité, distribue les courses, gère une centrale d'achat et dispense conseils et formation. Le résultat ? Une croissance... express !

S'entourer de fournisseurs qui partagent ses valeurs

Sous-traiter tout ce qui peut l'être et se recentrer sur son métier ne signifient pas abandonner toute stratégie de diversification. Notamment celle qui doit obligatoirement résulter, dans chaque métier, de l'évolution technologique. Dans un monde de plus en plus concurrentiel, cela suppose en revanche de s'entourer de fournisseurs et de partenaires qui partagent ses valeurs. « Et le gagnant est... » Dans cet esprit, certaines entreprises vont jusqu'à organiser des manifestations de remises d'oscars à ceux de leurs fournisseurs qui leur apportent les services et les produits de meilleure qualité. C'est ainsi que le 28 juin 1990 à 18 heures, Marcel-Henri Louvet, P-DG d'Unisys France, récompensait au Pavillon Gabriel dix-sept entreprises sélectionnées parmi les quelque 600 fournisseurs de l'entreprise. Kees van Ham, avant d'être secrétaire général de l'EFQM (European Foundation for Quality Management), était responsable du programme qualité chez Philips. Il explique : « Le succès complet du programme Qualité entrepris chez Philips depuis 1983 dépend également de nos fournisseurs et de leur capacité à adopter les mêmes pratiques que nous en termes de gestion de la qualité. Nous sommes une entreprise européenne, et nous tenons fermement à rester en Europe. Mais tout cela dépend de la capacité de nos partenaires à être plus efficaces et plus

---

« La morale va au-devant de l'action. » (Chateaubriand)

intéressés à nous fournir des produits et des services de meilleure qualité. »

Constituer un réseau d'échange et de complicité

« Nos partenaires d'aujourd'hui ne feront demain une longue route avec nous que si nous savons constituer un réseau de complicité et d'échange », estime Bernard Attali. « Les exigences croissantes de nos clients, en matière de qualité de service, n'ont rien à voir avec la création d'un grand marché, ou la rencontre de nouveaux concurrents », nous explique de son côté Claude Abraham. « Elle est liée à la prise de conscience, au sein des grandes entreprises, du rôle de la fonction transport dans le processus d'approvisionnement, de fabrication, de distribution. Nous avons préparé cette évolution en développant des contrats de qualité avec nos fournisseurs. Tout particulièrement avec les transporteurs routiers. » Une prestation de qualité envers ses clients ne peut plus désormais se concevoir sans une collaboration plus poussée avec ses fournisseurs. Une approche récemment mise en place chez Fiat, où Luigi Caielli, directeur de la division conseil de l'Isvor-Fiat, société spécialisée dans la formation du personnel, raconte que « plus de 250 de nos sous-traitants ont déjà participé à des cours sur la qualité. Pour Fiat, un sous-traitant n'est plus quelqu'un sur lequel on exerce une pression. C'est désormais un partenaire, qu'il faut aider à se développer ».

Même réaction en Angleterre, lorsque John Egan a pris la direction de Jaguar Motors. Il s'est rapidement rendu compte que la passion des clients pour les modèles XJ 6 était gâchée par une image désastreuse de piètre qualité et de mauvaise fiabilité. Après avoir rencontré de très nombreux possesseurs de Jaguar et mené diverses enquêtes, il a établi une liste des 150 défauts qui revenaient sans cesse. Plus étonnant encore, 60 % de ces défauts provenaient de pièces achetées à l'extérieur.

« L'éphémère, le symbolisme ne sont plus de mise. On veut à présent de l'austère et du concret. » (Elie Vannier)

John Egan décida alors de lancer un vaste programme de collaboration avec les fournisseurs prêts à améliorer la qualité de leurs pièces. Il arriva même à les faire s'engager à prendre en charge les frais de garantie occasionnés par un défaut de leurs produits. Il remarque avec un humour tout anglais : « C'est fou de voir à quel point ils ont pu s'intéresser tout à coup à la qualité. »

Le distributeur britannique Marks & Spencer fait lui aussi figure de pionnier en la matière. Sa façon de choisir systématiquement ses sous-traitants en fonction du fait qu'ils partagent ou non les valeurs fétiches de l'entreprise est en train de faire école. En France, l'arrivée de l'équipe chargée par Disney de choisir les sous-traitants et les fournisseurs européens qui allaient accompagner l'entreprise dans l'aventure d'EuroDisneyland (dont l'ouverture est prévue en 1992) a suscité autant d'articles de presse que de polémiques. « Nous nous sommes retirés nous-même, et volontairement, de la compétition. Il est absolument impossible de travailler avec ces malades ! », nous confia un jour un entrepreneur sollicité par Mickey. Tandis que d'autres se restructuraient, cassaient leurs prix, se réorganisaient et acceptaient de signer des contrats de 150 pages pour emporter une petite partie de cet immense marché. L'avenir dira qui, de ces deux catégories d'entrepreneurs, a eu raison ou tort. Mais cet exemple prouve clairement à quel point les rapports entre l'entreprise et son environnement sont en train d'évoluer en profondeur.

Tope-là !

La plupart des magasins Benetton dans le monde sont la propriété de franchisés locaux, qui ne signent avec l'entreprise italienne aucun contrat formel. A la différence d'une très grande majorité d'entreprises (qui misent elles aussi sur la franchise pour développer leur réseau de vente et emploient une armée d'avocats) Benetton concrétise ces associations par une poignée de

---

« Le seul moyen de survivre face aux Japonais est d'apprendre à faire aussi bien qu'eux. » (Jacques Barraux, L'Entreprise)

main avec ses agents. L'entreprise ne les choisit pas en fonction de leur expérience dans le commerce de détail, mais selon qu'ils ont ou non le « bon état d'esprit »... Qui dit partenariat dit également engagements respectifs et obligations de chacun. Chez Digital Equipment, les fournisseurs les plus importants sont invités régulièrement à des réunions de travail internes, et sont évalués chaque année au moyen d'entretiens équivalents à ceux habituellement réservés au personnel. *L'Entreprise* raconte que chez GFD, premier producteur français de boulonnerie et de visserie, Gérard Monfort, directeur logistique, a établi une procédure de notation mensuelle de ses sept transporteurs. Il mène également une ou deux enquêtes annuelles auprès de ses clients, afin d'évaluer le comportement des chauffeurs, le respect des délais de livraison et les conditions de réception des produits. GFD va même jusqu'à établir un classement lui permettant de remettre une fois par an le trophée du meilleur transporteur (avec un chèque de récompense à l'appui). En échange, GFD s'engage à ne pas faire attendre un camion, et paie tous ses transporteurs à trente jours.

Chacun pour soi ?

En France, 80 % des produits de consommation alimentaire sont vendus par le canal de la grande distribution. Tout comme d'ailleurs 92 % des produits de lavage et d'entretien, et 58 % des produits d'hygiène-beauté. Conscients de leur puissance — ils peuvent à tout moment déréférencer un produit ou une ligne de produits, et faire ainsi subir une perte de part de marché importante à leurs fournisseurs —, les distributeurs exigent dorénavant de leurs fournisseurs qu'ils deviennent de véritables partenaires, et qu'ils se mettent au diapason de leurs besoins. C'est ainsi que la société Eminence réalise plus de soixante conditionnements différents, pour répondre aux exigences de ses clients. Une contrainte supplémentaire qui allonge ses délais de

---

« Choisir, ce n'est jamais élire, c'est toujours sacrifier. » (Paul Valéry)

conditionnement de trente secondes à une minute trente, alors même qu'elle était parvenue à abaisser le temps de confection d'un slip de quatre à deux minutes, et celui de la coupe de trente à quinze secondes !

« Ne jugez jamais un chef de produit sur son analyse Nielsen, mais sur son comportement face aux fournisseurs », conseille François Dalle. Entre industriels, la relation client-fournisseur est en train de changer profondément de nature, et de s'enrichir considérablement. Autrefois, le refrain était toujours le même : « Chacun pour soi... et le prix le plus bas possible ! ». Dès que l'on trouvait un fournisseur moins cher, on se précipitait pour en changer. Cette attitude se justifiait dans « l'économie-western », où la bataille avait lieu sur les prix. Les choses évoluent, et le monde change. Travailler avec un client, aujourd'hui, consiste à dialoguer suffisamment avec lui pour lui fournir un meilleur produit ou un meilleur service — à un prix de marché compétitif — et à l'aider en permanence à progresser dans son métier. Cette relation nouvelle suppose une ouverture d'esprit, une attitude tournée vers le client et... une bonne connaissance des langues.

Respecter les hommes

« Le plus grand talent d'un manager consiste à toujours embaucher plus fort que lui », nous disait un jour un ami créateur d'entreprise. Mais trop rares sont ceux qui acceptent d'en courir le risque. Le talent des autres fait peur. C'est d'ailleurs souvent lui qui provoque le racisme et la xénophobie. La peur de la compétence, ou de la puissance de l'autre, fait toujours intervenir des relations de pouvoir entre les hommes. Par peur de perdre une parcelle de son confort ou de son pouvoir, on rejette ou on méprise celui qui n'appartient pas à la même « tribu » que la nôtre. La nécessité du métissage, mais aussi et surtout l'obligation de s'allier à des partenaires, vont remettre en cause de façon brutale les relations de pouvoir qui se sont peu à peu établies entre l'entreprise et son environnement, ses concurrents, mais aussi et surtout ses partenaires. Car une alliance compromet inévitablement l'indépendance de l'entreprise et peut réduire sa marge de manœuvre. Une décision est généralement plus facile, et surtout plus rapide, à prendre seul qu'à plusieurs. Mais elle est presque toujours moins bonne.

Les relations de pouvoir et la redistribution des cartes qui va inévitablement s'opérer font partie de la panoplie gagnante des années 90. Il suffit pour s'en convaincre de se rappeler le vaudeville judiciaire sur lequel a débouché la formation du géant du luxe LVMH, après la fusion de Louis Vuitton et de Moët-Hennessy. Lorsque le distributeur informatique français Random (qui emploie 450 salariés à travers 40 sociétés) s'associe à l'Allemand Compunet et au britannique Computacenter pour créer ICG (International Computer Group), il leur propose dans un premier temps la création d'une filiale commune, dont le capital est réparti en trois tiers, avant de fusionner les trois entités en 1991, afin de former le premier pôle européen de distribution de matériels IBM. Le siège opérationnel de la nouvelle entité sera basé à Paris (où est également implanté le siège d'IBM Europe), la langue officielle sera l'anglais. Objectifs : développer des économies d'échelle, améliorer la productivité et développer un marketing européen, avant d'étendre le réseau au reste de l'Europe. Mais le jeu de pouvoir qui s'est inévitablement établi au sein du triumvirat ainsi constitué pourrait bien constituer à terme le seul obstacle à la réussite d'une telle fusion. Pour limiter de tels risques au sein de Yarding Yacht, six hommes clés occupent des fonctions de direction : trois Français et trois Italiens. La présidence sera tournante, et le futur directeur général viendra... de l'extérieur.

Éviter de se comporter en colon

« Lorsqu'en août 1989 j'ai rencontré Robert Cawthorn, le président de Rorer, je lui ai présenté un projet industriel sans parler gros sous. D'emblée, je lui ai proposé la présidence de l'ensemble que nous pourrions constituer », confie à *La Vie Française* Jean-René Fourtou. « L'argent est une chose, mais une entreprise, ce sont des hommes dont il faut absolument tenir compte. »

En informant par exemple dès que possible tous les partenaires concernés, afin d'éviter le syndrome désormais classique, que décrit fort bien Patrick Fauconnier dans *Le Nouvel Observateur* lorsqu'il relate ainsi les propos d'un cadre déçu : « Nos patrons jouent au Monopoly avec nos entreprises, et ne prennent plus le temps de nous parler ou de nous écouter. Du coup, on rame dans notre coin, et on apprend par la presse que nous avons été rachetés ! » Apprendre à tenir compte des postes qui doublonnent, et anticiper les reconversions. Harmoniser autant que possible les systèmes de rémunération et de protection sociale. En faisant de BSN un poids lourd de l'agro-alimentaire par des rachats successifs, Antoine Riboud a toujours affirmé haut et fort sa volonté de lier l'économique et le social, et l'image qu'il a su donner de son groupe a sans doute largement contribué à ses nombreux succès en la matière. Tenir compte de la culture et des valeurs de l'entreprise rachetée, et éviter de se comporter en colon agissant sur un terrain conquis, où les colonisés « n'ont qu'à bien se tenir ». Ne pas considérer que son mode de fonctionnement est universel et donc meilleur, sous prétexte qu'on est dans le camp du repreneur, et non pas dans celui du racheté.

Entamé à la fin des années 80, un grand mouvement de restructuration du secteur de la distribution informatique est en cours, qui semble s'opérer en faveur des plus grands. C'est ainsi que Métrologie, le leader de la distribution européenne de matériels bureautiques, informatiques et de périphériques, a jeté en 1990 les bases d'un réseau de boutiques de micro-ordinateurs à travers une joint-venture avec l'Américain MicroAge, afin de créer MicroAge Europe (dont Métrologie détient 63 % des parts, et MicroAge 37 %). « Les années 90 seront davantage une période de joint-ventures, et plus précisément d'alliances, que de fusions et d'acquisitions », confirme le fondateur de Métrologie, qui ajoute : « Les seules bases de telles alliances seront bien

---

« Le plus important n'est pas le but lui-même, c'est de se battre pour l'atteindre. » (Jan Carlzon, SAS)

sûr des situations gagnant-gagnant, mais surtout honnêteté, confiance, éthique. »

Partager le pouvoir... ou échouer

Savoir écouter l'autre et tenir compte de son mode de fonctionnement dans toutes ses décisions est une qualité précieuse pour quiconque envisage de s'allier à un partenaire ou de racheter une entreprise. L'attention qu'il porte naturellement aux autres influence toujours Roger Haddad lorsqu'il approche une entreprise qu'il souhaite racheter, ou avec laquelle il souhaite s'associer. C'est ainsi qu'il n'hésite pas à avoir recours à la graphologie pour comprendre la psychologie de son futur partenaire, depuis qu'une expérience l'a convaincu de son utilité. En négociation avancée avec un groupe anglais à qui Métrologie allait apporter de l'argent frais, Roger Haddad avait été particulièrement frappé de l'attitude de son dirigeant, qui lui avait téléphoné un jour pour lui annoncer qu'il ne donnerait pas suite à ses propositions. Intrigué par son comportement, le Français avait trouvé la réponse à ses questions en faisant faire l'analyse graphologique de son écriture. Laquelle avait révélé que cette personne marchait aux valeurs du passé, et non pas à celles de l'avenir. Il lui suffit ensuite de lui parler de tout le chemin qu'avait parcouru Métrologie pour le convaincre, et non plus (comme il l'avait fait jusqu'à présent) de tout ce qu'ils allaient pouvoir construire ensemble. S'allier, cela signifie aussi faire l'effort de rentrer dans le mécanisme de l'autre pour mieux le comprendre et mieux travailler avec lui. Habitué au rachat d'entreprise, il croit toutefois qu'un vaisseau ne peut avoir qu'un seul capitaine. « Le vrai risque d'une structure à plusieurs têtes vient de la méconnaissance des cultures des autres partenaires, et de l'impossibilité dans laquelle beaucoup se trouvent de savoir déléguer aux autres leur pouvoir de décision, nous

---

« Nous allons enfin pouvoir être ce que nous sommes, sans référence de subordination à des écoles américaines ou japonaises. » (Gérard de Saint-Rémy, Alcan France)

confie-t-il. Quand nous rachetons une entreprise, nous conservons toujours les dirigeants, à de très rares exceptions près. Nous les rendons actionnaires, et nous nous comportons à leur égard comme des consultants capables de les aider pour tout ce qui concerne les ventes et le marketing, la gestion financière et les ressources humaines. » Lorsque le groupe a racheté SMO, une double porte protégeait la pièce dans laquelle siégeait le Comité de Direction, à l'image d'une structure hiérarchique aussi lourde que peu motivante. « Plus on descendait dans la hiérarchie, et plus on exécutait, raconte Roger Haddad. Nous avons proposé à quatorze opérationnels de siéger au comité de direction, et l'ambiance s'est détendue peu à peu. Utilisation du prénom, tutoiement, les gens ont appris à mieux se connaître et à mieux s'apprécier. Ils perdaient auparavant une énergie considérable à se battre entre eux, et en oubliaient leurs faiblesses. »

« Etre ancien, ce n'est pas forcément être vieux », dit parfois Jean-René Fourtou, qui ne croit pas non plus à la nécessité de faire le vide pour constituer de nouvelles équipes lorsque l'on reprend une entreprise. « Fusionner des entreprises, ce n'est pas les coller bout à bout pour en faire un bloc. C'est d'abord les respecter », explique Jean-François Dehecq, qui a construit le succès de Sanofi sur le rachat d'entreprises. Avec René Sautier, fondateur de l'entreprise, il a d'ailleurs une charte qui véhicule la même philosophie : « Respecter l'âme des sociétés rachetées et leur histoire. Ne pas imposer une façon de penser, ne pas créer une hiérarchie lourde, ne pas réunir des laboratoires sous une même marque et les hommes sous un même toit. » Même philosophie chez Lafarge Coppée, qui est allé jusqu'à consigner ses principes d'action dans un carnet d'une dizaine de pages, où sont définies les valeurs de l'entreprise, et qu'il a notamment appliquées en reprenant le premier cimentier espagnol, Asland SA.

« Si nous reprenons le goût de la bataille et que nous arrêtons de regarder chaque jour la Bourse pour savoir si l'on a gagné plus d'argent en travaillant moins, nous réussirons. » (Nicholas Hayek, SMH)

Dans un métier qui semble s'être structuré dès sa création pour ne jamais changer, le développement du groupe d'assurances Axa doit sans doute beaucoup, lui aussi, à l'approche choisie par Claude Bébéar. Né de rachats successifs (à partir des Mutuelles Unies via Drouot en 1982, Présence en 1987 et les AGP-Assurances du Midi en 1988-89), le groupe a tout d'abord choisi de faire fonctionner ses entreprises en parallèle, en mettant en place des groupes de synergie où se retrouvaient les cadres pour mettre en commun leurs expériences, et en multipliant dîners de fête et cadeaux personnalisés. Pour souder des cultures a priori peu portées vers le mélange des identités, Claude Bébéar a joué la carte du désert en novembre 1986. D'Agadès au Ténéré, d'ensablements en pannes et de fous rires en crevaisons, quatre-vingt-six directeurs en T-shirt blanc siglé Axa se sont retrouvés chaque jour avec des partenaires différents à bord de l'un des trente 4 × 4 affrétés pour ce séminaire habilement concocté par Claude Bébéar, et intitulé « Axa et les assurances en 2001 ». « On entendait sauter les boutons de gilet des gens de Présence ! », confie Pierre Gardes, l'ex-DG des Mutuelles Unies, à *L'Expansion,* avant d'ajouter : « Un rinçage intellectuel, avec des gens à poil sous les étoiles. » L'état de grâce… Du coup, on décide de tout chambouler. Une nouvelle structure, construite autour des modes de distribution (agents généraux, courtage, vente directe et réseaux spécialisés), regroupera tout le personnel et sera divisée en dix régions totalement autonomes. A l'automne 1987, un séminaire de formation importé des Etats-Unis est introduit à l'université Axa pour parfaire la cohésion de la culture d'entreprise, et donner à tous des références et un langage communs. C'est ainsi que la seule évocation du « vent du Nord » signifie par exemple pour tous que ce n'est pas en leur

« On n'affronte pas du mou-flou avec du dur-sûr, du mécanique, du statique : aujourd'hui, il faut être biologique, polycellulaire, vivant. » (Hervé Sérieyx)

bottant les fesses qu'on fait le mieux avancer les gens, mais en les aspirant, en les entraînant, en les motivant. Malgré ces premiers succès, le groupe traverse ensuite une période difficile pendant laquelle chacune des trois sociétés accuse les autres de vouloir imposer ses méthodes et ses hommes.

C'est alors que survient l'alliance avec les AGP de Bernard Pagezy. Une aubaine, au moment où les luttes internes redoublent d'intensité, et l'occasion pour Bébéar d'organiser un nouveau séminaire d'exception dont il a le secret. En novembre 1988, l'Axa-Europe Express embarque ainsi à son bord quelque cent douze directeurs des quatre sociétés triés sur le volet. Des Pays-Bas à l'Italie via l'Allemagne, l'Autriche et la Hongrie, de *Carmen* chanté à l'opéra de Vienne à une fête organisée dans un palais vénitien, la magie opère à nouveau. Rivalités et désaccords reprennent cependant vite le dessus, et la concurrence que se livrent les entreprises du groupe est de plus en plus mal vécue en interne, aggravée par les différends entre Claude Bébéar et Bernard Pagezy. En mars 1989, après la prise de contrôle total du premier sur Axa-Midi, l'inquiétude règne encore dans les esprits. Claude Tendil devient alors directeur général du groupe et semble avoir tous pouvoirs pour aller désormais le plus vite possible et faire enfin vivre la régionalisation dont on parle depuis si longtemps, sans l'avoir jamais vraiment vécue. Axa peut enfin jouer la carte de la décentralisation et du métissage, qui revient à créer de nouveaux espaces de responsabilités. « En deux ans, j'ai vécu un siècle. J'ai perdu la moitié de mes cheveux, mené une existence de nomade, dormi cinq heures par nuit, doublé mon salaire, connu les coups les plus tordus... Il va falloir tenir le rythme encore un ou deux ans. C'est formidable. C'est passionnant. Ce qui se réalise ici, c'est ce qui se passe de mieux dans l'assurance française », confie à *L'Expansion* Maurice Fayolle, ex-cadre des AGP pourtant convaincu qu'on allait le virer... Il faut dire que depuis la

---

« Quand tout aura été dit et fait, beaucoup plus aura été dit que fait. » (Marshall McLuhan)

création du GIE Axa-Assurances, en septembre 1989, regroupant tous les salariés, les étapes ont cette fois été brûlées. « Mise à l'image » des 1 000 agences, bouclages des états-majors des régions, nomination de leurs patrons, nouvelle application des sinistres, nouveaux locaux, nouvelle informatique commune, etc. L'objectif est de continuer à grandir en divisant l'entreprise. Le groupe ne jouera à terme qu'un rôle de consultant interne, et ne conservera que quatre domaines, de responsabilités : l'usage des marques et des métiers, la gestion des dirigeants, les architectures d'information et les structures financières du groupe.

Légèreté, rapidité, exactitude et visibilité

L'aventure d'Axa assurances rappelle, comme l'écrit Roger Alexandre, qu'une fusion ne se résume pas à des considérations stratégiques et à quelques opérations de logique élémentaire. Elle se vit dans les têtes, les cœurs et les tripes. L'urgence est de régler tout ce qui touche au pouvoir, comme le confirme Zaser Achi, consultant chez McKinsey à Paris. « Tant que les gens restent préoccupés par ce qu'ils vont devenir, ils sont incapables de réfléchir aux questions stratégiques. Réglez cela d'abord, vous réfléchirez à la stratégie ensuite. » L'urgence, c'est aussi d'aller vite. « Menez un tel projet à un rythme d'enfer, et vous dépolluerez complètement les débats ! », conclut-il. Konrad Lorenz, grand observateur des mœurs animales, s'est ainsi aperçu, après avoir étudié les déplacements de vastes bancs de poissons, que lorsque le banc se déplace rapidement, les poissons qui se trouvent au bord sont comme aspirés par le mouvement et ne peuvent s'échapper. Dès que le banc ralentit puis s'arrête, la belle unité se désagrège et les poissons vont alors dans tous les sens et dans le désordre. Belle image empruntée à la mécanique des fluides pour illustrer ce que la rapidité peut accomplir dans l'entreprise, en termes de mobilisation des hommes.

Il y a quelques années, rappelait récemment Jacques Barraux dans L'Entreprise, *l'université de Harvard avait demandé à Italo Calvino de prononcer une série de six conférences sur le sujet de son choix. Thème : la préparation du prochain millénaire. Il est mort avant d'avoir pu achever son travail, mais cinq de ses* Leçons américaines *ont été publiées chez Gallimard en 1989. « Pur exercice d'intelligence, réflexion tournée vers la littérature, ce texte exprime mieux que n'importe quel best-seller de futurologie les interrogations de tous ceux qui pensent à l'avenir des organisations », écrit Jacques Barraux. Légèreté (l'écrivain préconise le « bond agile et imprévu »), rapidité (ce qui compte, c'est le rapport entre vitesse physique et vitesse mentale), exactitude (plus le monde est complexe, plus il faut se soucier de clarté et de précision) et visibilité (il faut « apprendre à voir nettement les yeux fermés ») font partie des quelques mots simples qui suffisent selon Calvino pour baliser la route de l'an 2000. Les incarner tous constitue pourtant une véritable prouesse. Seuls les meilleurs s'en révèleront capables.*

Le déclin n'est que celui de nos habitudes. A nous de nous en séparer pour ne pas dépérir avec elles.

Jean Boissonnat

Conclusion

Certains se diront peut-être en finissant ce livre : « Au fond, cela ne me concerne pas vraiment. Mon métier, ma ville, mes préoccupations sont fort loin de ceux qui ont servi d'exemples aux idées développées ici. » Il ne faudrait pas croire pour autant qu'ils ne seront pas affectés eux aussi par les changements à venir. Des changements qu'ils vont devoir apprendre à considérer comme des opportunités plutôt que comme des menaces.

Bien sûr, la plupart des évolutions que nous décrivons ici mettront plus de temps à modifier le quotidien de certains qu'elles n'en ont mis à changer les modes d'action et de réflexion de tous ceux que nous avons rencontrés pour l'écrire. Mais il ne faudrait pas oublier que l'avenir de l'Europe, notre avenir, nous incombe autant qu'à nos dirigeants. Que nous en ayons envie, et l'Europe pourra assumer avec fierté ses différences et la richesse de ses cultures. Que nous en ayons peur, et le rêve européen retombera comme un soufflé. Emporté par le racisme, la xénophobie et l'incompréhension. Toutes les routes nationales se terminent désormais en cul-de-sac. Ensemble, il faut trouver l'énergie du succès. Ce succès sera un peu celui de chacun d'entre nous. Pour créer une identité européenne forte et accessible à tous, il faudra que le « vieux » continent parvienne à s'unifier en respectant ses cultures ancestrales. A fédérer les talents sans appauvrir aucun d'entre eux. « L'Europe ne peut exister que si chacun y retrouve un reflet de ce qu'il est lui-même », estime Jean Boissonnat.

Au moment où les grandes institutions telles que l'Etat, l'Eglise, l'école et la famille vivent des moments difficiles, la tentation est grande de s'en remettre à l'entreprise pour inventer de nouveaux modèles et incarner de nouvelles valeurs. Parce qu'elle n'est plus la cause de tous nos maux, et que le chef d'entreprise a cessé d'être confiné dans le rôle du méchant. Parce qu'elle affiche une santé rayonnante, et qu'elle évolue dans un environnement de plus en plus international. Mais aussi et surtout parce qu'elle constitue un modèle réduit de notre société, où se côtoient des hommes et des femmes qui sont aussi des citoyens, des clients, des parents d'élèves, des actionnaires et des chefs de famille. Dans un monde concurrentiel, qui sélectionne les meilleurs et qui contraint aux mutations, aux restructurations et au dépassement, l'entreprise est le lieu solidaire de la production des richesses et du changement.

Elle façonne l'avenir de la société. Certains clients achètent désormais les produits de telle ou telle entreprise, parce qu'elle investit massivement dans la protection de l'environnement, tandis qu'ils délaissent les produits de telle autre, parce qu'elle refuse de boycotter l'Afrique du Sud ou qu'elle teste ses produits sur les animaux. En Allemagne, les « konzerns » ouest-allemands ont autant contribué à la rapidité de la réunification que les gouvernements. A l'Ethic (mouvement patronal français qui milite en faveur de l'entreprise à taille humaine), chaque adhérent doit consacrer un dixième de son temps à l'intérêt général. « Les Indiens sont les gardiens de la forêt amazonienne. Les forêts amazoniennes sont les poumons de la planète. S'ils meurent, nous mourons tous », peut-on lire sur les camions de livraison de l'entreprise anglaise The Body Shop. Qu'ils manifestent devant l'ambassade du Brésil à Londres ou qu'ils récoltent des fonds pour la défense des baleines ou des dissidents politiques, tous semblent avoir

---

« L'épaisseur du rempart compte moins que la volonté de le prendre. » (Thucyclide)

acquis la conviction que l'entreprise doit contribuer à résoudre les problèmes économiques, politiques ou sociaux de son environnement.

L'altruisme au hit-parade des valeurs de demain

Une seule décennie de folie boursière, de scandales financiers et autres délits d'initiés a suffi, semble-t-il, à détourner les jeunes diplômés des valeurs qui avaient alimenté l'ambition des yuppies des années 80. La plupart des MBA (diplômés d'écoles de commerce prestigieuses) européens interrogés affichent en effet une ambition plus qualitative que quantitative. Leur plaisir, et celui des autres, passe désormais avant l'envie de gagner beaucoup d'argent. Non pas qu'ils aient honte d'en gagner — et même d'en gagner beaucoup —, mais la plupart placent la qualité de vie au premier rang de leurs préoccupations : protection de l'environnement, contribution sociale, insertion de l'entreprise au sein de son environnement, etc. Ce que les jeunes Européens attendent de leurs employeurs n'est plus seulement un chèque confortable en fin de mois, mais bel et bien la fierté d'appartenir à une organisation prospère, qui contribue à faire le bien autour d'elle.

Il y a sans doute lieu de se réjouir de ces ambitions altruistes, compte tenu notamment de l'égoïsme et de l'individualisme qui ont marqué le comportement de certains pays et de certains dirigeants occidentaux au cours de la décennie précédente. Il est plus facile d'écrire l'Histoire que de la prévoir... Quoi qu'il arrive et, pour qu'elle soit durable, la croissance devra être juste, humaine et généreuse. Au moment où, partout dans le monde, le mouvement syndical s'efforce de contenir l'hémorragie de ses effectifs, il est bon que tous les acteurs de l'entreprise ressentent spontanément le besoin d'une plus grande justice sociale.

Quand des agriculteurs européens (et notamment français) brûlent sur les routes des moutons importés d'Australie, et à un moment où chacun défend ses

---

« Au lieu de planifier l'imprévisible, rêvons ensemble le futur. » (Jean-Marie Descarpentries, CMB)

privilèges et son pouvoir d'achat, il est indispensable que certaines communautés humaines se préoccupent des fléaux, de la misère et de la famine qui frappent le tiers-monde, à quelques milliers de kilomètres seulement de leur opulence. On ne peut pas être honteusement riche alors que ses voisins vivent dans la misère. Il est indispensable que certaines voix s'élèvent pour rappeler que les pays forts ne pourront pas indéfiniment imposer leur puissance aux plus faibles.

La Communauté européenne doit comprendre qu'elle devra tôt ou tard tendre la main à l'Europe centrale, et accepter l'idée de s'élargir à des pays comme la Pologne, la Hongrie et la Tchécoslovaquie. Mais aussi à l'Afrique et aux pays en voie de développement. Un milliard d'individus vivant dans les pays riches du Nord ne pourront pas s'offrir longtemps le luxe d'en ignorer quatre milliards (et bientôt beaucoup plus) vivant dans les pays pauvres du Sud.

L'entreprise est une partie de la vie. Pas toute la vie

Il ne faudrait pas attendre toutefois de l'entreprise plus qu'elle ne peut donner. L'entreprise doit-elle faire de la morale ou le bonheur de ses salariés ? Interrogé par Philippe Romon, Hervé Sérieyx n'hésite pas un instant : « Elle n'est pas là pour cela. L'entreprise n'est qu'un moyen pour permettre la réalisation d'une partie de soi. Une entreprise qui voudrait faire le bonheur risque vite de tomber dans un nouveau paternalisme, avec loisirs quasi obligatoires et relations humaines cosmétiques sur fond de bon vieux taylorisme maintenu... » Si l'adhésion aux valeurs de l'entreprise est indispensable à son succès et à sa pérennité, il ne faudrait pas compter sur le seul « nationalisme d'entreprise » pour en unifier la culture. Les limites d'un tel nationalisme sont en effet celles des différentes cultures elles-mêmes. Il faut à tout prix éviter de vouloir fondre toutes les diversités dans une seule religion, un seul discours, un seul comportement, un seul

---

« L'avenir est de plus en plus vert, et de moins en moins rouge. » (John Edge, ICI)

mode de réflexion. « Quand on a découvert l'utilité d'un outil, on a tendance à trop lui en demander, et à vouloir l'utiliser pour tout, estime Jean Boissonnat. L'entreprise est une cellule de la vie économique, vivante, mortelle, avec pour mission de créer plus de richesses qu'elle n'en consomme. Si on lui fait à la fois jouer le rôle d'une patrie de substitution, d'une famille de substitution, d'un parti de substitution, d'une religion de substitution, d'un Etat de substitution, et d'un syndicat de substitution, elle risque fort de ne pas résister à tout cela. » Le risque serait grand que les hommes de l'entreprise ne s'en détournent, et n'aient plus envie de lui donner le meilleur d'eux-mêmes. L'entreprise est une partie de la vie, pas toute la vie.

Partir à la reconquête de l'Ouest

Certains historiens affirment que la modernité part toujours chercher plus à l'Ouest de nouveaux territoires d'expression et d'épanouissement. Après être partie d'Europe au XIXe siècle, la mode s'est ainsi déplacée aux Etats-Unis, où la conquête de l'Ouest a débouché sur les rives du Pacifique, avant de le traverser et de nous faire voir le Japon sous un jour nouveau. Après un bref passage (n'oublions pas que l'Histoire, elle aussi, s'accélère) dans le Sud-Est asiatique et la découverte des quatre « Dragons », il semble que le renouveau s'installe dans la vieille Europe. « Gardiens de musée, donc, ou pionniers ? s'interroge Michel Albert. Il n'y a pas de fatalité. La décision dépend de nous. La " movida ", ce " mouvement " qui a saisi la vie économique, artistique et culturelle espagnole après des années d'immobilisme forcé, est en train de secouer l'Europe. Le changement y est enfin redevenu une habitude, et la " movida " une manière d'être européen. Pour la reconquête de l'Ouest, nous avons nos laboratoires, nos usines intelligentes, nos universités, des capitaux prêts au risque. Bref, de bien meilleurs atouts que ceux dont disposait le Japon il y a trente ans. Il ne reste qu'à les jouer. »

« Lorsqu'il y a une volonté, il y a un chemin. » (Max Basque, France Télécom DTRN)

Toute société, observait Georges Sorel, a besoin d'un grand mythe mobilisateur. L'échéance magique de 1992 a pu jouer ce rôle en Europe pendant quelques années, et constituer une potion magique contre l'eurosclérose. En servant d'accélérateur au renouveau. L'Europe est à nouveau atteinte du virus de la modernité. Mais il ne faudrait surtout pas perdre de vue qu'il ne s'agit là que d'une étape. Celle qui résulte logiquement de la mondialisation de l'économie. L'interdépendance croissante des économies mondiales, l'impossibilité de contenir désormais les échanges d'idées, d'hommes, de marchandises, de capitaux, de services nous font entrer dans un monde infiniment plus complexe que celui auquel nous étions habitués. Une évolution dont les rouages seront de plus en plus difficiles à maîtriser.

Faire preuve de solidarité

La bataille est loin d'être gagnée pour autant. Les marchés décolleront et s'effondreront du jour au lendemain, et de nouveaux concurrents émergeront chaque jour d'un endroit du village global un peu plus inattendu. Le Japon vous fait peur ? Attendez donc qu'il s'associe aux autres puissances asiatiques (Corée, Taïwan, Singapour, Hong Kong, Thaïlande, etc.) pour former un « grand marché unique asiatique » ! Vous craignez encore l'hégémonie américaine ? Attendez que les Etats-Unis s'associent à la puissance canadienne pour mieux contrer les attaques européennes... Le champ du possible s'est brusquement élargi à travers tout le continent européen, mais l'ouverture des pays de l'Est renferme autant de potentialités que d'inconnues. « Si l'Ouest de l'Europe sait associer l'est du continent à son devenir, il pourra prétendre au cœur de l'économie mondiale, devenir son espace le plus peuplé, le plus riche, le plus créatif. Sinon, ce sera le Japon », écrit Jacques Attali dans *Lignes d'horizon*. Quelques mois après la réunification historique des deux Allemagnes (dont l'une ignore tout, ou presque, de la Communauté économique euro-

---

« La longue marche commence par un pas. » (Mao Tsé Toung)

péenne et de ses ambitions), on peut raisonnablement s'attendre à ce que le nouveau géant européen soit secoué par une série de difficultés sociales, politiques, économiques, voire monétaires, résultant du retard accumulé par l'Allemagne de l'Est. L'une est riche, l'autre pauvre. L'une accumule les succès économiques, l'autre les échecs. La solidarité dont nous saurons faire preuve à son égard sera l'un des éléments déterminants de la puissance européenne retrouvée. C'est une chance à ne pas laisser passer.

Réviser nos cartes géographiques et mentales

Paradoxalement, le village global dans lequel nous entrons devrait signifier tout à la fois une concurrence accrue, et une solidarité beaucoup plus forte entre les peuples et entre les nations. Le besoin de coopérer faisait rarement partie jusqu'ici de l'instinct naturel des peuples. Tous devront pourtant désormais faire leur deuil des solutions solitaires. Hier encore, Français, Allemands ou Italiens préféraient s'associer avec des Américains ou des Japonais plutôt que de s'allier à leurs rivaux de toujours. Si certains continuent à privilégier de telles alliances aux dépens d'alliances strictement européennes, les raisons en sont aujourd'hui d'ordre stratégique plutôt que d'amour-propre. Le réflexe communautaire a désormais droit de cité, et ce d'autant plus que de nouveaux besoins de collaboration apparaissent chaque jour. Il n'existera sans doute plus demain de puissance unique, mais plutôt des superpuissances planétaires qui rassembleront des pays concurrents, mais dont les intérêts culturels, économiques et géographiques suffiront à justifier ces regroupements. Cette évolution va nous forcer à réviser nos cartes géographiques et mentales. « Nous devons réfléchir à la manière de vivre en harmonie, de travailler en phase, avec les autres centres de création dans le monde, confie au *Figaro* Kazuo Inamori, fondateur de Kyocera Ceramics, dont tous les

---

« Aucune victoire n'est garante de réussite. Aucune défaite n'est sans appel. » (Jean Boissonnat. L'Expansion)

Japonais admirent le sens du futur. Ils ne peuvent pas être nos adversaires, ils ne peuvent être que nos partenaires. »

Disposer de l'alchimie secrète qui sépare Mozart de Salieri

« Toute l'histoire de l'humanité nous enseigne que, dans quelque domaine que ce soit, le génie ne se révèle que dans des milieux ou des circonstances favorables, mais qu'il ne se révèle pas nécessairement quand les circonstances s'y prêtent, nous confie Claude Abraham, qui ajoute : Simplement peut-on dire que la probabilité d'éclosion, voire d'explosion, de talents exceptionnels croît fortement en certains lieux, à certaines époques, parce que tout paraît y contribuer. Il n'y a aucune raison, semble-t-il, pour que tel ne soit pas le cas, ici et maintenant, dans le domaine de la conduite des entreprises. Il y a toutes les chances pour que le nouveau manager soit déjà arrivé. Toutes les chances... mais nulle certitude. Je suis persuadé que ces nouveaux managers, ces nouveaux entrepreneurs, ces nouveaux capitalistes, capables de relever les défis de notre époque, s'ils veulent être les égaux des plus grands de ce monde, devront disposer de ce mystérieux petit plus, de cette alchimie secrète entre l'hérédité, le milieu et l'éducation qui sépare Mozart de Salieri. »

Malgré la richesse de son histoire, l'Europe jouit aujourd'hui d'une virginité sociale, politique et économique quasi totale. Au moment où tous les projecteurs sont braqués sur elle, cette liberté va permettre aux Européens d'inventer tout seuls leur propre modèle, et de mettre en valeur les idéaux auxquels une majorité d'entre eux saura s'identifier. « La scène de l'Histoire s'est soudain transportée en Europe. Il revient aux Européens d'écrire la pièce », estime Laurent Joffrin dans le magazine *Challenges*. Mais si l'Europe rate son « come-back » — ce qu'il ne faut pas exclure, bien qu'aucune stratégie de repli ne soit prévue aujour-

---

« Prévoir est extrêmement difficile, surtout quand il s'agit de l'avenir. » (Proverbe chinois)

d'hui —, c'est de la salle plutôt que sur la scène que nous assisterons à la pièce que le monde est en train d'écrire.

Et si tout était à refaire ?

Il est bien sûr permis de s'interroger sur la validité des expériences mises en place par les hommes et les femmes que nous avons rencontrés, et sur l'avenir des entreprises dont nous avons observé l'évolution. Ces femmes et ces hommes sont-ils ou non en train de former le « manager global » dont rêvent aujourd'hui les entreprises du monde entier ? Leur réussite survivra-t-elle à la décennie la plus imprévisible qu'ait connue l'Histoire moderne ? Aucun ne peut évidemment prétendre avoir découvert le secret universel de la réussite ou de la survie. Mais il faut bien commencer par quelque chose. L'enthousiasme avec lequel ces conquérants du XXIe siècle sont en train de relever le défi du prochain millénaire force l'admiration.

Le juste-à-temps ou les flux tendus ? Les cercles de qualité ou la qualité du service ? L'entreprise « Bunsha » ou l'entreprise « shamrock » ? Le recentrage sur son métier ou la diversification ? La croissance par rachat d'entreprise ou par le développement interne ? Autant de concepts et de techniques efficaces et nécessaires, mais dont aucune ne semble être suffisante pour entrer gagnant dans le XXIe siècle ? Les modes changent vite, et souvent se télescopent. Penser, créer et agir en faisant plus attention encore à ses clients, en respectant davantage les autres et en essayant d'aller toujours plus vite pourraient bien servir de catalyseur à toutes ces techniques.

Se rire des frontières... mais pas de ses clients !

Le client était roi. Il est devenu la pièce maîtresse de toute stratégie gagnante. Plus que jamais, c'est lui qui décide de l'embauche des uns et du licenciement des

---

« Ce ne sont plus les gros qui mangent les petits, mais les rapides qui mangent les lents. » (Eberhard von Kuenheim, BMW)

autres. Il fait désormais partie intégrante de la vie de l'entreprise. Au point de collaborer à chaque étape de son développement et à chacun de ses projets. Qu'il soit hongrois, finlandais ou argentin, il va occuper demain une place plus grande encore. Forçant nos entreprises à se surpasser chaque jour, ses exigences vont permettre un formidable bouleversement de nos organisations, et procéder à une redistribution complète des cartes du pouvoir dans nos entreprises. Seul garant de leurs succès, il va contribuer à réconcilier tous ceux qui s'ignorent sans se connaître. Tous ceux qui se croisent sans collaborer à la réussite d'un projet commun.

Prendre et conserver l'avantage va donc requérir demain de plus en plus d'intelligence, pour distinguer notamment ceux de ses produits qui ont une vocation mondiale, et ceux qui pourront se satisfaire d'un marché local. Dans tous les cas, il conviendra de laisser émerger localement le maximum d'idées possible, et de les orchestrer ensuite au plan mondial. La meilleure stratégie ne sera pas forcément d'être présent sur tous les créneaux de marché, mais plutôt sur des niches de marché, décidées collectivement en fonction des compétences spécifiques de l'entreprise. A en croire Bernard Cathelat, les produits des années 90 devront être « plus standards qu'aujourd'hui sur le plan technique et de gestion industrielle, mais aussi légèrement personnalisés selon les microcultures locales par le nom, l'habillage, le goût, le packaging, etc., et de plus en plus personnalisés à travers un mode de distribution et une gamme de services ajoutés ».

Citoyen du monde, européen, français, alsacien et strasbourgeois à la fois !

« Le millénaire qui s'achève a vu naître et se développer les échanges, du simple bourg aux confins du monde, écrit Jacques Chaize. Une montée lente et irréversible du marché. Dans ce va-et-vient incessant se

---

« Ayons donc de l'avenir cette crainte qui fait veiller et combattre, et non cette sorte de terreur qui abat les cœurs et les énerve. » (Alexis de Tocqueville)

sont échangés non seulement des produits et des services, mais aussi des épidémies, des cultures, des émotions et des convictions, des religions, des idées, la solidarité et la démocratie... En un mot : la vie, sous tous ses aspects. » Aucun métier ne se pratique désormais sans référence à l'expérience des autres, et les Européens respirent à nouveau le vent du large. « Hello, neighbour », affiche le japonais Komatsu dans ses publicités, avant de préciser que « nous sommes tous des voisins dans la communauté globale, et qu'apprendre à s'insérer dans le tissu d'une communauté constitue le meilleur moyen d'être un bon voisin ». Derrière le clin d'œil publicitaire se cache un objectif que ne semblent pas encore s'être fixé tous les Européens. « Il y aura longtemps encore des gens mal dans leur peau qui transformeront leur propre angoisse en haine de l'étranger, confie Théodore Zeldin. Cette peur de l'autre, elle a toujours existé. C'est quelque chose d'instinctif chez l'homme. Mais l'œuvre européenne qui est devant nous invite à passer outre. Ce qui prendra du temps. Il faudra peut-être un siècle pour remplacer la peur par de la curiosité. » Et si l'on essayait d'aller plus vite ? Ne pas attendre cent ans pour s'intéresser aux autres ? Faire lire Molière aux Allemands, Shakespeare aux Français, Goethe aux Italiens et Dante aux Anglais ? Dépasser les égoïsmes nationaux pour construire ensemble un avenir commun ? A défaut d'être « sous son charme », les Européens commençaient à s'habituer à une Europe à douze. Nous imaginions bien sûr la réunification allemande comme possible, mais à une échéance lointaine, et la vieille formule de « l'Europe de l'Atlantique à l'Oural » intéressait davantage les intellectuels et les experts — qui « semblent durablement guéris de la tentation de faire des pronostics », comme l'écrivait Alain-Gérard Slama — que l'homme de la rue. Le grand chambardement survenu à l'Est à la fin des années 80 est venu bouleverser toutes nos convictions. Et pourrait bien, si l'on n'y prend garde, s'accompagner d'un

---

« Les gens qui veulent fortement une chose sont presque toujours servis par le hasard. » (Honoré de Balzac)

renouveau des aspirations nationales difficilement compatibles avec l'objectif d'unification que doit atteindre l'Europe.

Ne pas faire de l'Europe le bouc émissaire de nos peurs ancestrales

Malgré l'évolution des mentalités, un grand nombre de préjugés demeure. Il s'en faudrait de peu pour que les vieilles haines ne ressortent des tiroirs. Il suffit pour s'en convaincre d'étudier les illustrations figurant en couverture de certains magazines européens, qui tombent souvent dans le piège de la caricature outrancière lorsqu'ils consacrent un sujet aux habitants d'un autre pays européen. Le 1er novembre 1990, le quotidien anglais *The Sun* invitait la « famille des lecteurs patriotes » à prendre un mégaphone, à descendre dans la rue et à faire entendre aux Français le « rugissement de l'Angleterre ». Traduisez : « dire à ces enfoirés de Français : les grenouilles dehors ». Ecrit à partir de blagues douteuses et d'insultes proférées à l'égard de Jacques Delors en particulier et des Français en général, ce chef-d'œuvre de xénophobie faisait froid dans le dos, tant il révélait de haine et d'incompréhension. « Le nationalisme, c'est-à-dire la primauté accordée à une valeur clé sur toutes les autres, pousse sur champ de peur et croît sur fond de pessimisme, pour reprendre la formule d'Alain Duhamel. Les métamorphoses météoriques de la société depuis vingt ans sont bien loin, en effet, de ne faire que des heureux, poursuit-il. La modernisation accélérée n'a jamais été une fabrique de bonheur. L'Hexagone n'est pas peuplé que de " yuppies " aux dents longues et aux appétits sans frein. Beaucoup de Français se sentent, peu ou prou, perdus devant les mutations dont ils sont les spectateurs ou les victimes davantage que les acteurs. Le dépérissement des valeurs traditionnelles, les bouleversements des mœurs procurent davantage d'autonomie et de liberté à

« J'avais un rêve. Je l'ai perdu lorsqu'il s'est réalisé. Il me manque. » (Arne Naess, lorsqu'il s'est retrouvé au sommet de l'Everest)

ceux qui précèdent ou qui suivent le train. Mais pour ceux qui le regardent passer ? La société à deux vitesses n'est pas seulement économique et financière, elle est aussi éthique, intellectuelle, subjective. »

Bien sûr, la majorité des Européens est aujourd'hui prête, semble-t-il, à jouer le jeu de la compétition. Mais il ne faudrait pas oublier pour autant « l'autre Europe », celle que la nouveauté effraie et que la remise en question inquiète. Cette Europe-là est particulièrement guettée par le réveil du nationalisme et de la xénophobie, et il nous faut en tenir compte pour parvenir à la rassurer plutôt que de la combattre. Nous devons tout faire afin que l'Europe ne devienne pas le bouc émissaire de nos peurs et de nos incertitudes, et arrêter notamment, pour y parvenir, de la présenter comme une « fatalité » à laquelle il sera de toute façon impossible d'échapper. Il faut au contraire l'associer à l'espoir, et éviter ainsi de ralentir. Les chances sont immenses, en effet, pour que ceux d'entre nous qui prennent plaisir à devenir polyglottes, voyageurs et informés vivent de façon plus intense et plus heureuse que les nationalistes enfermés dans leur petit monde... La chance de voyager à travers une extraordinaire diversité de peuples et de villes s'offre aujourd'hui à chacun d'entre nous. Nous ne pouvons pas la laisser passer.

Accélérer en douceur

« Le vrai génie, c'est de durer », écrivait Goethe. Pris en tenaille entre la durée historique nécessaire à la réalisation de notre projet et l'urgence devant laquelle l'accélération de l'histoire moderne nous place, nous allons tous devoir, nous aussi, apprendre à durer, et à ne pas confondre vitesse et précipitation. « Vouloir être à la mode, c'est déjà être dépassé », disait Eugène Ionesco. Quoi que l'on fasse, le temps — et les autres — vont aujourd'hui plus vite que nous. A peine lancée, une mode se trouve démodée. A peine découvert, un marché

« Lorsque le doigt montre la lune, l'imbécile regarde le doigt. » (Lao Tseu)

se voit « attaqué » par des concurrents du monde entier. A peine posé, un problème doit être réglé. A peine maîtrisé, l'apprentissage d'un nouveau logiciel est déjà dépassé. Une situation inédite, et qui pousse chacun d'entre nous à être toujours en avance, s'il veut continuer à… être simplement de son temps. A moins que le meilleur moyen d'être de son temps ne soit de naviguer sans cesse entre cet avenir que l'on fabrique (nos percées technologiques, l'apprentissage de nos différences, etc.) et ce passé dont on hérite (nos musées, nos meubles anciens, notre littérature, notre musique, etc.) « D'une certaine manière, chez nous, le présent n'existe pas. Ce n'est que le point de rencontre entre un passé et un futur sur la pente d'une histoire linéaire, écrit Jean Boissonnat lorsqu'il évoque le rapport qu'entretiennent les Européens avec le temps. En Extrême-Orient, le temps n'est pas linéaire. Il est circulaire. D'une certaine façon, il n'y a que du présent : ni passé, ni futur. Dans ce contexte, la révolution n'est pas une figure historique, une rupture ; c'est une figure géométrique, celle d'un objet qui tourne sur lui-même. Il y a quelque chose de rassurant à observer que la société industrielle n'écrase pas sur son passage la pluralité des cultures et des sociétés. »

Ne pas avoir les yeux plus gros que le ventre

Peter Drucker aime rappeler que « 90 % de ce que nous appelons management consiste en réalité à rendre difficile la tâche de nos collaborateurs, et à les empêcher de faire correctement leur métier ». Ceux qui l'ont compris savent que l'avenir se trouve dans l'entreprise de taille moyenne, suffisamment petite pour rester flexible, suffisamment grande pour investir et innover. Une étude américaine de la National Science Foundation a démontré que les petites entreprises produisent vingt-quatre fois plus d'innovations par dollar investi en recherche-développement que leurs — très — « grandes sœurs ». Une autre étude révèle que les grandes entre-

---

« Il faut avoir le pessimisme de l'intelligence et l'optimisme de la volonté. » (Antonio Gramsci)

prises mettent entre trois et dix fois plus de temps pour développer les mêmes nouveaux produits que les petites. Partout en Europe, les exemples abondent d'entreprises de taille petite ou moyenne dont la rentabilité et le dynamisme vont demain forcer les plus grandes à réfléchir. Entendons-nous bien. Il ne s'agit pas ici de condamner systématiquement la croissance et toutes les grandes entreprises qui ne pensent qu'à devenir plus grandes encore. Mais bel et bien de remettre en cause leur mode de croissance, de fonctionnement et d'organisation. Il est impossible de déterminer aujourd'hui combien d'entreprises obèses vont disparaître dans les cinq prochaines années, victimes d'arrêts cardiaques ou d'incapacité à respirer. Il y a fort à parier que les secousses vont être rudes. Les entreprises gagnantes du troisième millénaire seront celles qui réduiront le nombre des diversifications hasardeuses, se concentreront sur leurs forces et sur leur métier, investiront les moyens nécessaires pour les transformer en centres de profit et conquérir de nouvelles parts de marché, et feront faire par d'autres toutes les activités auxquelles elles ne pourront pas apporter elles-mêmes de valeur ajoutée.

Retour à l'économie réelle

« L'économie-casino » des années 80 a eu le mérite de réconcilier les Européens avec l'argent. De rendre aux entreprises leur légitimité. Elle nous a également fait comprendre que la richesse ne peut s'accumuler sans que rien de réel ne soit produit, ni même échangé. Les excès des entreprises sans usines, sans techniciens et sans après-vente vont sans doute à présent réhabiliter l'économie tout court, mais aussi l'industrie, que l'on avait peut-être enterrée un peu vite. Dans les années 90, on ne rachètera plus une entreprise dans le seul but de faire une grosse plus-value à court terme en la revendant par appartements, mais bel et bien pour accroître ses parts de marché et renforcer ses positions. Dans un article

---

« Le réactionnaire se soucie de préparer un futur qui soit identique au passé. » (Jean-Paul Sartre)

célèbre intitulé « The hollow corporation », le magazine américain *Business Week* dénonçait dès 1986 les risques d'une désindustrialisation trop poussée sur la puissance de l'économie américaine, à mesure qu'elle fondait sa croissance sur les services et les technologies d'information. Ces risques, l'Europe n'y échappera pas davantage. Il convient d'en tenir compte dès aujourd'hui. Et de s'inspirer, une fois encore, du modèle japonais. Avec la solidité de sa base industrielle, le Japon démontre clairement l'intérêt qu'il y a à rester un pays producteur, et non pas seulement un pays financier. Tout comme Henry Ford, qui avait compris que seuls des salariés suffisamment riches pouvaient acheter ses voitures, l'économie de service doit comprendre que, sans base industrielle solide, il n'y a pas d'économie de service prospère. A quoi bon concevoir des logiciels de production, s'il n'y a plus d'usines pour les utiliser ? Multiplier les bases de données, s'il n'y a pas d'ingénieurs capables de les utiliser ?

Changer sans humilier personne

« L'URSS est le seul pays dont l'histoire est imprévisible », dit un proverbe soviétique. « Le monde est le seul pays dont l'histoire est imprévisible », sommes-nous tentés d'écrire.

Diriger une entreprise relève désormais de l'improvisation permanente et programmée. L'époque de chaos et d'instabilité dans laquelle nous entrons, et la nécessité de prendre rapidement de nombreuses décisions stratégiques à laquelle nous sommes contraints, présente le risque de nous faire revenir à nos vieilles habitudes. De reprendre le pouvoir à ceux à qui nous commencions seulement à le donner. De complexifier les structures au lieu de les simplifier. D'alourdir les organigrammes au lieu de les alléger. Il faut au contraire qu'elle force nos entreprises à inventer de nouvelles formes de sécurité pour leurs collaborateurs, qui passeront notamment par

---

« Les choses de la vie n'ont que la couleur qu'on leur donne. » (Sylvie Borie)

l'information qu'elles seront capables de partager avec l'ensemble de ceux qui y travaillent. La légende veut qu'au Japon, la diffusion d'informations ait toujours été historiquement associée à la notion de survie. Soumis aux typhons, aux tremblements de terre et aux volcans, les Japonais savent l'intérêt qu'il y a à être bien informé pour survivre et se développer. « Life is what we make it », disent souvent les optimistes. Le succès est à la portée de tous les enthousiasmes, et nous sommes persuadés que les Européens sauront relever ce défi-là.

Regarder autour de soi avec des sens renouvelés

Au terme de ce voyage, nous vous devons une confidence. Ce livre, nous l'avons écrit en essayant de penser à nos lecteurs à chaque page. Service oblige... Ces lecteurs, nous n'avons jamais réussi à les imaginer franco-français à 100 %. Village global oblige !

Quiconque écrit un livre sait généralement d'où il part (une idée, un sujet, une histoire, un personnage, une époque, etc.), mais il ne sait jamais où va le mener l'alchimie subtile qui va mettre en musique toutes les idées qu'il a en tête et les sentiments qu'il a dans le cœur. Ces idées, ces personnages et ces histoires évoluent chaque jour, et l'accompagnent pendant des mois, au cours desquels évoluent sa sensibilité, ses convictions et parfois même ses habitudes. On ressort rarement indemne d'un livre dans lequel on met un peu de sa passion. Et puis un jour le livre sort, et il trouve ou non son public. Le travail de l'auteur et de son éditeur est terminé, celui des lecteurs commence. Comme *Service compris* à son époque, ce livre nous a changés. Il nous a forcés à voir le monde et à penser autrement. A regarder les autres avec un œil neuf. A ne plus utiliser le mot « étranger », comme le suggère Ted Turner. Quel que soit l'endroit du village global où ce livre trouvera ses lecteurs, nous espérons qu'il contribuera à alimenter leurs réflexions sur le prochain millénaire, dont chacun d'entre nous doit contribuer à la conception autant qu'à l'avènement. Nous partageons avec notre génération une chance extraordinaire : celle de vivre d'ici quelques années un changement de siècle en même temps qu'un changement de millénaire. Il appartient à chacun d'entre nous d'en être digne. Saurons-nous laisser à nos enfants autre chose que la drogue, le chômage, la violence, le Sida et le racisme ? Bienvenue dans un monde imprévisible...

INDEX

BIBLIOGRAPHIE

ATTALI, Jacques, *Lignes d'horizon,* Fayard.

ABURDEEN, Patricia, NAISBITT, John, *Mégatendances,* First.

ABURDEEN, Patricia, NAISBITT, John, *Tendances 1990-2000,* First.

BLANCHARD, Kenneth, *Le Manager Minute,* Éditions d'organisation.

BOCQUET, Dominique, DELLEUR, Philippe, *Génération Europe,* Éditions François Bourin.

BOLLINGER, Daniel, HOFSTEDE, Geert, *Les différences culturelles dans le management,* Éditions d'organisation.

BURGAUD, Didier, MOURIER, Pascal, *Euromarketing,* Éditions d'organisation.

CALVINO, Italo, *Leçons américaines,* Gallimard.

CARLZON, Jan, *Renverser la pyramide,* Interéditions.

CHOATE, Pat, *Agents of Influence.*

CICUREL, Michel, *La génération inoxydable,* Grasset.

COURCHAURE, Stéphane, MAROT, François, *Les 12 Tribus d'Europe,* Ramsay.

CROZIER, Michel, *L'entreprise à l'écoute,* Interéditions.

DESATNICK, Robert L., *Managing to Keep the Customer,* Jossey-Bass.

GANDILLOT, Thierry, KAMM, Thomas, *Mille jours pour réussir l'Europe,* J.-C. Lattès.

HALL, Edward, *Les différences cachées.*

HANDY, Charles, *The age of unreason,* Hutchinson.

HERZOG, Colette, LAFAY, Gérard, *La fin des avantages acquis,* Economica.

IRIBARNE, Philippe d', *La logique de l'honneur,* Seuil.

IMAI, Masaaki, *Kaizen,* Eyrolles.

JOHNSTON, Kenneth, *De-Bureaucratize-Please.*

LANDES, David, *L'heure qu'il est,* Gallimard.

LÉVI-STRAUSS, Claude, *Race et histoire,* Gallimard.

LIPOVETSKY, Gilles, *L'Empire de l'Ephémère,* Gallimard.

PETERS, Tom, WATERMAN, Robert, *Le Prix de l'Excellence,* Interéditions.

POSTMAN, Neil, *Se distraire ou mourir,* Flammarion.

SAKAI, Kuniyasu, *Bunsha,* Sekiyama.

SERYEIX, Hervé, *Le Zéro Mépris,* Interéditions.

TIMBAL-DUCLAUX, Louis, *La stratégie de la créativité dans l'entreprise et ses tactiques.*

WATERMAN, Robert H., *Les champions du renouveau,* Interéditions.

BIBLIOGRAPHIE

Cet ouvrage a été composé
par l'Imprimerie BUSSIÈRE
et imprimé sur presse CAMERON
dans les ateliers de la S.E.P.C.
à Saint-Amand-Montrond (Cher)
en mars 1991

N° d'édition : 91047 . N° d'impression : 832-570.
Dépôt légal : avril 1991.

Imprimé en France

Cet ouvrage a été composé
par l'Imprimerie Bussière
et imprimé sur presse Cameron
dans les ateliers de la S.E.P.C.
à Saint-Amand-Montrond (Cher)
en [illegible] 1991

N° d'édition : [illegible]. N° d'impression : 832-[illegible].
Dépôt légal : avril 1991

Imprimé en France